Michaela Hallermayer
Text und Überlieferung des Buches Tobit

Deuterocanonical and Cognate Literature Studies

Edited by
Friedrich V. Reiterer, Beate Ego, Tobias Nicklas

Volume 3

Walter de Gruyter · Berlin · New York

Michaela Hallermayer

Text und Überlieferung des Buches Tobit

Walter de Gruyter · Berlin · New York

∞ Gedruckt auf säurefreiem Papier,
das die US-ANSI-Norm über Haltbarkeit erfüllt.

ISBN 978-3-11-019496-8
ISSN 1865-1666

Bibliografische Information der Deutschen Nationalbibliothek

Die Deutsche Nationalbibliothek verzeichnet diese Publikation in der Deutschen Nationalbibliografie; detaillierte bibliografische Daten sind im Internet über http://dnb.d-nb.de abrufbar.

© Copyright 2008 by Walter de Gruyter GmbH & Co. KG, D-10785 Berlin

Dieses Werk einschließlich aller seiner Teile ist urheberrechtlich geschützt. Jede Verwertung außerhalb der engen Grenzen des Urheberrechtsgesetzes ist ohne Zustimmung des Verlages unzulässig und strafbar. Das gilt insbesondere für Vervielfältigungen, Übersetzungen, Mikroverfilmungen und die Einspeicherung und Verarbeitung in elektronischen Systemen.

Printed in Germany
Umschlaggestaltung: Christopher Schneider, Berlin

Danksagung

Die vorliegende Dissertation wurde im Wintersemester 2005/2006 von der Katholisch-Theologischen Fakultät der Universität Regensburg angenommen.

Ich danke allen, die mich auf dem Weg dorthin unterstützt haben, insbesondere:

- meinem Doktorvater, Prof. Dr. A. Schmitt, der – vergangenes Jahr leider viel zu früh verstorben – mich bereits während des Studiums mit seiner Begeisterung für die deuterokanonischen Bücher der Bibel angesteckt hat. Ihm sei diese Arbeit gewidmet.
- Prof. Dr. C. Dohmen für die Übernahme des Zweitgutachtens sowie seine hilfreichen Anregungen,
- Dr. A. Angerstorfer für seine kritischen Anmerkungen in unzähligen Stunden zum Thema „Tobit in Qumran",
- Prof. Dr. T. Elgvin für die sehr gute Zusammenarbeit beim Fragment Schøyen Ms. 5234,
- Prof. Dr. T. Hieke,
- Prof. Dr. T. Nicklas,
- Dr. R. Then,
- Dr. C.J. Wagner. Alle vier haben mich in vielfacher Weise bei dieser Arbeit unterstützt.
- meinen beiden überaus akribischen Korrekturleserinnen Dipl. Theol. Rita Schmid und Dipl. Theol. Gabriele Zinkl sowie Dr. M. Kliche.

Dem Verlag W. de Gruyter sowie den Herausgebern der Reihe Deuterocanonical and Cognate Literature Studies sei herzlich für die Aufnahme meiner Arbeit in diese Reihe gedankt.

Regensburg, 3. Oktober 2007   Michaela Hallermayer

Inhaltsverzeichnis

1	Die Tobiterzählung	1
1.1	Das Buch Tobit in der Heiligen Schrift der Juden und Christen	3
1.2	Das Textproblem oder: Welcher Text ist für die Auslegung des Buches Tobit heranzuziehen?	6
1.3	Die handschriftliche Bezeugung des Buches Tobit	8
1.3.1	Die griechische Überlieferung	8
1.3.2	Die lateinische Überlieferung	11
1.3.2.1	Die Vetus Latina	11
1.3.2.2	Die Übersetzung des Hieronymus (Vulgata)	12
1.3.3	Die Tobit-Fragmente vom Toten Meer	13
1.3.3.1	Die aramäischen Schriftrollen des Buches Tobit (4Q196–199)	15
1.3.3.2	Die hebräische Schriftrolle des Buches Tobit (4Q200)	18
1.3.4	Die übrigen hebräischen und aramäischen Textformen	19
1.4	Auf der Suche nach dem Text des Buches Tobit	20
1.4.1	Die Problematik des „Urtexts"	20
1.4.2	Die Vergleichbarkeit von Text und Übersetzung	23
1.4.3	Methodisches Vorgehen	26
1.4.3.1	Auswahl der Vergleichstexte	26
1.4.3.2	Die frühe Überlieferung der Tobiterzählung	29
2	Der Vergleich der Textformen	33
2.1	4Q196 = 4QpapTobit[a] ar	34
2.1.1	4Q196 Fragment 1: Tob 1,17	34
2.1.2	4Q196 Fragment 2: Tob 1,19-2,2	34
2.1.3	4Q196 Fragment 3: Tob 2,3	47
2.1.4	4Q196 Fragment 4: Tob 2,10-11	48
2.1.5	4Q196 Fragment 5: Tob 3,5	48
2.1.6	4Q196 Fragment 6: Tob 3,9-15	49
2.1.7	4Q196 Fragment 7: Tob 3,17	55
2.1.8	4Q196 Fragment 8: Tob 4,2	56
2.1.9	4Q196 Fragment 9: Tob 4,5	57
2.1.10	4Q196 Fragment 10: Tob 4,7	58
2.1.11	4Q196 Fragment 11: Tob 4,21-5,1	59
2.1.12	4Q196 Fragment 12: Tob 5,9	59

2.1.13	4Q196 Fragment 13: Tob 6,6-8	60
2.1.14	4Q196 Fragment 14	63
2.1.14.1	Fragment 14i: Tob 6,13-18	63
2.1.14.2	Fragment 14ii: Tob 6,18-7,6	66
2.1.15	4Q196 Fragment 15: Tob 7,13	70
2.1.16	4Q196 Fragment 16: Tob 12,1	70
2.1.17	4Q196 Fragment 17	71
2.1.17.1	Fragment 17i: Tob 12,18-13,6	71
2.1.17.2	Fragment 17ii: Tob 13,6-12	73
2.1.18	4Q196 Fragment 18: Tob 13,12-14,3	79
2.1.19	Schøyen Ms. 5234: Tob 14,3-5	86
2.1.20	4Q196 Fragment 19: Tob 14,7	88
2.2	4Q197 = 4QTobit[b] ar	89
2.2.1	4Q197 Fragment 1: Tob 3,6-8	89
2.2.2	4Q197 Fragment 2: Tob 4,21-5,1	90
2.2.3	4Q197 Fragment 3: Tob 5,12-14	91
2.2.4	4Q197 Fragment 4	92
2.2.4.1	Fragment 4i: Tob 5,19-6,12	93
2.2.4.2	Fragment 4ii: Tob 6,12-18	106
2.2.4.3	Fragment 4iii: Tob 6,18-7,10	115
2.2.5	4Q197 Fragment 5: Tob 8,17-9,4	124
2.2.6	4Q197 Fragment 6: Tob ?	128
2.2.7	4Q197 Fragment 7: Tob ?	128
2.3	4Q198 = 4QTobit[c] ar	129
2.3.1	4Q198 Fragment 1: Tob 14,2-6	129
2.3.2	4Q198 Fragment 2: Tob 14,10 (?)	133
2.4	4Q199 = 4QTobit[d] ar	135
2.4.1	4Q199 Fragment 1: Tob 7,11	135
2.4.2	4Q199 Fragment 2: Tob 14,10	135
2.5	Die hebräischen Tobit-Fragmente vom Toten Meer (4Q200 = 4QTobit[e])	137
2.5.1	4Q200 Fragment 1	137
2.5.1.1	Fragment 1i: Tob 3,6	137
2.5.1.2	Fragment 1ii: Tob 3,10-11	139
2.5.2	4Q200 Fragment 2: Tob 4,3-9	141
2.5.3	4Q200 Fragment 3: Tob 5,2	147
2.5.4	4Q200 Fragment 4: Tob 10,7-9	148
2.5.5	4Q200 Fragment 5: Tob 11,10-14	152
2.5.6	4Q200 Fragment 6: Tob 12,20-13,4	155
2.5.7	4Q200 Fragment 7	161
2.5.7.1	Fragment 7i: Tob 13,13-14	161

2.5.7.2	Fragment 7ii: Tob 13,18-14,2	163
2.5.8	4Q200 Fragment 8: ?	164
2.5.9	4Q200 Fragment 9: Tob 3,3-4 (?)	165
3	Der Text des Buches Tobit	166
3.1	Besonderheiten der Tobit-Schriftrollen vom Toten Meer: Orthographie, Morphologie und Abschrift	166
3.2	Das Aramäische der Tobit-Texte (4Q196-199)	168
3.3	Der hebräische Tobit-Text (4Q200)	170
3.4	Die aramäischen und die aramäisch-hebräischen Parallelüberlieferungen innerhalb von 4Q196-200	172
3.4.1	Parallelüberlieferungen in den aramäischen Tobit-Texten	172
3.4.2	Aramäisch-hebräische Parallelüberlieferungen	174
3.5	In welcher Sprache war das Buch Tobit ursprünglich verfasst?	175
3.6	Die aramäischen und hebräischen Tobit-Texte und die griechischen und lateinischen Textformen	179
3.6.1	Die Grundzüge der griechischen und lateinischen Textformen	182
3.6.2	Die Übersetzung der Textform GI	182
3.6.3	Die Übersetzung der Textform GII	183
3.6.4	Die Übersetzung der Textform GIII	184
3.6.5	Die Übersetzungen der Vetus Latina	185
4.	Zusammenfassung	186
5.	Abkürzungsverzeichnis	188
5.1	Allgemeine Abkürzungen	188
5.2	Abkürzungen: Zeitschriften, Monographien, Lexika	190
6.	Literaturverzeichnis	193
6.1	Textausgaben und Übersetzungen	193
6.2	Wörterbücher, Konkordanzen, Hilfsmittel	194
6.3	Kommentare, Monographien, Aufsätze, Artikel	196
7.	Register	207
7.1	Sachregister	207
7.2	Stellenregister	207

1 Die Tobiterzählung

Das Buch Tobit erzählt die Geschichte des frommen und gerechten Juden Tobit, der – in Ninive in der Diaspora lebend – unverschuldet sein Augenlicht verliert und sich Anfeindungen ausgesetzt sieht. Da er und seine Familie in Armut leben, schickt Tobit seinen Sohn Tobija nach Rages, um dort von Gabael eine größere Geldsumme einzufordern, die er bei seinen früheren Reisen bei ihm hinterlegt hatte. Als Reisebegleiter kann Tobija den Engel Rafael in der Gestalt des Asarja gewinnen.[1] Unterwegs zieht Tobija am Tigris auf Anweisung Rafaels einen großen Fisch an Land.[2] Dessen Organe dienen im weiteren Verlauf der Geschichte dazu, Tobijas zukünftige Ehefrau Sara, die Tochter seines Verwandten Raguel, von einem Dämon zu befreien, der ihre sieben Ehemänner jeweils in der Hochzeitsnacht getötet hatte, so dass sich Sara ebenfalls Anfeindungen ausgesetzt sah.[3] Zurück in Ninive heilt Tobija mit Hilfe der Fischgalle[4] seinen Vater von dessen Blindheit, Asarja gibt sich als Engel Rafael zu erkennen und entschwindet. Das Buch endet mit einem Lobpreis Gottes durch Tobit sowie der Schilderung der Lebenserfüllung Tobits, seiner Ehefrau Hanna und seines Sohnes Tobija.

---

1   Zur Rolle des Engels Rafael vgl. B. Ego, Buch Tobit. JSHRZ VI/1.2. Gütersloh 2005, 115–150, hier: 143ff.
2   Vgl. R.M. Boehmer, Vom Hassek Höyük bis zum Buch Tobias. Von Sägefischen und Haien im Altertum. In: BaghM 33 (2002) 7–38, hier: 15.25f.
3   Vgl. B. Ego, „Denn er liebt sie" (Tob 6,15 Ms. 319). Zur Rolle des Dämons Asmodäus in der Tobit-Erzählung. In: A. Lange/H. Lichtenberger/K.F.D. Römheld (Hg.), Die Dämonen. Die Dämonologie der israelitisch-jüdischen und frühchristlichen Literatur im Kontext ihrer Umwelt. Tübingen 2003, 309–317; B. Kollmann, Göttliche Offenbarung magisch-pharmakologischer Heilkunst im Buch Tobit. In: ZAW 106 (1994) 289–299, hier: 292f.
4   Vgl. Boehmer, Sägefische 12ff.; Kollmann, Offenbarung 293–297.

Diese kleine Geschichte[5] ist nicht Bestandteil der hebräischen Bibel, sondern zählt zu den deuterokanonischen, nach protestantischem Sprachgebrauch apokryphen Büchern des Alten Testaments.[6] Sie weist aber enge Bezüge zu anderen biblischen Büchern auf, beispielsweise zur Genesis (Brautwerbung Isaaks in Gen 24[7] und Josefserzählung[8]), zum Buch der Richter[9], zum Buch Ijob (Motiv des Leidens des unschuldigen Gerechten[10]), zum Deuteronomium[11] sowie zu weiteren, auch außerbiblischen Stoffen wie der Achikargeschichte[12].

---

5   L. Ruppert bezeichnet Tobit als „heilsgeschichtlich akzentuierte paradigmatische Geschichte bzw. ... Novelle"; vgl. ders., Das Buch Tobias – Ein Modellfall nachgestaltender Erzählung. In: J. Schreiner (Hg.), Wort, Lied und Gottespruch. Beiträge zur Septuaginta. FS J. Ziegler. FzB 1. Würzburg 1972, 109–119, hier: 117. Nach H. Engel handelt es sich um eine Lehrerzählung; vgl. ders., Auf zuverlässigen Wegen und in Gerechtigkeit. Religiöses Ethos in der Diaspora nach dem Buch Tobit. In: G. Braulik/W. Groß/S. McEvenue (Hg.), Biblische Theologie und gesellschaftlicher Wandel. FS N. Lohfink. Freiburg u.a. 1993, 83–100, hier: 92. B. Ego akzentuiert genauer als „weisheitliche Lehrerzählung"; vgl. dies., Buch Tobit. JSHRZ II/6. Gütersloh 1999, 884. Nach W. Soll kommt die theologische Bedeutung der Tobiterzählung dadurch zum Ausdruck, dass das Buch mit „Buch der Worte Tobits" in Verbindung mit einer Genealogie, die an prophetische oder weisheitliche Literatur erinnert, beginnt; vgl. ders., Misfortune and Exile in Tobit: The Juncture of a Fairy Tale Source and Deuteronomic Theology. In: CBQ 51 (1989) 209–231, hier: 219f. Vgl. auch P. Deselaers, Das Buch Tobit. Studien zu seiner Entstehung, Komposition und Theologie. OBO 43. Freiburg (Schweiz)–Göttingen 1982, 57f.237ff.
6   Für eine Auflistung der „Kanones" der hebräischen Bibel/des Alten Testaments bei Juden, Protestanten, der römisch-katholischen und der griechisch-orthodoxen Kirche vgl. P.W. Flint, Scriptures in the Dead Sea Scrolls: The Evidence from Qumran. In: S.M. Paul u.a. (Hg.), Emanuel. Studies in Hebrew Bible, Septuagint, and Dead Sea Scrolls in Honor of Emanuel Tov. VT.S 94. Leiden–Boston 2003, 269–304, hier: 273–278. Ferner N. Walter, Die griechischen Bücher – kanonisch oder nicht? Der unterschiedliche Umgang der Konfessionen mit der Septuaginta. In: BiKi 56 (2001) 81–84, hier: 83.
7   Vgl. Deselaers, Studien 292–304; M. Rabenau, Studien zum Buch Tobit. BZAW 220. Berlin–New York 1994, 110f.; C.A. Moore, Tobit. A New Translation with Introduction and Commentary. AncB 40A. New York 1996, 8f.; Ruppert, Modellfall 113f.
8   Vgl. Ruppert, Modellfall 114ff.; Rabenau, Studien 107–110; Moore, Tobit 8.
9   Vgl. A.A. Di Lella, The Book of Tobit and the Book of Judges: An Intertextual Analysis. Henoch 22 (2000) 197–206.
10 Vgl. H. Schüngel-Straumann, Tobit. HThK.AT 19. Freiburg–Basel–Wien 2000, 74ff., die einen kurzen Überblick über die negative Deutung des Verhaltens der Ehefrau ihrem kranken Ehemann gegenüber gibt, angefangen beim Buch Ijob über das Buch Tobit bis zum Testament des Ijob.
11 Vgl. A.A. Di Lella, The Deuteronomic Background of the Farewell Discourse in Tob 14,3–11. In: CBQ 41 (1979) 380–389; S. Weitzman, Allusion, Artifice, and Exile in the

1.1 Das Buch Tobit in der Heiligen Schrift der Juden und Christen

Während Tobit im Kanon[13] der römisch-katholischen und der griechisch-orthodoxen Kirche zu den Historischen Büchern des Alten Testaments gerechnet wird[14], ist dieses Werk in der hebräischen Bibel[15] sowie im Kanon der protestantischen Kirchen nicht enthalten. Es stellt sich die Frage nach dem Warum.

Wie die Funde von Tobit-Fragmenten in Qumran gezeigt haben, handelt es sich bei Tobit nicht um ein ursprünglich griechisch verfasstes Buch, was naturgemäß gegen eine Aufnahme in die hebräische Bibel gesprochen hätte.[16] Möglicherweise ist das Buch Tobit im Ganzen

---

Hymn of Tobit. In: JBL 115 (1996) 49–61; W. Soll, Misfortune and Exile in Tobit: The Juncture of a Fairy Tale Source and Deuteronomic Theology. In: CBQ 51 (1989) 209–231.

12 Vgl. J.A. Fitzmyer, Tobit. CEJL. Berlin–New York 2003, 37f.; Schüngel-Straumann, Tobit 65; Ruppert, Modellfall 109.112; A. Schmitt, Wende des Lebens. BZAW 237. Berlin–New York 1996, 146–183.

13 Vgl. die Definition bei Flint, Scriptures 270: „A canon is the closed list of books that was officially accepted retrospectively by a community as supremely authoritative and binding for religious practice and doctrine." Wie E. Ulrich darstellt, ist der Begriff „Kanon" als Terminus technicus für „abgegrenzte Sammlung heiliger Schriften" nicht vor dem 4. Jh. n.Chr. belegt; vgl. ders., Art. Canon. In: L.H. Schiffman/J.C. Vanderkam (Hg.), Encyclopedia of the Dead Sea Scrolls. Bd. 1. Oxford 2000, 117–120, hier: 117. Das Konzept inspirierter, autoritativer Bücher lässt sich natürlich schon früher nachweisen; vgl. Flint, Scriptures 272.278–286.

14 Offenbar wurde das Buch Tobit im ersten Jahrtausend von den lateinischen Kirchenvätern in der Regel als Bestandteil des Kanons der Heiligen Schrift betrachtet, während es in der Ostkirche öfter nicht als kanonisch anerkannt war; vgl. Moore, Tobit 48.52f. In der römisch-katholischen Kirche wurde die Kanonizität des Buches Tobit auf dem Konzil von Trient erneut festgeschrieben, es wurde aber zusammen mit anderen Schriften, die nicht im Kanon der hebräischen Bibel enthalten sind, als „deuterokanonisch" von den anderen Büchern abgehoben; vgl. J. Gamberoni, Die Auslegung des Buches Tobias in der griechisch-lateinischen Kirche der Antike und der Christenheit des Westens bis um 1600. StANT 21. München 1969, 219–222.

15 Für die vermutlichen Entstehungsgründe des hebräischen Bibelkanons sowie Funktion und Stellenwert in der nachbiblischen Epoche vgl. S. Talmon, Heiliges Schrifttum und Kanonische Bücher aus jüdischer Sicht – Überlegungen zur Ausbildung der Grösse „Die Schrift" im Judentum. In: M. Klopfenstein u.a. (Hg.), Mitte der Schrift? Ein jüdisch-christliches Gespräch. Texte des Berner Symposiums vom 6.–12. Januar 1985. JudChr 11. Bern u.a. 1987, 45–79.

16 Deselaers, Studien 19, vertrat die These, dass die Textrezension BA, in griechischer Sprache geschrieben, das „Original" der Tobiterzählung darstelle, von der alle weiteren Rezensionen abhängig seien. Die Textversion S sei dagegen mit Hilfe von

aramäisch verfasst.[17] Origenes (um 185–254) kannte offenbar bereits keinen hebräischen Text des Buches Tobit (mehr).[18] Auch Hieronymus (um 347–419/20) verwendete zu seiner Tobit-Übersetzung einen aramäischen Text.[19]

Die These, das Buch Tobit sei einfach zu spät entstanden, gilt heute als überholt: „If one accepts a second-century B.C.E. date for the composition of Tobit ..., then it might be argued that just as the book of Daniel ... was accepted into the Palestinian canon, so Tobit may also have been accepted and then, for whatever reason/s, subsequently excluded."[20] Orlinsky hat darauf hingewiesen, dass Bücher wie Judit, Susanna und Tobit „even after several careful readings, do not readily offer adequate reason for failing to achieve canonicity."[21] Seiner Meinung nach wurde Tobit deshalb nicht in den Kanon der hebräischen Bibel aufgenommen, da die Eheschließung Tobijas und Saras nicht den (späteren) halachischen Vorschriften entsprach.[22] Auch ein möglicherweise samaritanischer Ursprung des Buches Tobit wurde in Erwägung gezogen,[23] ebenso ein sadduzäischer Hintergrund, da der Glaube an ein Leben nach dem Tod in Tobit anscheinend fehlt.[24]

BA für einen neuen Adressatenkreis verfasst worden. Vgl. dazu die harsche Kritik von R. Hanhart, Text und Textgeschichte des Buches Tobit. MSU 17. Göttingen 1984, 21.

17 Vgl. Ego, Tobit 900. Zur Unterstützung dieser These könnten die Funde von vier aramäischen Tobit-Handschriften im Vergleich zu nur einer hebräischen Schriftrolle des Buches Tobit in Qumran angeführt werden. Allerdings darf hierbei weder der bei antiken Textfunden bedeutsame Faktor „Zufall" außer Acht gelassen werden noch die Tatsache, dass es sich bei Qumran nur um einen Ausschnitt der religiösen Literatur des damaligen Judentums handelt.

18 Origenes, Brief an Africanus (PG 11,79f.).

19 Vgl. Anmerkung 63.

20 Moore, Tobit 52.

21 H.M. Orlinsky, The Canonization of the Hebrew Bible and the Exclusion of the Apocrypha. In: Ders., Essays in Biblical Culture and Bible Translation. New York 1974, 279.

22 Vgl. Orlinsky, Canonization 282ff.

23 Vgl. J.T. Milik, La patrie de Tobie. In: RB 73 (1966) 522–530, hier: 530.

24 Vgl. Ego, Tobit 900; Moore, Tobit 185: „Because Tobit's attitude here [i.e. Tob 5,10, Anm. der Vf.] seems more in keeping with that of the Sadducees than the Pharisees (the latter did believe in an afterlife), this is a good argument for the book of Tobit being regarded as a Saducean work. If the Dead Sea community at Qumran was actually a Saducean one, then the presence of five copies of Tobit would certainly make good sense, as would the book's exclusion from the Hebrew (i.e., Pharisaic) canon." Vgl. auch S. Beyerle, „Release Me to Go to My Everlasting Home..." (Tob

Möglicherweise sollte die Anzahl der Bücher der Heiligen Schrift auch der Zahl der Buchstaben des hebräischen Alphabets entsprechen, so dass eine Reihe späterer Bücher – nach welchen Auswahlkriterien auch immer – „entfallen" musste.[25] In diesem Zusammenhang ist vielleicht das Vorkommen des Dämons Asmodäus in Tob 3,8.17 anzuführen, da sich „the scholars responsible for the selection and the editing of the biblical texts, ... apparently ill at ease with the existence of supernatural agents other than Yahweh" zeigten.[26] In Qumran war Tobit aber in mehreren Exemplaren vorhanden, wie die Fragmente von fünf Tobit-Schriftrollen zeigen.[27]

Nach Zenger war der ansprechende literarische Charakter von Büchern wie Tobit, Sirach und Weisheit sowie der hohe katechetisch-pädagogische Wert als religiöse Erbauungsliteratur letztlich für die Aufnahme in den Kanon entscheidend. „Gerade weil und insofern sie an Einzelgestalten Lebensparadigmen entfalteten oder insofern sie eine Art Kompendium der Tradition darstellten, waren sie offensichtlich sehr beliebt – und kamen deshalb in den christlichen Kanon."[28] Das

---

3:6): A Belief in an Afterlife in Late Wisdom Literature? In: G.G. Xeravits/J. Zsengellér (Hg.), The Book of Tobit. Text, Tradition, Theology. Papers of the First International Conference on the Deuterocanonical Books, Pápa, Hungary (20–21 May, 2004). JSJSup 98. Leiden–Boston 2005, 71–88.

25 Vgl. Schüngel-Straumann, Tobit 43. Talmon, Schrifttum 56f.67, nimmt an, dass die Auswahl von Werken einem intuitiven freien Prozess unterlag, der nicht von einer Institution geplant oder überwacht wurde. Zur unterschiedlichen Zählung der Bücher innerhalb der hebräischen Bibel (22 oder 24) vgl. Flint, Scriptures 275ff.

26 K. van der Toorn, The Theology of Demons in Mesopotamia and Israel. In: A. Lange/ H. Lichtenberger/K.F.D. Römheld (Hg.), Die Dämonen. Die Dämonologie der israelitisch-jüdischen und frühchristlichen Literatur im Kontext ihrer Umwelt. Tübingen 2003, 61–83, hier: 62. Van der Toorn spricht sogar von einer ideologischen Zensur innerhalb der Bibel; vgl. ebd. Vgl. auch Ego, Asmodäus 312ff.; P. Haupt, Asmodeus. In: JBL 40 (1921) 174–178, hier: 175f.; L.H. Gray, The Meaning of the Name Asmodaeus. In: JRAS 1934, 790–792. Allerdings ist „der Satan" beispielsweise in 1 Chr 21,1 belegt sowie 14-mal im Buch Ijob, und beide Bücher sind dennoch Bestandteil des dritten Teils der hebräischen Bibel.

27 Vgl. Abschnitt 1.3.3 dieser Arbeit. Zu Kriterien, welche Schriften bei den in Qumran gefundenen Textrollen als autoritativ im Sinne von „Heiliger Schrift" betrachtet wurden, vgl. P.W. Flint, „Apocrypha", Other Previously-Known Writings, and „Pseudepigrapha" in the Dead Sea Scrolls. In: Ders./J.C. Vanderkam (Hg.), The Dead Sea Scrolls after Fifty Years. A Comprehensive Assessment. Bd. 2. Leiden–Boston–Köln 1999, 24–66, hier: 62–66.

28 E. Zenger, Heilige Schrift der Juden und der Christen. In: Ders. u.a. (Hg.), Einleitung in das Alte Testament. Stuttgart–Berlin–Köln ³1998, 12–35, hier: 29. Anders die Einschätzung von H. Graetz aus dem 19. Jahrhundert: „Gewiß, die Väter der

Buch Tobit ist also unbestritten Bestandteil der Heiligen Schrift der römisch-katholischen Kirche, kein Konsens besteht aber darüber, welcher Text für die Auslegung dieses Buches zu verwenden ist.

1.2 Das Textproblem oder: Welcher Text ist für die Auslegung des Buches Tobit heranzuziehen?

Das Buch Tobit ist in mehreren Textfassungen überliefert, die sowohl in Bezug auf ihren Umfang als auch auf ihren Inhalt teilweise erhebliche Unterschiede aufweisen. Allein innerhalb der griechischen Überlieferung der Septuaginta (LXX) als der ältesten vollständigen Überlieferung des Buches Tobit gibt es eine kürzere (G^I) und eine längere Textform (G^{II}).[29] Die altlateinische Übersetzung, die sog. Vetus Latina (La), bietet zwar einen der längeren griechischen Textform (G^{II}) nahe stehenden Text, divergiert selbst aber erheblich in ihren Textzeugen. Die Übersetzung des Hieronymus, die sog. Vulgata (Vg), ist erheblich kürzer als die anderen Übersetzungen und geht bisweilen äußerst eigen(willig)e Wege.[30] Die ältesten Textzeugen des Buches Tobit sind die Fragmente von vier aramäischen (4Q196–199) und einer hebräischen (4Q200) Schriftrolle aus vorchristlicher Zeit, die in den Höhlen von Qumran am Toten Meer entdeckt wurden. Diese Schriftrollen umfassten zwar offensichtlich das ganze Buch Tobit, ihre Fragmente überliefern aber nur zwanzig Prozent des aramäischen und sechs

---

Synagoge haben mehr Geschmack als die Väter der Kirche bekundet, indem jene die apokryphischen Schriften aus der Kanon-Sammlung ausgeschlossen und diese sie aufgenommen haben. Nur um das erste Makkabäerbuch ist es Schade (sic!) ... Aber die übrigen Apokryphen, Tobit, Judith und Susanna mit ihren langen und langweiligen Gebeten ... verdienen ebenso aus ästhetischer Rücksicht, wie aus biblisch-religiöser aus dem Kanon ausgeschieden worden zu sein"; vgl. ders., Das Buch Tobias oder Tobit, seine Ursprache, seine Abfassungszeit und Tendenz. In: MGWJ 28 (1879) 145–163.385–408.433–455.509–520, hier: 145.

29 Für ein Zwischenstück existiert eine dritte griechische Textform (G^{III}). Da sie für den übrigen Text des Buches Tobit der kürzeren Textform G^I folgt und zudem ein „Mittelglied zwischen Rezension und Textform" (vgl. Anmerkung 50) darstellt, wird sie nicht als Grundlage für die Übersetzung des Buches Tobit verwendet, sondern dient in der Regel nur dem Vergleich mit den beiden anderen Textformen.

30 Die Übersetzung des Hieronymus zeigt zudem schon deutlich christliche Einflüsse. Vgl. z.B. J. Maiworm-Hagen, Die drei Tobias-Nächte. In: BiKi 14 (1959) 20–23, hier: 23.

Prozent des hebräischen Textes[31] und können oft nur unter weitreichender Zuhilfenahme der griechischen Textformen in den Ablauf der Erzählung eingebunden werden.

Während die sog. Einheitsübersetzung als „die Bibel" schlechthin im katholischen deutschsprachigen Raum das Buch Tobit in einer Übersetzung nach der kürzeren griechischen Textform (G^I) bietet,[32] hat sich Schüngel-Straumann „nicht nur im Ausgleich zur verbreiteten EÜ" für die Übersetzung des Textes nach der längeren griechischen Textform (G^{II}) entschieden.[33] Ego und Fitzmyer bieten dagegen zeilensynoptisch einander gegenübergestellte Übersetzungen von G^{II} und G^I (in dieser Reihenfolge).[34] Beyer sowie Abegg, Flint und Ulrich schließlich fügen die in Qumran gefundenen Textfragmente der aramäischen und hebräischen Schriftrollen zu einer fortlaufenden Tobiterzählung zusammen, wobei allerdings ein Patchwork entsteht und Rückübersetzungen aus den griechischen Textformen notwendig werden.[35]

---

[31] Vgl. Ego, Tobit (Suppl.) 125; J.A. Fitzmyer, The Aramaic and Hebrew Fragments of Tobit from Qumran Cave 4. In: CBQ 57 (1995) 655–675, hier: 658.

[32] Diese Auswahl wird in der kurzen Einleitung zum Buch Tobit in der Einheitsübersetzung weder gerechtfertigt, noch wird auf die Existenz der anderen griechischen Textfassungen verwiesen.

[33] Vgl. Schüngel-Straumann, Tobit 40. Das „sondern auch" der Begründung der Textauswahl als Grundlage für die Kommentierung folgt in der Fußnote: Auch Ego ziehe in JSHRZ den Text von G^{II} vor, jüdische Autoren hielten Codex S für den besseren Text. Da Ego aber Übersetzungen beider griechischen Textformen bietet, wird sie m.E. zu Unrecht als Gewährsfrau für die Auswahl nur einer (der besseren ?) Textform G^{II} herangezogen. Schüngel-Straumann benutzt G^I tatsächlich nur, um die beiden Lacunae in Tob 4,7–19b und Tob 13,6i–10b zu ergänzen; vgl. dazu die Rezension von A. Schmitt in: BN 112 (2002) 28–32, hier: 28f.

[34] Vgl. Ego, Tobit; Fitzmyer, Tobit (CEJL).

[35] Vgl. K. Beyer, ATTM.E 134–147; M. Abegg/P. Flint/E. Ulrich (Hg.), The Dead Sea Scrolls Bible. Edinburgh 1999, 636–646. Moore, Tobit 36, bemerkt zu der von Beyer verwendeten Methode: „Such a technique is somewhat reminiscent of the once-popular ‚Lives of Jesus', which were based upon a conflation of the four Gospels".

1.3 Die handschriftliche Bezeugung des Buches Tobit

1.3.1 Die griechische Überlieferung

Innerhalb der griechischen Überlieferung der LXX als der ältesten vollständigen Überlieferung des Buches Tobit stehen sich zwei, teilweise drei Textformen[36] gegenüber, „deren teilweise Übereinstimmungen zwar dermaßen eindeutig sind, daß gegenseitige Abhängigkeit mit Sicherheit angenommen werden muß, deren Unterschiede aber so tiefgreifend sind, daß ihr Verhältnis zueinander nicht als Rezension sondern als selbständige Textform bestimmt werden muß."[37]

G^I: Eine erste Textform G^I wird von den meisten griechischen Handschriften bezeugt. Sie stützt sich neben den Majuskelcodices B (Codex Vaticanus) aus dem 4. Jahrhundert[38], A (Codex Alexandrinus) aus dem 5. Jahrhundert und V (Codex Venetus) aus dem 8. Jahrhundert auf die Mehrheit der Minuskelhandschriften. Als sehr frühe Textzeugen der Textform G^I gelten ferner das Fragment 990 (P. Oxyrh. 1594)[39] aus dem 3. Jahrhundert, welches lückenhaft Tob 12,14–19 überliefert, sowie PSI inv. Cap. 46 (Tob 12,6–7.8–11) aus der 2. bzw. 1. Hälfte des 3. Jahrhunderts.[40] Tochterübersetzungen von G^I sind nach Hanhart die

---

36 Der Begriff Textform wird im Folgenden zur Bezeichnung der drei Überlieferungsgruppen G^I, G^{II} und G^{III} verwendet. Im Abschnitt 2 dieser Arbeit bezeichnen GI, GII und GIII dagegen jeweils einen bestimmten Text als „Repräsentanten" einer bestimmten Textform.

37 R. Hanhart, Text und Textgeschichte des Buches Tobit. MSU 17. Göttingen 1984, 11. Vgl. J.D. Thomas, The Greek Text of Tobit. JBL 91 (1972) 463–471, hier: 466f.; F. Vattioni, Studi e note sul libro di Tobia. In: Aug. 10 (1970) 241–284, hier: 272.

38 Vgl. T.S. Pattie, The Creation of the Great Codices. In: J.L. Sharpe/K. van Kampen (Hg.), The Bible as Book. The Manuscript Tradition. London 1998, 61–72, hier: 65ff.

39 Hg. von B.P. Grenfell/A.S. Hunt, The Oxyrhynchus Papyri. Bd. 13. London 1919, 1–6. Vgl. die Beschreibung des heutigen Zustands des Fragments sowie seine erneute Entzifferung bei S. Weeks/S. Gathercole/L. Stuckenbruck, The Book of Tobit. Texts from the Principal Ancient and Medieval Traditions. FoSub 3. Berlin–New York 2004, 17ff.

40 Hg. von M. Manfredi, Un frammento del libro di Tobit. LXX, Tobias 12,6–7.8–11. In: Paideia Christiana. Studi in Onore di Mario Naldini. Scritti in Onore 2. Rom 1994, 175–181. Vgl. die Beschreibung bei Weeks/Gathercole/Stuckenbruck, Tobit 19f.

syrische, äthiopische, sahidische[41] und armenische Übersetzung.[42] G^I stellt die einzige Textform des Buches Tobit dar, „deren ursprünglicher Text sich durch Ausscheidung der sekundären Rezensionselemente annähernd rekonstruieren läßt."[43] G^I zeigt im Vergleich zur zweiten Textform G^{II} einen eleganteren griechischen Sprachstil und ist außerdem insgesamt kürzer. [44]

G^{II}: Eine zweite Textform G^{II} wird nur durch den Majuskelcodex S (Codex Sinaiticus) aus dem 4. Jahrhundert[45] sowie die Minuskelhandschrift 319 aus dem 11. Jahrhundert (nur für Tob 3,6–6,16 τούτου) bezeugt. Indirekt wird diese Textform durch die Vetus Latina überliefert, die aber mehrfach von Codex S abweichende Lesarten aufweist.[46] Es ist nach Hanhart unmöglich, eine der Textform G^I „gleichwertige" ursprüngliche Textform G^{II} zu rekonstruieren, da die handschriftliche Überlieferung „in sich zu uneinheitlich und durch zu viele fehlende Zwischenglieder durchbrochen ist".[47]

---

41 Zur Bedeutung des Sahidischen als „prestige dialect" vgl. S. Emmel, The Christian Book in Egypt. In: J.L. Sharpe/K. van Kampen (Hg.), The Bible as Book. The Manuscript Tradition. London 1998, 35–43, hier: 40.
42 Vgl. Hanhart, Text 11.
43 R. Hanhart (Hg.), Tobit. Septuaginta, Vetus Testamentum Graecum auctoritate Academiae Scientiarum Gottingensis editum. Bd. VIII,5. Göttingen 1983, 34; ders., Text 73–92.
44 Auf die Bezeichnung „Kurztext" für G^I sollte jedoch verzichtet werden, da G^I im Vergleich zu G^{II} nicht immer den kürzeren Text vertritt; vgl. z.B. Tob 4,7.
45 Vgl. Pattie, Creation 67f. Codex S weist zwei Lacunae auf: Tob 4,7–19b und Tob 13,6i–10b. Der Textausfall in Kapitel 4 ist nach C.J. Wagner zwar nicht unmittelbar durch Homoioteleuton erklärbar, wahrscheinlich aber dennoch abschreibbedingt; vgl. ders., Polyglotte Tobit-Synopse. Griechisch-Lateinisch-Syrisch-Hebräisch-Aramäisch. Mit einem Index zu den Tobit-Fragmenten vom Toten Meer. MSU 28. Göttingen 2003, XIV. Die Auslassung in Kap. 13 sei dagegen gut durch Aberratio oculi von Tob 13,6h auf Tob 13,10b erklärbar.
46 Diese beruhen nach Hanhart, Text 12, nicht auf freier Übersetzung, sondern auf einer von Codex S abweichenden griechischen Vorlage. Dass die Tobit-Fragmente vom Toten Meer bisweilen Lesarten von La gegen S bezeugen, muss aber nicht zwingend als Hinweis auf eine aramäische oder hebräische Vorlage von La gedeutet werden; vgl. Fitzmyer, Tobit (CEJL) 6f.
47 Hanhart, Text 17. Vgl. auch T. Nicklas/C. Wagner, Thesen zur textlichen Vielfalt im Tobitbuch. In: JSJ 34.2 (2003) 141–159, hier: 154.

G^III: Für das Zwischenstück Tob 6,9–12,22 sondert Hanhart als weitere Textform G^III aus.⁴⁸ Sie wird durch die Minuskelhandschriften 106 (Ferrara, 187 I) und 107 (Ferrara, 188 I) aus dem 14. Jahrhundert sowie durch das Fragment 910 (P. Oxyrh. 1076) aus dem 6. Jahrhundert überliefert, das Teile von Tob 2,2–8 enthält.⁴⁹ Die Textform G^III weist zwischen G^I und G^II schwankend derart viele Sonderlesarten auf, dass sie nach Hanhart als „Mittelglied zwischen Textform und Rezension" charakterisiert werden muss.⁵⁰ „Ursprünglicher Text könnte bei diesen Zeugen darum nicht in dem Sinn vorliegen, daß ihre Textform gegenüber den beiden anderen die primäre wäre, sondern höchstens in dem Sinn, daß sie als Bearbeitung der beiden anderen Textformen das Ursprüngliche bewahrt oder wiederhergestellt hätte."⁵¹ Die Textform G^III zeigt zudem Verbindungen zur syrischen Überlieferung des Buches Tobit.⁵² Während in einem ersten Teil (Tob 1,1–7,11 νύκτα) alle erhaltenen syrischen Manuskripte den G^I nahe stehenden syro-hexaplarischen⁵³ Text bezeugen, überliefern für den übrigen Teil des Buches mit Ausnahme von Sy^O alle syrischen Manuskripte einen G^II näher stehenden Text, der bis Tob 12,22 der Textform G^III „bald folgt,

---

48 Vgl. Hanhart, Tobit 33. Die Abgrenzung von G^III gestaltet sich allerdings schwierig. Weeks/Gathercole/Stuckenbruck, Tobit 14, lassen G^III mit Tob 6,8 beginnen und mit Tob 13,6 enden. Wagner bietet in seiner polyglotten Tobit-Synopse dagegen noch zusätzlich Kapitel 13, „allerdings vorsichtigerweise nicht mehr als G^III ausgewiesen"; vgl. ebd. XXII.

49 Hg. von B.P. Grenfell/A.S. Hunt, The Oxyrhynchus Papyri. Bd. 8. London 1911, 6–9. Dieses Fragment wird meist der Textform G^II zugeordnet, so bei Moore, Tobit 56; V.T.M. Skemp, The Vulgate of Tobit Compared with Other Ancient Witnesses. SBL.DS 180. Atlanta 2000, 2f.; Ego, Tobit 875; H. Engel, Das Buch Tobit. In: E. Zenger u.a. (Hg.), Einleitung in das Alte Testament. Stuttgart–Berlin–Köln ³1998, 246–256, hier: 247; Fitzmyer, Tobit (CEJL) 2; G. Toloni, L'Originale del libro di Tobia. Studio filologico-linguistico. TECC 71. Madrid 2004, 5. Zu den Gründen für die Zuordnung von 910 in die G^III-Gruppe vgl. Hanhart, Text 44f.; Wagner, Tobit-Synopse XV. In seinem Aufsatz zusammen mit Nicklas, Thesen 150, äußern sich beide vorsichtiger: „Aus der Erörterung der Textcharakteristika von 910, G^I und G^II hat sich ein derart uneinheitliches und indifferentes Bezugssystem ergeben, dass eine eindeutige und zweifelsfreie textkritische Einordnung von 910 uns nicht möglich erscheint."

50 Hanhart, Text 14.

51 Ebd.

52 Vgl. Hanhart, Tobit 17.

53 Nach Hanhart, Text 13, ist bei den syrischen Tobit-Handschriften die Bezeichnung syro-hexaplarisch „lediglich hinsichtlich ihres Übersetzungscharakters, nicht hinsichtlich ihrer Textgestalt" gerechtfertigt. Der der syrischen Übersetzung von Tobit zugrunde liegende griechische Text war offenbar unrezensiert.

bald in Form von (kleineren) Auslassungen und textkritisch aufschlussreichen Sonderlesarten davon abgeht".[54]

1.3.2 Die lateinische Überlieferung

1.3.2.1 Die Vetus Latina

Da die altlateinische Tobit-Überlieferung einen der Textform G^{II} nahe stehenden Text überliefert und G^{II} durch nur zwei Handschriften bezeugt ist, erhält La als indirekter Textzeuge dieser Textform besonderes Gewicht.[55] Allerdings war La in regional sehr unterschiedlichen Fassungen in Umlauf, so dass ihre Textzeugen sehr differieren.[56] La scheint auf eine griechische Vorlage zurückzugehen,[57] eine textkritische Edition der Vetus Latina des Buches Tobit ist bislang noch nicht erschienen.[58] Weeks/Gathercole/Stuckenbruck bieten in ihrer Synopse den Text von drei altlateinischen Manuskripten als „interim solution", die ihrer Meinung nach die wichtigsten bekannten Textformen repräsentieren.[59] Diese Manuskripte sind der Codex Regius 3564 aus

---

54 Wagner, Tobit-Synpose XXIX. Für eine sprachliche Analyse und einen Textvergleich vgl. Toloni, Originale 48–61; J. Lebram, Die Peschitta zu Tobit 7,11–14,15. In: ZAW 69 (1957) 185–211.
55 Vgl. J.A. Fitzmyer, The Aramaic and Hebrew Fragments of Tobit from Qumran Cave 4. In: CBQ 57 (1995) 655–675, hier: 662; J.R. Busto Saiz, Algunas aportaciones de la Vetus Latina para una nueva edición crítica del libro de Tobit. In: Sef. 38 (1978) 53–69.
56 Vgl. Fitzmyer, Tobit (CEJL) 6ff. Die unterschiedlichen Fassungen von La waren offenbar Grund dafür, dass Papst Damasus Hieronymus bat, eine neue lateinische Übersetzung der Bibel anzufertigen.
57 Vgl. Moore, Tobit 60f.; Skemp, Vulgate 3; Wagner, Tobit-Synopse XXIV; E. Tov, Textual Criticism of the Hebrew Bible. Minneapolis–Assen/Maastricht 1992, 139. Zu möglichen jüdischen Einflüssen auf die Übersetzung vgl. D.S. Blondheim, Les parlers judéo-romans et la Vetus Latina. Étude sur les rapports entre les traductions bibliques en langue romane des juifs au moyen age et les anciennes versions. Paris 1925, XXXIV–LXIX.
58 Diese wird zur Zeit von J.-M. Auwers, Leuven, vorbereitet. Vgl. J.-M. Auwers, La tradition vieille latine du livre de Tobie. Un état de la question. In: G.G. Xeravits/J. Zsengellér (Hg.), The Book of Tobit. Text, Tradition, Theology. Papers of the First International Conference on the Deuterocanonical Books, Pápa, Hungary (20–21 May, 2004). JSJSup 98. Leiden–Boston 2005, 1–21.
59 Weeks/Gathercole/Stuckenbruck, Tobit 21.

dem 9. Jahrhundert[60], der Text der Alcalà Bibel aus dem 9./10. Jahrhundert[61] sowie der Codex Reginensis 7 aus dem 9. Jahrhundert.[62]

1.3.2.2 Die Übersetzung des Hieronymus (Vulgata)

Hieronymus berichtet im an die Bischöfe Chromatius und Heliodorus gerichteten Prolog zu seiner Übersetzung des Buches Tobit, dass er dieses Buch mit Hilfe eines Sprachkundigen, der ihm einen aramäischen Text mündlich ins Hebräische übersetzte, und eines Schreibers an einem einzigen Tag ins Lateinische übertrug: *utriusque linguae peritissimum loquacem repperiens unius diei laborem arripui et quicquid ille mihi hebraeicis uerbis expressit haec ego accito notario sermonibus latinis exposui.*[63] Es zeigt sich aber, dass die Übersetzung des Hieronymus von den erhaltenen griechischen Textformen stark abweicht. Nach Hanhart muss deshalb eine von der griechischen Überlieferung weitgehend selbstständige Vorlage vorausgesetzt werden, auch wenn eine durch das hebräische Mittelglied geförderte Freiheit der Übersetzung angenommen wird.[64] Hieronymus lässt dem aramäischen Buch Tobit gegenüber eine gewisse Ambivalenz erkennen, da er Tobit zwar einerseits auf den Wunsch der beiden Bischöfe hin übersetzte, andererseits aber darauf hinwies, dass Tobit nicht im Kanon der Heiligen Schriften der Hebräer enthalten sei: *librum utique thobiae quem hebraei de catalogo diuinarum scripturarum secantes his quae agiographa memorant manciparunt.*[65] Er „entledigte" sich seiner Aufgabe an nur

---

60 Bei Hanhart: La^Q. Vgl. Weeks/Gathercole/Stuckenbruck, Tobit 22f.
61 Bei Hanhart: La^X. Vgl. Weeks/Gathercole/Stuckenbruck, Tobit 23ff.
62 Bei Hanhart: La^W. Vgl. Weeks/Gathercole/Stuckenbruck, Tobit 25f.
63 Vgl. Gamberoni, Auslegung 74–79. Die Darstellung des Hieronymus trifft aber nicht ganz zu, da er bei seiner Übersetzung offensichtlich auch auf La zurückgriff und eigene theologische Deutungen einbrachte. Zum Charakter der Tobit-Übersetzung durch Hieronymus vgl. Fitzmyer, Tobit (CEJL) 6; Skemp, Vulgate 21–28.
64 Vgl. Hanhart, Text 11f.; Fitzmyer, Tobit (CEJL) 6.
65 Vgl. Moore, Tobit 62; Skemp, Vulgate 17ff. Hieronymus betrachtete die Bücher Tobit und Judit anscheinend als *agiographa*. Als Transliteration von ἁγιόγραφα wird *agiographa* von Hieronymus sowohl zur Bezeichnung der כתובים der hebräischen Bibel verwendet als auch – wie in Bezug auf Tobit und Judit – zur Bezeichnung von Schriften, die nicht Teil der hebräischen Bibel sind. Nach Moore, Tobit 53, ist die enge physische Nähe der Bücher Tobit und Judit in Codices (z.B. Vaticanus,

einem Tag.⁶⁶ Als Textzeuge für die Vulgata dient der Codex Amiatinus I aus dem 8. Jahrhundert.⁶⁷

1.3.3 Die Tobit-Fragmente vom Toten Meer

Die ältesten Textbelege für das Buch Tobit sind die Fragmente von fünf Tobit-Schriftrollen (4Q196–200) aus der Höhle IV in Qumran am Toten Meer.⁶⁸ Obwohl diese Höhle bereits 1952 entdeckt worden war, kamen die Tobit-Fragmente erst allmählich unter dem „massive jigsaw puzzle of thousands of fragments" zum Vorschein.⁶⁹ Milik identifizierte zuerst drei, schließlich vier aramäische und eine hebräische Textrolle des Buches Tobit.⁷⁰ Im Jahr 1995 legte Fitzmyer eine vollständige Edition

---

Sinaiticus, Alexandrinus) möglicherweise für die Minderung der „canonical claims" beider verantwortlich. Im Unterschied zu Tobit ist Judit aber möglicherweise ursprünglich griechisch verfasst; vgl. M. Mulzer, Das griechische Juditbuch – eine Spätschrift des Alten Testaments. In: BiKi 56 (2001) 92–95, hier: 93. Anders H. Engel, Das Buch Judit. In: E. Zenger u.a. (Hg.), Einleitung in das Alte Testament. Stuttgart–Berlin–Köln ³1998, 256–266, hier: 262.

66 Nach Skemp, Vulgate 20, will Hieronymus durch den Hinweis auf die sehr kurze Zeit, in der er die Tobit-Übersetzung anfertigte, auf seine besondere Befähigung als Übersetzer hinweisen. Die Formulierung *labor unius diei* könnte aber auch als Hinweis auf eine schnelle und damit weniger sorgfältige und gründliche Übersetzungsweise des Hieronymus bei Tobit (und Judit) gedeutet werden; so Moore, Tobit 62; A. Neubauer, The Book of Tobit. A Chaldee Text from a Unique Manuscript in the Bodleian Library with Other Rabbinical Texts, English Translations and the Itala. Oxford 1878, VI.

67 Vgl. die Beschreibung bei Weeks/Gathercole/Stuckenbruck, Tobit 27f.

68 Nach M.O. Wise wurde auch 4Q478 „very tentatively" als weitere hebräische Tobit-Handschrift identifiziert; vgl. ders., A Note on 4Q196 (papTob arᵃ) and Tob I 22. In: VT 43 (1993) 566–570, hier: 569. Diese Vermutung hat sich nicht durchgesetzt. Bei F. García Martínez/E.J.C. Tigchelaar wird 4Q478 (abgebildet auf PAM 43.560) nur als „4QpapFragment Mentioning Festivals" bezeichnet; vgl. dies. (Hg.), The Dead Sea Scrolls Study Edition. Bd. 2: 4Q274–11Q31. Leiden–Boston–Köln 1998, 958f.

69 Fitzmyer, Tobit (CEJL) 8. Vgl. die chronologische Übersicht der Funde von S.J. Pfann, History of the Judean Desert Discoveries. In: E. Tov (Hg.), The Dead Sea Scrolls on Microfiche. A Comprehensive Facsimile Edition of the Texts from the Judean Desert. Companion Volume. Leiden–New York–Köln 1993, 97–112.

70 Vgl. J.T. Milik, Editing the Manuscript Fragments from Qumran. In: BA 19 (1956) 75–96, hier: 88; ders., Dix ans de découvertes dans le Désert de Juda. Paris 1957, 29; ders., Patrie 522.

aller in Qumran gefundenen Fragmente des Buches Tobit vor.[71] Ein Jahr vorher hatte Beyer im Ergänzungsband zu seiner Edition der aramäischen Texte vom Toten Meer aus dem Jahr 1984 einen fortlaufenden aramäischen bzw. hebräischen Text der Tobiterzählung nach Codex S rekonstruiert.[72]

Die Tobit-Fragmente vom Toten Meer beinhalten die Überreste von vier aramäischen Schriftrollen (4Q196–199) und einer hebräischen Schriftrolle (4Q200). Abgesehen von 4Q196, die auf Papyrus geschrieben ist, bestehen die anderen Rollen ausschließlich aus Leder.[73] Es ist auffällig, dass vier aramäischen Schriftrollen des Buches Tobit unter den in Qumran gefundenen Textrollen offenbar nur ein hebräischer Tobit-Text gegenübersteht. Aus dem Fundort in den Höhlen in der Nähe von Qumran folgt nicht zwangsläufig, dass die Dokumente dort auch hergestellt oder abgeschrieben wurden.[74] Paläographische Untersuchungen weisen auf ein unterschiedliches Alter der fünf Tobit-Rollen

---

71 Hg. in: M. Broshi/E. Eshel/Ders. u.a., Qumran Cave 4, XIV, Parabiblical Texts, Part 2. DJD 19. Oxford 1995, 1–76. Nur das neu identifizierte Fragment Ms. 5234 aus der Schøyen-Sammlung (Tob 14,3–6), das ebenfalls von der Schriftrolle 4Q196 stammt, ist nicht in dieser Edition enthalten.

72 Vgl. Beyer, ATTM.E 134–147.

73 Nahezu alle in Qumran gefundenen Dokumente sind auf Payprus oder Leder geschrieben. Es lässt sich nicht eindeutig feststellen, ob vor der durch Qumran belegten Zeit vorwiegend Leder oder Papyrus für Schriftrollen in Gebrauch war. M. Haran schließt aufgrund von Anspielungen im AT (u.a. Jer 36,23; 51,62f.), dass vor allem Papyrus verwendet wurde; vgl. ders., Book-Scrolls in Israel in Pre-Exilic Times. In: JJS 33 (1982) 161–173. Nach Tov wurde Leder bei den Qumranschriften vor allem für literarische Texte benutzt, während Papyrus für persönliche Dokumente wie Briefe und Urkunden verwendet wurde; vgl. ders., Scribal Practices and Physical Aspects of the Dead Sea Scrolls. In: J.L. Sharpe/K. van Kampen (Hg.), The Bible as Book. The Manuscript Tradition. London 1998, 9–33, hier: 12; ders., Scribal Practices and Approaches Reflected in the Texts Found in the Judean Desert. StTDJ 54. Leiden–Boston 2004, 32–36.51.

74 Vgl. Tov, Physical Aspects 10ff.; ders., Scribal Practices 14ff. Denkbar ist auch, dass die Schriftrollen von einem anderen Ort – vielleicht aus Sicherheitsgründen – fort gebracht und in den Höhlen am Toten Meer versteckt wurden. Da es sich bei den ca. 800 in den Höhlen I–XI gefundenen Handschriften fast ausschließlich um literarische Kompositionen religiösen Inhalts handelt, geht man inzwischen davon aus, dass es sich um eine Bibliothek handelt; vgl. D. Dimant, The Library of Qumran: Its Content and Character. In: L.H. Schiffman/E. Tov/J.C. Vanderkam (Hg.), The Dead Sea Scrolls. Fifty Years after their Discovery. Proceedings of the Jerusalem Congress (July 20–25, 1997). Jerusalem 2000, 170–176, hier: 171.

hin.⁷⁵ Die Tobit-Fragmente aus Qumran lassen erkennen, dass bereits zum Zeitpunkt ihrer Abschrift Divergenzen nicht nur zwischen den aramäischen und hebräischen Tobit-Fragmenten, sondern auch innerhalb der aramäischen Überlieferung des Buches Tobit existierten.⁷⁶ Dies kann auf eine freiere Herangehensweise an bestimmte Texte in Qumran gedeutet werden.⁷⁷

1.3.3.1 Die aramäischen Schriftrollen des Buches Tobit 4Q196–199

4Q196 = 4QpapTobitᵃ ar
Die Fragmente dieser aramäischen Schriftrolle sind die Bruchstücke der einzigen Tobit-Rolle aus Qumran auf Papyrus. Möglicherweise wurden Papyrusabschriften aus finanziellen Gründen für persönliche Kopien literarischer Texte verwendet, vorzugsweise von nicht biblischen Büchern, da Papyrus als Beschreibmaterial billiger war.⁷⁸ Eine Kolumne der Schriftrolle 4Q196 umfasst offenbar 13 Zeilen.⁷⁹ Die durchschnitt-

---

75 Tov, Physical Aspects 21, weist darauf hin, dass identische Kompositionen anscheinend in jeweils unterschiedlichen Layouts geschrieben wurden.
76 Vgl. Abschnitt 3.4.1 dieser Arbeit. Nach E. Tov, A Modern Textual Outlook Based on the Qumran Scrolls. In: HUCA 53 (1982) 11–27, weisen die Qumran-Funde auf die Vielfalt innerhalb der Überlieferung der biblischen Texte hin.
77 Vgl. Tov, Outlook 26; ders., Scribal Practices 24–28; ders., The Orthography and Language of the Hebrew Scrolls Found at Qumran and the Origin of these Scrolls. In: Textus 13 (1986) 31–49, hier: 33f.
78 Vgl. Tov, Physical Aspects 12. Allerdings existieren auch einige Abschriften biblischer Bücher auf Papyrus. Sie stammen anscheinend aus einem Milieu, in dem solche Abschriften erlaubt waren. Tov weist darauf hin, dass gerade von Texten, die in mehreren Abschriften in Qumran gefunden wurden, oft ein oder zwei Handschriften auf Papyrus erhalten sind; vgl. ders., Scribal Practices 47f.
79 In 4Q196 2 sind deutlich der obere und untere Rand der Kolumne erkennbar (abgebildet auf PAM 43.175). Fitzmyer, Tobit (DJD) 7, gibt die Anzahl der Zeilen einer Kolumne in 4Q196 allerdings mit 13 oder 16 Zeilen an, da er davon überzeugt ist, dass in 4Q196 17i und 17ii (abgebildet auf PAM 43.178) jeweils der obere und untere Rand erkennbar sind. Es ist aber auffällig, dass sowohl in 4Q196 17i als auch in 17ii, die beide aus mehreren Bruchstücken zusammengesetzt sind, in der Mitte des von Fitzmyer rekonstruierten Fragments jeweils Leerzeilen auftauchen; vgl. Fitzmyer, Tobit (DJD) 24f.26f. Auch für 4Q196 18 (abgebildet auf PAM 43.179) setzt Fitzmyer, Tobit (DJD) 29, 16 Zeilen an. Da dort aber nur der untere Rand eindeutig erkennbar ist und beide Bruchstücke anscheinend nicht miteinander verbunden sind, ist diese Annahme m.E. nicht zwingend. Tov, Scribal Practices 89.94, stellt die

liche Zeilenlänge beträgt ungefähr 16 cm.[80] Die Schrift der Textrolle wird von Fitzmyer als „late semiformal Hasmonaean script" eingeordnet und auf ca. 50 v.Chr. datiert.[81] Die Fragmente weisen supralineare Korrekturen,[82] Streichungen[83] sowie eine Dittographie[84] im Text auf. Fitzmyer bezeichnet die Schriftrolle 4Q196 dennoch als „carefully written".[85] Das Tetragramm wird durch das Tetrapunkton ersetzt.[86] Die Unterscheidung von *jod* und *waw* gestaltet sich im Einzelfall schwierig, wie die abweichenden Lesarten von Beyer und Fitzmyer zeigen,[87] die einzelnen Worte sind häufig nur durch minimale Abstände voneinander getrennt, selbst an Stellen, die nach der späteren Einteilung den Beginn eines neuen Kapitels darstellen.[88] Neben den 20 identifizierten Fragmenten dieser Schriftrolle existieren noch weitere 30 Bruchstücke, die aufgrund ihrer minimalen Größe nicht mit Sicherheit in den Ablauf

---

Frage, ob es sich tatsächlich um dieselbe Schriftrolle handelt. Zum Problem der unterschiedlichen Länge von Kolumnen innerhalb einer Schriftrolle vgl. Tov, Physical Aspects 21; ders., Scribal Practices 93ff.

80   Fitzmyer, Tobit (DJD) 7, nimmt für 4Q196 eine durchschnittliche Zeilenlänge von 15 cm an. 4Q196 2,11 legt aber eher eine Zeilenlänge von ungefähr 16 cm nahe.

81   Fitzmyer, Tobit (DJD) 7, beruft sich dabei auf die Klassifikation und Datierung von Schrifttypen bei F.M. Cross, The Development of the Jewish Scripts. In: G.E. Wright (Hg.), The Bible and the Ancient Near East. Essays in Honor of William Foxwell Albright. Garden City–New York 1961, 170–264. Cross setzt die semikursive Schrift, auf die Fitzmyer in DJD Bezug nimmt (4QDanᶜ), zwischen ca. 100 und 50 v.Chr. an; vgl. ebd. 190 §2. In seinem Artikel in CBQ 57 (1995) 656, verweist Fitzmyer auf Cross, Scripts 190 §4. Diese Schrift wird von Cross auf ca. 50–25 v.Chr. datiert. Für eine Beschreibung semikursiver Charakteristika vgl. F.M. Cross, Palaeography and the Dead Sea Scrolls. In: P.W. Flint/J.C. Vanderkam (Hg.), The Dead Sea Scrolls after Fifty Years. Bd. 1. Leiden–Boston–Köln 1998, 379–402, 394–401 (+ Plate 11 und 12).

82   Vgl. 4Q196 2,1; 6,8; 17ii,15.16.

83   In 4Q196 2,2 wurde ein einzelnes, wie ein Wort mit Zwischenräumen abgesetztes פ möglicherweise durch eine horizontale Linie getilgt. In 4Q196 13,1 ist ein *jod* innerhalb eines Wortes durch einen senkrechten Strich getilgt.

84   Vgl. 4Q196 2,4 [ומלך ומן (vgl. Anmerkung 181).

85   Vgl. Fitzmyer, Tobit (DJD) 7.

86   4Q196 17i,5; 18,15. Zur Verwendung des Tetrapunktons in den in Qumran gefundenen Papyri vgl. Tov, Scribal Practices 52. Zur Vermeidung des Gottesnamens in den Qumrantexten insgesamt vgl. H. Stegemann, Religionsgeschichtliche Erwägungen zu den Gottesbezeichnungen in den Qumrantexten. In: M. Delcor (Hg.), Qumrân. Sa piété, sa théologie et son milieu. BEThL 46. Leuven 1978, 195–217, hier: 200ff.

87   Vgl. 4Q196 2,8.13; 17ii,12.13.

88   Vgl. 4Q196 2,9 (abgebildet auf PAM 43.175).

der Erzählung des Buches Tobit eingeordnet werden können.[89] Die identifizierbaren Fragmente enthalten Teile von Tob 1,17; 1,19–2,2; 2,3; 2,10–11; 3,5; 3,9–15; 3,17; 4,2; 4,5; 4,7; 4,21–5,1; 5,9; 6,6–8; 6,13–18; 6,18–7,6; 7,13; 12,1; 12,18–13,6; 13,6–12; 13,12–14,3; 14,3–6[90]; 14,7.

4Q197 = 4QTobit^b ar
Die Fragmente der zweiten aramäischen Tobit-Rolle aus Qumran bestehen aus braunem Leder. Bislang konnten fünf Fragmente identifiziert werden, zwei weitere Textfragmente können zwar der Schriftrolle zugeordnet, nicht aber sicher in die Tobiterzählung eingeordnet werden. Eine Kolumne besteht aus 19 Zeilen von etwa 14 cm Länge.[91] Paläographisch kann 4Q197 nach Fitzmyer als „beautiful early formal Herodian script" bezeichnet und auf die Zeit zwischen 25 v.Chr. bis 25 n.Chr. datiert werden.[92] Die Fragmente weisen ebenso wie 4Q196 supralineare Korrekturen auf.[93] 4Q197 überliefert Teile von Tob 3,6–8; 4,21–5,1; 5,12–14; 5,19–6,12; 6,12–18; 6,18–7,10; 8,17–9,4.

4Q198 = 4QTobit^c ar
Von der dritten aramäischen Tobit-Rolle aus Qumran aus dünnem gegerbtem Leder sind nur zwei Fragmente erhalten. Sie umfassen Teile von Kapitel 14. Da das zweite Textfragment nur schwer lesbar ist, kann es nicht sicher in die Tobiterzählung eingeordnet werden. 4Q198 1 überliefert 14 Zeilen, wobei unbeschriebenes Material oberhalb der ersten Zeile auf einen oberen Rand hinweist. In 4Q198 1,3–5 ist außerdem der rechte Rand einer Kolumne erkennbar. Die genaue Zeilenzahl einer Kolumne kann aber ebenso wenig bestimmt werden wie die exakte Länge einer Zeile. Paläographisch kann 4Q198 nach Fitzmyer als „late Hasmonaean or early Herodian book hand with

---

89 Vgl. Fitzmyer, Tobit (DJD) 32–39 (Abbildungen auf PAM 43.178 und 43.179).
90 Über die Fragmente in der Textedition von Fitzmyer (DJD) hinaus wurde Ms. 5234 der Schøyen-Sammlung als weiteres Fragment von 4Q196 identifiziert. Es überliefert Teile von Tob 14,3–6.
91 In 4Q197 4i (abgebildet auf PAM 43.180) sind 19 Zeilen einer Kolumne erkennbar. Die durchschnittliche Zeilenlänge lässt sich aus 4Q197 4iii,5.6 ablesen, die beide offenbar fast vollständig erhalten sind.
92 Vgl. Fitzmyer, Tobit (DJD) 41. Bei Cross, Scripts 176 §5, ist die Schrift (4QNum^b), auf die Fitzmyer Bezug nimmt, auf ca. 30. v.Chr. bis 20 n.Chr. datiert und als „early Herodian *Round* *semi*formal hand" bezeichnet (Hervorhebung durch die Vf.).
93 4Q197 4ii,8; 4iii,3.

some semicursive features" auf ca. 50 v.Chr. datiert werden.[94] Die Schriftrolle überliefert Teile von Tob 14,2–6 und möglicherweise von Tob 14,10.

4Q199 = 4QTobit^d ar
Von dieser aramäischen Tobit-Rolle aus Leder sind nur zwei sehr kleine Bruchstücke erhalten. Es handelt sich zum einen um den Beginn einer Kolumne, von der zwei Zeilen erhalten sind, zum anderen um ein weiteres Fragment, das nur zwei Worte überliefert. Paläographisch kann diese Schriftrolle nach Fitzmyer als hasmonäische Schrift eingeordnet und auf ungefähr 100 v.Chr. datiert werden.[95] Wenn dies zutrifft, würde es sich folglich um die ältesten Textbelege des Buches Tobit handeln. 4Q199 überliefert Teile von Tob 7,11 und 14,10.

1.3.3.2 Die hebräische Schriftrolle des Buches Tobit 4Q200

4Q200 = 4QTobit^e
Über die Reste der vier aramäischen Textrollen hinaus gibt es insgesamt neun, teilweise aus mehreren einzelnen Bruchstücken zusammengefügte Fragmente des Buches Tobit in hebräischer Sprache. Die Fragmente sind die Überreste einer Schriftrolle aus Leder, die nach Fitzmyer in einer „early Herodian formal hand" geschrieben ist und die er auf zwischen 30 v.Chr. bis 20 n.Chr. datiert.[96] Die Zeilenlänge beträgt etwa 6 cm und ist damit kürzer als die der aramäischen Tobit-Text-

---

94 Vgl. Fitzmyer, Tobit (DJD) 57. Cross datiert die Schrift, auf die Fitzmyer hier Bezug nimmt (4QSam^a), auf ca. 50–25 v.Chr.; vgl. ders., Scripts 176 §3.
95 Vgl. Fitzmyer, Tobit (DJD) 61. Er verweist auf Cross, Scripts 176 §4. Cross bezeichnet die dort gebotene Schrift (1QM) aber als „typical early Herodian formal script (ca. 30–1 B.C.)". Fitzmyers Einordnung als Hasmonäische Schrift und Datierung um 100 v.Chr. entspricht folglich nicht dem angegebenen Beleg. Allerdings sind nach Fitzmyer von 4Q199 nicht genügend deutliche Buchstaben erhalten, um diesen Text genauer datieren zu können; vgl. ders., Fragments 656.
96 Vgl. Fitzmyer, Tobit (DJD) 63. Die Schrift, die Fitzmyer hier zum Vergleich anführt, wird bei Cross, Scripts 176 §5 als „early Herodian ‚Round' semiformal hand" bezeichnet. Zur Bezeichnung „Round semiformal" vgl. Cross, Scripts 224. Da Fitzmyer dieses „Musteralphabet" auch für 4Q197 angibt, könnte man schließen, dass 4Q197 und 4Q200 ungefähr zeitgleich entstanden sind.

rollen.⁹⁷ Die vertikale Dittographie in 4Q200 6,2 lässt darauf schließen, dass 4Q200 die Abschrift einer anderen Schriftrolle ist.⁹⁸ Auch 4Q200 weist supralineare Korrekturen⁹⁹ sowie Streichungen im Text auf.¹⁰⁰ Zwei Fragmente von 4Q200 können nicht sicher in die Tobiterzählung eingeordnet werden (Fragmente 8 und 9), die übrigen enthalten Teile von Tob 3,6; 3,10–11; 4,3–9; 5,2; 10,7–9; 11,10–14; 12,20–13,4; 13,13–14; 13,18–14,2.

1.3.4 Die übrigen hebräischen und aramäischen Textformen

Bereits vor den in Qumran gefundenen Fragmenten von 4Q196–200 waren einige hebräische Textformen sowie ein aramäischer Text des Buches Tobit bekannt. Bei den hebräischen Tobit-Texten handelt es sich um fragmentarische Texte aus der Kairoer Geniza aus dem 13. Jahrhundert, Hebraeus Muensteri, Hebraeus Fagii¹⁰¹, zwei von Gaster edierte Texte sowie einen 1851 in Lemberg gedruckten Text.¹⁰² Der aramäische Tobit-Text ist Ms. 2339 aus der Bodleian Library.¹⁰³ Nach Ego können diese Textformen nicht „als Überbleibsel der alten semitischsprachigen Tradition bezeichnet werden, sondern sind vielmehr Rückübersetzungen aus dem Griechischen bzw. Lateini-

---

97 Vgl. 4Q200 4,6.7, die beide offenbar fast vollständig erhalten sind, wie der Vergleich mit der griechischen Überlieferung nahe legt.
98 Das Wort ותומהים in 4Q200 6,2 wurde im Text durchgestrichen. Das Tilgen von Fehlern durch Durchstreichen findet sich bei den Qumranschriften sowohl in biblischen als auch nicht-biblischen Texten; vgl. Tov, Scribal Practices 199ff.264.
99 Vgl. 4Q200 2,3; 4,4; 6,6.
100 Vgl. 4Q200 6,2.6.
101 Vgl. L.T. Stuckenbruck, The „Fagius" Hebrew Version of Tobit: An English Translation Based on the Constantinople Text of 1519. In: G.G. Xeravits/J. Zsengellér (Hg.), The Book of Tobit. Text, Tradition, Theology. Papers of the First International Conference on the Deuterocanonical Books, Pápa, Hungary (20–21 May, 2004). JSJSup 98. Leiden–Boston 2005, 189–219.
102 Vgl. die Auflistung dieser Texte sowie die Beschreibung ihrer Charakteristika bei Weeks/ Gathercole/Stuckenbruck, Tobit 32–44; F. Zimmermann, The Book of Tobit. An English Translation with Introduction and Commentary. JAL. New York 1958, 133–138.
103 Hg. von A. Neubauer, The Book of Tobit. A Chaldee Text from a Unique Manuscript in the Bodleian Library with Other Rabbinical Texts, English Translations and the Itala. Oxford 1878, 3–16.

schen ..."[104] Sie tragen wenig zum Verstehen der Tobit-Fragmente aus Qumran sowie zur Klärung der frühen Überlieferung des Buches Tobit bei.[105]

1.4 Auf der Suche nach dem Text des Buches Tobit

1.4.1 Die Problematik des „Urtexts"

Die Anführungszeichen in der Überschrift deuten schon an, dass der Begriff „Urtext"[106] nicht einfach zu definieren und eindeutig zu fassen ist.[107] Denn die Schriften der Bibel haben in der Regel einen längeren Entwicklungsprozess hinter sich, so dass ein „Urtext" oder „Original" im Sinne einer literarischen Komposition, die von *einem* Autor zu *einem* bestimmten Zeitpunkt geschrieben wurde, nicht nachgewiesen werden kann.[108] Tov definiert „Urtext", „Urschrift" oder „Originaltext" folgendermaßen: Es handelt sich um diejenige literarische Komposition, die „at a certain stage existed as a single textual entity from which all texts

---

104 Ego, Tobit 883. Vgl. auch Hanhart, Text 15; Fitzmyer, Fragments 667ff., zählt einige Beispiele auf, die eher auf eine griechische Vorlage schließen lassen. Vgl. auch Wise, Note 566.

105 Vgl. Moore, Tobit 64. D. de Bruyne bezeichnet die mittelalterlichen semitischen Tobit-Texte als „mauvais bateaux de sauvetage" bei Textproblemen des Buches Tobit; vgl. ders., Rez. zu M. Schumpp, Das Buch Tobias. In: RBen 45 (1933) 260–262, hier: 262. Ihre Bedeutung liegt nach Weeks/Gathercole/Stuckenbruck, Tobit 32, vor allem in den Fragen nach der Verwendung und Adaption der Tobiterzählung im Judentum sowie den Verbindungen zwischen jüdischen und christlichen Texttraditionen.

106 Vgl. C. Wagner, Auf der Suche nach dem „Urtext". In: BiHe 35 (2001) 4ff.

107 Vgl. E.J. Epp, The Multivalence of the Term „Original Text" in New Testament Textual Criticism. In: HThR 92 (1999) 245–281, hier: 247: „Actually, those tiny marks protect against full disclosure, for – while conveying little by way of specifics – they appear to provide a generalized caution against expecting overly precise or fully confident conclusions, and thereby for most textual critics they signal a measure of humility ..."

108 Vgl. Tov, Textual Criticism 164–180. Zur Verwendung des Begriffs „Originaltext" in der ntl. Exegese vgl. Epp, Multivalence 248–258. Wie Epp dargelegt hat, legen einige ntl. Exegeten aufgrund der Unmöglichkeit, zu dem „Urtext" zu kommen, heute verstärkt Gewicht auf die Vielfalt der Überlieferung, wobei die Notwendigkeit bzw. die Erwünschtheit der Suche nach dem einen „Original" weniger hervorgehoben wird; vgl. ebd. 264ff.

of that book have derived."[109] Am Ende eines Entwicklungsprozesses wurde jedes biblische Buch „in the form of one textual unit (a single copy or tradition)" abgeschlossen. „From this textual unit, a single copy or tradition, all other copies of the book were derived."[110] Da während der weiteren Überlieferung Texte oft vielen Änderungen unterworfen waren, ist es nahezu unmöglich, den originalen Text zu rekonstruieren.[111] Die Zurückweisung der Existenz *eines* „Urtexts" aufgrund *realer* textlicher Belege wäre jeder anderen Argumentation in jedem Fall vorzuziehen.[112] Allerdings wird die Diskussion um den „Urtext" in der Regel auf einem hohen Abstraktionsniveau ohne Bezug auf reale Texte geführt. Beispiele „gleichwertiger" Lesarten in zwei oder mehreren Textformen, bei denen keine von beiden der anderen gegenüber als sekundär bestimmt werden kann, führen nach Tov nicht zwingend zur Schlussfolgerung, dass nicht eine von beiden dennoch „original" und die andere(n) sekundär sein kann (können).[113]

Auf der Suche nach dem „Urtext" des Buches Tobit ergeben sich weitere Probleme: Erstens überliefert nur die griechische Übersetzung der LXX das Buch Tobit vollständig, dafür aber in zwei bzw. drei Textformen.[114] Zweitens kann nicht eindeutig entschieden werden, ob die Ausgangssprache der griechischen Tobit-Übersetzung Aramäisch oder Hebräisch ist. Hinzu kommt, dass es sich beim aramäischen bzw. hebräischen Vergleichsmaterial nur um Fragmente von Texten handelt, die zudem noch in unterschiedlicher Menge vorliegen.[115] Auch die

---

109 Tov, Textual Criticism 167.
110 Tov, Textual Criticism 172. Die kleineren und größeren Divergenzen innerhalb der Überlieferung eines Textes sind seiner Meinung nach folglich eher auf lineare Entwicklung zurückzuführen: „... there is apparently very little evidence which points exclusively to the existence of ancient parallel texts"; ebd.
111 Vgl. Tov, Textual Criticism 177.
112 Vgl. Tov, Textual Criticism 173.
113 Vgl. Tov, Textual Criticism 174.176.
114 Nach Thomas, Greek Text 464, liegt das Griechisch von Tobit „somewhere between ‚composition' Greek and literal ‚translation' Greek", wobei eine genaue Abgrenzung nicht möglich ist. H.St.J. Thackeray bezeichnet das Griechisch von Tobit als „vernacular", merkt aber an, dass es vielleicht auch unter „Paraphrases" einzuordnen ist; vgl. ders., A Grammar of the Old Testament in Greek According to the Septuagint. Cambridge 1909 (ND Hildesheim 1978), 13.
115 Einige Fragmente sind nur mit Hilfe von Rückübersetzungen aus den griechischen Textformen, vor allem Codex S, überhaupt in die Tobiterzählung einzuordnen. Eine derartige Vorgehensweise birgt natürlich die Gefahr, dass der eifrige Exeget die vorhandenen mehrdeutigen Buchstabenreste allzu bereitwillig und schnell als das

beiden griechischen Textformen G^I und G^II sind in ihrer Überlieferung unterschiedlich breit bezeugt.[116] Wenn also Divergenzen zwischen den aramäischen bzw. hebräischen Texten und den griechischen auftreten, können diese entweder auf Unterschiede in ihrer Vorlage zurückgeführt oder durch die Art und Weise der Übersetzung erklärt werden.[117] Es ist dabei auch in Betracht zu ziehen, dass der bzw. die Übersetzer „theologische Exegese" bei seiner bzw. ihrer Übersetzung betrieben. Daraus folgt das Problem, dass sich selbst bei der Erkennbarkeit bestimmter Theologumena in der Übersetzung die Frage stellt, ob diese dem bzw. den Übersetzer/n oder seiner bzw. ihrer Vorlage zuzuschreiben sind.[118]

Darüber hinaus muss damit gerechnet werden, dass auch nach der Übersetzung beim Überlieferungsvorgang Texte absichtlichen oder unbeabsichtigten Veränderungen unterworfen waren.[119] Die Abgrenzung gestaltet sich bei Tobit im Einzelfall schwierig, gerade weil die aramäischen bzw. hebräischen Texte von 4Q196–200 nur fragmentarisch erhalten sind und Charakteristika der Übersetzung folglich

---

interpretiert, was es seiner Meinung nach zu bedeuten hat. Der Vergleich mit den griechischen Textformen erübrigt sich dann aber.

116 Vgl. Abschnitt 1.3.1 dieser Arbeit.

117 Vgl. A. Aejmelaeus, Übersetzung als Schlüssel zum Original. In: On the Trail of the Septuagint Translators. Collected Essays. Kampen 1993, 150–165; dies., What Can We Know about the Hebrew Vorlage of the Septuagint. Ebd. 77–115.

118 Vgl. E. Tov, Die Septuaginta in ihrem theologischen und traditionsgeschichtlichen Verhältnis zur hebräischen Bibel. In: M. Klopfenstein u.a. (Hg.), Mitte der Schrift? Ein jüdisch-christliches Gespräch. Texte des Berner Symposiums vom 6.–12. Januar 1985. JudChr 11. Bern u.a. 1987, 237–268, hier: 238.

119 Nach Hanhart muss mit sehr früh einsetzender rezensioneller Tätigkeit gerechnet werden, da eine genaue Übersetzung für außerordentlich wichtig erachtet wurde; vgl. ders., The Translation of the Septuagint in Light of Earlier Tradition and Subsequent Influences. In: G.J. Brooke/B. Lindars (Hg.), Septuagint, Scrolls and Cognate Writings. Papers Presented to the International Symposium on the Septuagint and Its Relations to the Dead Sea Scrolls and Other Writings (Manchester 1990). SCSt 33. Atlanta (Georgia) 1992, 339–379, hier: 342. Vgl. ferner S. Brock, To Revise or Not to Revise: Attitudes to Jewish Biblical Translation. In: G.J. Brooke/B. Lindars (Hg.), Septuagint, Scrolls and Cognate Writings. Papers Presented to the International Symposium on the Septuagint and Its Relation to the Dead Sea Scrolls and Other Writings (Manchester 1990). SCSt 33. Atlanta (Georgia) 1992, 301–338, hier: 303f.; O. Munnich, Le texte de la Septante. In: M. Harl/G. Dorival/Ders. (Hg.), La Bible grecque des Septante. Du judaïsme hellénistique au christianisme ancien. Paris 1988, 129–200, hier: 142–173.

nicht durchgängig erhoben werden können.¹²⁰ Es sei an dieser Stelle ausdrücklich darauf hingewiesen, dass keinesfalls davon ausgegangen werden kann, dass die durch 4Q196–200 überlieferten Texte identisch mit der Vorlage von G^I oder G^II sind.¹²¹ Sie stellen aber das einzige Vergleichsmaterial auf der Ebene des frühen semitischen Tobit-Textes dar.¹²²

Es ist anzunehmen, dass sich der „Urtext" des Buches Tobit aufgrund der vorhandenen bzw. nicht oder nicht vollständig erhaltenen Textzeugen nicht rekonstruieren lässt. Dennoch scheint es notwendig und lohnenswert, über den Vergleich der verschiedenen Textformen und Textüberlieferungen auf die Suche nach dem vielgestaltigen Text der Tobiterzählung zu gehen. Denn angesichts des oben dargestellten Textproblems ist es angezeigt, die Pluriformität der Überlieferung dieses Buches besonders ernst zu nehmen.

1.4.2 Die Vergleichbarkeit von Text und Übersetzung

Der Vergleich eines Textes (in der Ausgangssprache) mit seiner Übersetzung (in der Zielsprache) bringt eine Reihe von Schwierigkeiten mit sich, da keine Sprache mit einer anderen völlig deckungsgleich ist und die Art und Weise, in der die eine Sprache „funktioniert", von der einer anderen Sprache stark abweichen kann.¹²³ Es ist in der Regel nicht möglich, Element für Element einer Sprache in eine andere zu übertragen und damit gleichzeitig die Form, in der ein bestimmter Inhalt

---

120 Für die Charakteristika einer Übersetzung bzw. die „Übersetzungsweise" vgl. A. Aejmelaeus, Translation Technique and the Intention of the Translator. In: Dies., On the Trail of the Septuagint Translators. Collected Essays. Kampen 1993, 65–75.
121 Vgl. E.M. Cook, Our Translated Tobit. In: K.J. Cathcart/K.J. Maher (Hg.), Targumic and Cognate Studies. Essays in Honour of Martin McNamara. JSOT.S 230. Sheffield 1996, 153–162, hier: 156.
122 Die Textfragmente des Buches Tobit aus Qumran werden auf die Zeit zwischen 100 v.Chr. bis 25 n.Chr. datiert, die Abfassungszeit des Buches dagegen wird von den meisten Forschern auf die Zeit zwischen dem 4. Jh. und 175 v.Chr. datiert. Nach Nicklas/Wagner, Thesen 155, ist es also denkbar, dass bei einem lange Zeit nicht bzw. nicht überall kanonisch anerkannten Buch wie Tobit Schreiber und Übersetzer stärker in den Überlieferungsprozess eingriffen.
123 E.A. Nida und C.R. Taber sprechen vom „genius" jeder Sprache; vgl. dies., The Theory and Practice of Translation. Leiden 1969, 3; W.A. Smalley, Discourse Analysis and Bible Translation. In: The Bible Translator 31 (1980) 119–125.

zum Ausdruck gebracht wird, in eine andere Sprache zu transferieren.[124] Das Ausmaß, in dem formale Änderungen vorgenommen werden müssen, hängt dabei von der linguistischen und kulturellen Distanz zwischen den jeweiligen Sprachen ab.[125] Wie Nida und Taber betonen, sind Griechisch und Hebräisch keine Ausnahme: „The languages of the Bible are subject to the same limitations as any other natural language."[126]

Man geht heute davon aus, dass die Bücher der LXX von verschiedenen Übersetzern in einem Zeitraum von mehr als hundert Jahren ins Griechische übertragen wurden.[127] Während die Übersetzung des Pentateuch dem einzelnen Wort verhaftet ist,[128] wurden weisheitliche und prophetische Bücher offenbar bedeutend „freier" wiedergegeben,[129] wobei die Textfunde vom Toten Meer inzwischen aber auf die

---

124 Vgl. Nida/Taber, Theory 5. Als einfaches Beispiel kann hier die Verwendung von präfigiertem lamed als Akkusativ-Exponent gelten, das sowohl in der griechischen als auch der deutschen Übersetzung jeweils nur mit dem Akkusativ wiedergegeben wird.
125 Vgl. Nida/Taber, Theory 6.
126 Nida/Taber, Theory 7. Sie weisen überdies auf die Binsenwahrheit hin, dass die biblischen Autoren eine Botschaft vermitteln und von ihren Mitmenschen verstanden werden wollten.
127 Vgl. den „Versuch" einer Datierung aller Übersetzungen innerhalb der LXX von G. Dorival, L'achèvement de la Septante dans le judaïsme. De la faveur au rejet. In: M. Harl/Ders./O. Munnich (Hg.), La Bible grecque des Septante. Du judaïsme hellénistique au christianisme ancien. Paris 1988, 83–125, hier: 96ff. und die Tabelle ebd. 111.
128 Die griechische Übersetzung des Pentateuch diente dabei offenbar als „Lexikon" für die anderen Übersetzer der LXX; vgl. E. Tov, The Impact of the LXX Translation of the Pentateuch on the Translation of the Other Books. In: P. Casetti/O. Keel/A. Schenker (Hg.), Mélanges Dominique Barthélemy. Études bibliques offertes à l'occasion de son 60e anniversaire. OBO 38. Fribourg–Göttingen 1981, 577–592; S. Olofsson, The LXX Version. A Guide to the Translation Technique of the Septuagint. CB 30. Stockholm 1990, 26ff.
129 Nach Aejmelaeus, Übersetzung 152, wurde der für moderne Übersetzer maßgebliche Begriff der „dynamischen Äquivalenz", d.h. der Übersetzung von Gedanken und nicht von einzelnen Wörtern, bereits von den antiken Übersetzern angewendet. Allerdings hatten diese ersten Übersetzer noch „kein bewußtes Prinzip, dem sie gefolgt wären. Eher scheint es, daß sie nur allgemein ihrem Original treu sein wollten, das für sie ja als Heilige Schrift galt, in Einzelheiten aber ihrer Intuition gefolgt sind". Zu den Prinzipien einer an dynamischer Äquivalenz orientierten Übersetzung vgl. E.A. Nida, Toward a Science of Translating. With Special Reference to Principles and Procedures Involved in Bible Translating. Leiden 1964, 166–171. Formale Äquivalenz wurde später für erstrebenswert gehalten, Kulminationspunkt

Vielfalt in der Überlieferung der biblischen Bücher aufmerksam gemacht haben.[130]

Dennoch sind nach Barr alle in der Antike entstandenen Bibelübersetzungen als „variations within a basically literal approach"[131] anzusehen: „... truly ‚free' translation, in which this might be understood by the modern literary public, scarcely existed in the world of the LXX, or indeed of much of ancient biblical translation in general."[132]

Barr führt sechs Kriterien zur Unterscheidung einer mehr oder weniger wörtlichen Übersetzung an:[133]

1. Division into elements or segments, and the sequence in which these elements are represented[134]
2. Quantitative addition or substraction of elements[135]
3. Consistency or non-consistency in the rendering[136]
4. Accuracy and level of semantic information[137]
5. Coded „etymological" indication of formal/semantic relationships obtaining the vocabulary of the original language[138]
6. Level of text and level of analysis[139]

Sah sich ein Übersetzer mit Schwierigkeiten bei der Übersetzung konfrontiert, konnte dies sowohl zu einer sehr „wörtlichen" als auch zu einer „frei" anmutenden Übersetzung führen. Die „wörtliche" Übersetzung reichte die Aufgabe, den Sinn des Textes zu deuten, an den Leser weiter.[140] „Freiheit" und „Wörtlichkeit" sind folglich nicht „totally

---

war die Übersetzung des Aquila; vgl. O. Munnich, Texte 142–162. Für die Prinzipien einer an formaler Äquivalenz orientierten Übersetzung vgl. E.A. Nida, Science 165f. Zu Spannungsfeldern zwischen beiden Arten der Übersetzung vgl. ebd. 171–176.
130 Vgl. Tov, Outlook 11–27.
131 J. Barr, The Typology of Literalism in Ancient Biblical Translations. NAWG 11. Göttingen 1979, 281.
132 Ebd.
133 Vgl. ebd. 294.
134 Vgl. Olofsson, LXX Version 13ff.
135 Vgl. ebd. 15f.
136 Vgl. ebd. 16–20.
137 Vgl. ebd. 21f.
138 Vgl. ebd. 22ff.
139 Vgl. ebd. 24ff.
140 Barr, Typology 292, weist darauf hin, dass ein Motiv antiker Bibelauslegung paradoxerweise in der Vermeidung jeder Interpretation bei der Übersetzung beste-

contradictory tendencies: they may be employed together and by the same translator, even in the same passage ..."[141] Nach Tov sind die beiden grundsätzlichen Vorgehensweisen bei der Übersetzung – „frei" oder „wörtlich" – in der LXX relativ einfach zu unterscheiden. Übersetzer, die eng an ihrer Vorlage blieben, versuchten, ein bestimmtes hebräisches Wort in der Regel durch dasselbe griechische Äquivalent wiederzugeben, keine Elemente auszulassen oder hinzuzufügen sowie die Sequenz der Textelemente möglichst beibzubehalten, auch auf Kosten der sprachlichen Qualität der Übersetzung. „Freie Übersetzer" trugen dagegen ihre eigene Auslegung mit in die Texte ein.[142] Tov unterscheidet in diesem Zusammenhang zwischen linguistischer und kontextueller Exegese. Linguistische Exegese als grammatikalische Identifikation aller Wörter des Textes in der Ausgangssprache sowie deren semantische Interpretation ist Bestandteil jeder Übersetzung, während kontextuelle Exegese die Verbindung zwischen den Wörtern in ihrem unmittelbaren und weiteren Zusammenhang betrifft und möglicherweise auch Assoziationen, die der Quellentext hervorgerufen hatte, beinhaltet. Kontextuelle Exegese wird sichtbar an Zusätzen, Auslassungen oder Änderungen am Text bzw. in der Wortwahl selbst, die von der Vorstellungswelt des bzw. der Übersetzer beeinflusst war.[143]

1.4.3 Methodisches Vorgehen

1.4.3.1 Auswahl der Vergleichstexte

In seiner 1984 erschienenen Monographie „Text und Textgeschichte des Buches Tobit" hat Hanhart das Verhältnis der drei griechischen Textformen untersucht. Er kommt zu dem Schluss, dass es nicht möglich ist, zu einem allen drei Textformen gemeinsamen ursprünglichen Text des Buches Tobit vorzudringen.[144] Darüber hinaus lässt sich aufgrund

---

    hen konnte, um dem Leser die exegetischen Entscheidungen nicht vorwegzunehmen.
141 Ebd. 290.
142 Vgl. Tov, Septuaginta 241.
143 Vgl. Tov, Septuaginta 243.253f.
144 Vgl. Hanhart, Tobit 34.

der handschriftlichen Überlieferung nur die Textform G^I annähernd rekonstruieren, während dies für G^{II} nicht möglich ist und G^{III} als „Mittelglied zwischen Textform und Rezension"[145] nur für das Teilstück Tob 6,9–12,22 ausgewiesen ist. Da die Textformen des Buches Tobit in der handschriftlichen Überlieferung unterschiedlich breit bezeugt sind, ist es m.E. in diesem Fall sinnvoll, jeweils einen konkreten Text als „Repräsentanten" für eine Textform auszuwählen, um einen Vergleich „gleichwertiger" und damit „vergleichbarer" Textzeugen zu gewährleisten. Obwohl auf diese Weise natürlich eine Menge an verfügbarem Vergleichsmaterial a priori vom Vergleich ausgeschlossen wird, erscheint mir dieses Vorgehen aufgrund der Eigenart der Tobit-Überlieferung in den drei griechischen Textformen gerechtfertigt. Darüber hinaus stehen auch für den Vergleich von La nur einzelne Handschriften zur Verfügung, da von La bislang keine kritische Textausgabe des Buches Tobit existiert.[146] La geht zwar offenbar auf einen griechischen Text zurück und ist damit die Übersetzung einer Übersetzung, aufgrund der griechischen Überlieferung in drei Textformen sollte sie aber m.E. nicht vorschnell als bloße „Tochterübersetzung" abgetan werden. Auch alte griechische Fragmente wie Oxyrhynchus 1076 und Oxyrhynchus 1594 werden berücksichtigt. Vg wird in der Regel aus dem Vergleich ausgeschlossen, da sie m.E. eine von Hieronymus gekürzte und teilweise spezifisch christlich[147] gedeutete Fassung des Buches Tobit darstellt und aus diesem Grund für die frühe Tobitüberlieferung von geringerer Bedeutung ist.[148] Auch Charakteristika in der Graphik der Handschriften, die in dieser Arbeit als „Repräsentanten" einer bestimmten Textform dienen, werden beibehalten und in den Anmerkungen gegebenenfalls auf Besonderheiten, offensichtliche Fehler o.Ä. hingewiesen.[149]

---

145 Hanhart, Text 14.
146 Vgl. Abschnitt 1.3.2.1 dieser Arbeit.
147 Dazu gehört beispielsweise die Schilderung des Ablaufs der Hochzeitsnacht Tobijas und Saras in Tob 8,4f.: Tobija fordert abweichend von GI und GII sowie La1, La2 und La3 seine Braut dazu auf, vor Vollzug der Ehe noch drei Nächte zusammen mit ihm zu beten und erst dann die Ehe zu vollziehen. Nach Schüngel-Straumann, Tobit 46, ist dies „bereits mit einer starken Abwertung der Sexualität verbunden, die im alttestamentlichen Buch völlig unbefangen als positiver Bestandteil des Lebens vorausgesetzt wird." Vgl. auch Nicklas/Wagner, Thesen 158.
148 Vgl. Hanhart, Text 12.
149 So wird z.B. *mici* für *mihi* oder *nicil* für *nihil* in La2 (Anmerkung 227) nicht korrigiert. Nach Weeks/Gathercole/Stuckenbruck, Tobit 24, sind die auffälligen ortho-

Als „Repräsentanten" der jeweiligen Textformen werden verwendet:[150]

1. G[I]   Codex Vaticanus gr. 1209[151]
2. G[II]   Codex Sinaiticus[152]
3. G[III] Ferrara, 187 I[153]
4. La1   Codex Regius 3564[154]
5. La2   Alcalà Bibel[155]
6. La3   Codex Reginensis 7[156]
7. Vg   Codex Amiatinus[157]

Obwohl G[III] nach Hanhart „Mittelglied zwischen Textform und Rezension"[158] ist, erscheint es sinnvoll, G[III] in den Vergleich aufzunehmen, da G[III] als Bearbeitung von G[II] möglicherweise Rückschlüsse auf diese Textform zulässt. Außerdem weist G[III] enge Bezüge zur syrischen Überlieferung des Buches Tobit auf, so dass durch ihre Einbeziehung diesem Zweig der Überlieferungsgeschichte zumindest ansatzweise Rechnung getragen wird.
Die in Qumran gefundenen aramäischen und hebräischen Tobit-Fragmente (4Q196–200) wurden nach der Microfiche-Edition von

---

graphischen Merkmale von La2 charakteristisch für die Region, in der diese Textform entstanden ist.
150 Diese Auswahl entspricht der Auswahl der Textzeugen der griechischen und altlateinischen Übersetzungen sowie von Vg in der Tobit-Synopse von Weeks/Gathercole/Stuckenbruck.
151 Bei Hanhart: B.
152 Bei Hanhart: S. Da Codex S zwei Lacunae aufweist (vgl. Anmerkung 45) und für die erste Lacuna (Tob 4,7–19b) auch der Text von Ms. 319 zur Verfügung steht, wurde die Textform G[II] an dieser Stelle aus Ms. 319 ergänzt, um den Vergleich hier nicht ganz auszusetzen.
153 Ms. 106. Diese Handschrift wurde gewählt, da die Textform G[III] nach Hanhart, Tobit 34, „innerhalb ihrer Zeugen am besten von Hs. 106 überliefert [wird], während Hs. 107 den ihr auch in anderen Büchern eigentümlichen Charakter der Textverkürzung zeigt."
154 Bei Hanhart: La[Q].
155 Bei Hanhart: La[X].
156 Bei Hanhart: La[W].
157 Florenz: Biblioteca Medicea-Laurenziana, Amiatino I.
158 Vgl. Anmerkung 50.

Tov[159] neu gelesen und mit den Texteditionen von Fitzmyer in DJD und Beyers ATTM.E verglichen. Dies war notwendig, da Fitzmyer und Beyer zu teilweise sehr unterschiedlichen Lesarten kamen. Die von Fitzmyer und Beyer abweichenden Lesarten wurden in den Anmerkungen angegeben.[160] Fitzmyers Ergänzungen bzw. Rückübersetzungen wurden in der Regel nicht übernommen, soweit sie nicht einen sehr hohen Grad an Wahrscheinlichkeit besitzen. In den Vergleich konnten diese Textpassagen natürlich nicht mit einbezogen werden, da eine solche Vorgehensweise zwangsläufig zu einem Zirkelschluss führt.

1.4.3.2 Die frühe Überlieferung der Tobiterzählung

Ausgangspunkt des Vergleichs sind die in Qumran gefundenen Fragmente der Schriftrollen 4Q196–200 als die ältesten Textbelege des Buches Tobit. Es wird untersucht, wie die griechischen Textformen GI und GII[161] bzw. die lateinischen Textformen La1, La2 und La3 den Fragmenten von 4Q196–200 zuzuordnen sind. Dazu werden die aramäischen und hebräischen Textfragmente in Abschnitt 2 dieser Arbeit mit den griechischen und lateinischen Textformen verglichen. Vorausgesetzt wird, dass die griechischen und lateinischen Übersetzungen in der Regel eine genaue Wiedergabe ihrer Vorlage bieten, von den aramäischen und hebräischen Textfragmenten wird angenommen, dass sie der (den) mutmaßlichen Vorlage(n) der griechischen Textformen G^I und G^{II} nahe standen. Es sei an dieser Stelle aber nochmals ausdrücklich darauf hingewiesen, dass die aramäischen und hebräischen Tobit-Fragmente aus Qumran nicht den bruchstückhaften „Ur-Tobit" darstellen. Sie sind vielmehr das einzige Vergleichsmaterial in aramäischer und hebräischer Sprache, das Aufschluss über die frühe

---

159 Ders. (Hg.), The Dead Sea Scrolls on Microfiche. A Comprehensive Facsimile Edition of the Texts from the Judean Desert. Leiden–New York–Köln 1993.
160 Sowohl Fitzmyer als auch Beyer lasen gerade an den Rändern der Fragmente zum Teil zahlreiche zweifelhafte Buchstaben bzw. Buchstabenreste, die anhand der Microfiches nicht zu verifizieren sind, bisweilen ist überhaupt kein beschreibbarer Stoff an diesen Stellen vorhanden. Diese Stellen sind in den Anmerkungen vermerkt.
161 Während im vorhergehenden Abschnitt G^I und G^{II} jeweils eine Textform bezeichnen, werden GI und GII im folgenden Abschnitt als Bezeichnung einer Handschrift verwendet.

Überlieferung des Buches Tobit geben kann.[162] Das Hauptaugenmerk richtet sich dabei auf die griechischen Textformen, da sie direkt von einer semitischen Vorlage herkommen, während die lateinischen Textformen als Übersetzungen von (griechischen) Übersetzungen durch den zweimaligen Vorgang der Übersetzung vermutlich bereits größeren Veränderungen unterworfen waren.

Die Frage nach dem Verhältnis der beiden Textformen G^I und G^{II} bzw. nach der Priorität entweder von G^I oder G^{II} ist seit dem 18. Jahrhundert zur Hauptfrage in Bezug auf das Buch Tobit geworden.[163] G^{III} wird, da es sich um eine Bearbeitung von G^{II} handelt, bei der Frage nach der Priorität innerhalb der griechischen Textformen in der Regel ausgeschlossen.[164] Nach Hanhart können die zahlreichen wörtlichen Übereinstimmungen der Textformen G^I und G^{II} sowie die Textteile, in denen G^I und G^{II} nur geringfügig voneinander abweichen und die eine Bestimmung der Priorität der Lesarten unmöglich erscheinen lassen, nur durch literarische Abhängigkeit erklärt werden. Es kommen aber auch mehrfach jeweils verschiedene Formulierungen in G^I und G^{II} vor, die „hinsichtlich der Priorität schwer bestimmbar sind, und die hinsichtlich ihres Charakters nur als bewußte Umformulierung des Verfassers, sei es auf Grund einer bestimmten Intention, sei es auf Grund einer anderen Vorlage, bestimmt werden können."[165] Der Vergleich von G^I und G^{II} legt nach Hanhart die Vermutung nahe, dass es sich bei G^I um eine Bearbeitung von G^{II} handelt, da G^I kürzer und in idiomatischem Griechisch geschrieben ist, während G^{II} länger und umständlicher formuliert und bisweilen deutliches „Übersetzungsgriechisch" aufweist.[166] Allerdings könnte G^{II} auch umgekehrt als Erweiterung der Textform G^I gedeutet werden. In beiden Fällen stellt sich die Frage nach den Kriterien der Texterweiterung bzw. Text-

---

162 Die übrigen hebräischen und aramäischen Textformen des Buches Tobit werden nicht berücksichtigt, da sie als Rückübersetzungen aus dem Griechischen und Lateinischen weniger zur Klärung der frühen Textüberlieferung beitragen; vgl. Abschnitt 1.3.4 dieser Arbeit.
163 Vgl. die Auflistung der Befürworter der Priorität von G^I oder G^{II} bei Hanhart, Text 21f.; ferner Ego, Tobit (Suppl.) 122.
164 Vgl. die Ausführungen zu G^{III} in Abschnitt 1.3.1 dieser Arbeit.
165 Vgl. Hanhart, Text 21.
166 A. Thumb spricht allgemein vom „papiernen Uebersetzungsgriechisch der Septuaginta" im Gegensatz zur Koine; vgl. ders., Die sprachgeschichtliche Stellung des biblischen Griechisch. In: ThR 5 (1902) 85–99, hier: 94.

verkürzung.¹⁶⁷ Hanhart weist darauf hin, dass es keine Stelle gibt, „an der die Aussage der einen Textform notwendig als aus der entsprechenden Aussage der anderen entstanden erklärt werden müßte."¹⁶⁸ Seiner Meinung nach kommt aber der These, dass G^I „bewußte, vor allem auf Textkürzung ausgerichtete Bearbeitung der Textform GII" ist, grundsätzlich größere Wahrscheinlichkeit zu.¹⁶⁹ Wenn durch 4Q196–200 überlieferte Textsegmente entweder nur in G^I gegen G^{II} oder in G^{II} gegen G^I übereinstimmen, muss der Text der anderen griechischen Textform jeweils daraufhin untersucht werden, ob und inwiefern die Divergenz als mögliche Bearbeitung (Ausgestaltung oder Verkürzung, formale Umwandlung oder inhaltliche Umdeutung) der anderen griechischen Textform erklärbar ist.

Da in Qumran die Fragmente mehrerer Schriftrollen der Tobiterzählung gefunden wurden, ist auch denkbar, dass G^I und G^{II} möglicherweise auf eine jeweils verschiedene, ihrerseits aber in einem Abhängigkeitsverhältnis stehende aramäische oder hebräische Vorlage zurückgehen. Die quantitativen und qualitativen Divergenzen zwischen den Textformen G^I und G^{II} wären dann auf unterschiedliche Textfassungen des Buches Tobit, sei es in Aramäisch, sei es in Hebräisch, zurückzuführen, die teilweise wörtlichen Übereinstimmungen im Lauf der Überlieferung durch sekundäre Verbindungen der beiden griechischen Textformen entstanden. Zur Prüfung dieser These werden in Abschnitt 3.4 dieser Arbeit die Textpartien des Buches Tobit untersucht, die entweder in zwei aramäischen oder in einer aramäischen sowie der hebräischen Schriftrolle überliefert sind. Der Abschnitt 3.5 behandelt die Frage nach der Ausgangssprache der Tobiterzählung: Aramäisch oder Hebräisch.

In Anbetracht der Schwierigkeiten, die die Frage nach dem „Urtext" in der biblischen Exegese schon „im Normalfall" bereitet, d.h. wenn der Masoretische Text (MT) mit einer Übersetzung der LXX verglichen werden kann, wird man sich beim Buch Tobit wohl auf die Feststellung von Divergenzen sowie das vorsichtige Ausfindigmachen möglicher Tendenzen der griechischen Übersetzung in den Textformen G^I und G^{II} sowie auf die Klärung einzelner „Problemstellen" be-

---

167 Nach Hanhart, Text 15, könnte diese Bearbeitung entweder nach einer dritten Textform durchgeführt worden oder nach exegetischen Motiven erfolgt sein. Ist Ersteres der Fall, stellt sich die Frage, in welcher Sprache diese Vorlage war: Hebräisch, Aramäisch oder Griechisch.
168 Hanhart, Text 37; zum Ganzen ebd. 23–37.
169 Hanhart, Text 37.

schränken müssen. Ergänzend wird in Abschnitt 3.1 auf die sprachlichen Charakteristika der aramäischen und hebräischen Tobit-Fragmente vom Toten Meer eingegangen.

2 Der Vergleich der Textformen

Im Verlauf der Untersuchung werden folgende diakritische Zeichen verwendet:
- [   ] kennzeichnet eine Textlücke im hebräischen oder aramäischen Text. Besitzt eine Ergänzung einen sehr hohen Grad an Wahrscheinlichkeit, werden die fehlenden Buchstaben oder Worte in diese Klammer eingefügt.
- (   ) kennzeichnet unvollständig erhaltene oder schwer lesbare Buchstaben im hebräischen oder aramäischen Text. Diese werden in der deutschen Übersetzung nicht eigens gekennzeichnet, weil es in der Regel nicht möglich ist, einem aramäischen bzw. hebräischen Wort die Buchstaben innerhalb seines deutschen Äquivalents genau zuzuordnen, da die Anzahl der Buchstaben zu sehr variiert.
- (   ) in der deutschen Übersetzung kennzeichnet dagegen eine Ergänzung zur Verdeutlichung der Übersetzung bzw. zur besseren Verständlichkeit, z.B. beim Nominalsatz.
- {   } kennzeichnet supralineare Korrekturen in den aramäischen bzw. hebräischen Handschriften. Sie werden direkt in den Text eingefügt.

Zuerst wird jeweils der aramäische bzw. hebräische Text eines Fragments geboten und abweichende Lesarten von Fitzmyer und Beyer vermerkt. Es folgt eine Arbeitsübersetzung[170] mit Anmerkungen zu den Verbformen, sonstigen Belegen eines Wortes in Bibelaramäisch (BA), Qumran-Aramäisch (QA) sowie den aramäischen Dokumenten aus Ägypten[171] bzw. zu Belegen in der hebräischen Bibel und Qumran-Hebräisch (QH) sowie zu Übersetzungsproblemen und Mehr-

---

170 Diese sehr an formaler Äquivalenz orientierte Übersetzung widerspricht natürlich den oben dargelegten Grundsätzen der dynamischen Äquivalenz bei der Übersetzung. Sie soll weniger eine Übersetzung darstellen als ein Hilfsmittel im Umgang mit den aramäischen und hebräischen Fragmenten. In diese Arbeitsübersetzung sind zur besseren Orientierung auch Vers- und Kapiteleinteilungen eingefügt.

171 Diese Texte, die umfangreiches Vergleichsmaterial für die aramäischen Tobit-Texte darstellen, werden nach der Edition von B. Porten und A. Yardeni zitiert; vgl. dies. (Hg.), Textbook of Aramaic Documents from Ancient Egypt. Bd. 1: Letters. Winona Lake 1986 (= TADA); Bd. 2: Contracts. Winona Lake 1989 (= TADB); Bd. 3: Literature/Accounts/Lists. Winona Lake 1993 (= TADC); Bd. 4: Ostraca and Assorted Inscriptions. Winona Lake 1999 (= TADD).

deutigkeiten. In einem dritten Teil folgt dann der Vergleich mit den ausgewählten Textformen ausgehend vom aramäischen oder hebräischen Fragment.

2.1 4Q196 = 4QpapTobit[a] ar

2.1.1 4Q196 Fragment 1: Tob 1,17

Text (PAM 43.175)

[ה(נינו)[172] די שורא   1

Übersetzung
Zeile 1:   die Mauer Niniv[es[173]]

Anmerkungen
Z. 1: שורא נינוה] in Tob 1,17 ist sowohl in GI als auch GII mit dem sg. τὸ τεῖχος Νινευή wiedergegeben. Die Relativpartikel די, die den Ort der Mauer anschließt, hat in GI und GII bzw. La1 und La3 keine eigene Wiedergabe, sondern ‚Ninive' wird direkt und nicht flektiert angeschlossen.[174] La2 hat keine Ortsangabe. Außer der Identifikation mit Tob 1,17 sind keine weiteren Schlussfolgerungen möglich.

2.1.2 4Q196 Fragment 2: Tob 1,19–2,2

Fragment 2 ist aus mehreren Teilstücken zusammengesetzt. Die Kolumne umfasst 13 Zeilen.[175] Zeile 11 lässt trotz einiger fehlender Buchstaben in der Zeilenmitte erkennen, dass die Länge einer Zeile etwa 16 cm beträgt.

---

172 Von den ersten vier Buchstaben dieses Wortes sind nur die oberen Köpfchen erhalten, das he ist auf PAM 43.175 überhaupt nicht zu erkennen.
173 Vgl. J.E. Reade, Art. Ninive (Nineveh). In: RLA 9 (1998–2001) 388–433, hier: 399f.
174 Vgl. D.K. Andrews, The Translation of Aramaic DÎ in the Greek Bibles. In: JBL 66 (1947) 15–51, hier: 27–30.
175 Vgl. Anmerkung 79.

Text (PAM 43.175)

1   ] [ )ן(ב{נ}י[176 נינוה והחוי למל(כ)א ח](י) א)נ(ה קב]נר [ ] (א)חוית
          וכדי ידעת [ ] ידע בי
2   ])ל(דחלת[178 וערקת] כ](ל))ד(](י) ה)(וה לי ולא שביק177
          פ[179 לי כל מנ)ד(](
3   ] 180]לן חנ)ה(א)נ(תי ו)טוב(יה ברי ולא הוה יומין
          (א)]רבעין [
4   ] [)ה(]י ואנון ערקו לטורי ארדט ומלך ו](ם 181 [ ])ן(
5   ] [)א(שלט לאחיקר בר ענאל אחי על כ)ל( )ש(]יזפנח](ת)182

---

176 Die Buchstaben nun und jod wurden über der Zeile als Korrektur nachgetragen. Da sie in Größe und Schreibweise dem Schriftbild der übrigen Textrolle sehr ähnlich sind, ist anzunehmen, dass die Korrektur vom Schreiber selbst vorgenommen wurde.

177 R. Eisenman/M. Wise, Jesus und die Urchristen. Die Qumran-Rollen entschlüsselt. Weyarn 1997, 104, lesen die 3. pl. m. שביקו.

178 Eisenman/Wise, Qumran-Rollen 104, lesen ein waw vor דחלת. Fitzmyer, Tobit (DJD) 8, weist in den Anmerkungen auf einen Punkt vor דחלת hin, bei dem es sich „probably" um den Rest eines waw apodoseos handle. Im aramäischen Text bietet Fitzmyer allerdings kein waw; vgl. ebd. 7.

179 Dieser Buchstabe ist in der Handschrift anscheinend senkrecht durchgestrichen, „apparently as a sign of deletion"; Fitzmyer, Tobit (DJD) 8. Ob es sich um ein pe (Fitzmyer, Tobit (DJD) 8) oder ein kaf (Beyer, ATTM.E 135) handelt, kann nicht sicher entschieden werden.

180 Eisenman/Wise, Qumran-Rollen 104, lesen noch ein weiteres lamed am Zeilenbeginn.

181 Fitzmyer, Tobit (DJD) 8, und Eisenman/Wise, Qumran-Rollen 104, streichen waw und mem als Dittographie. Am Zeilenende fügt Fitzmyer aus PAM 43.179 ein finales nun ein, das er zu [Asarhaddo]n ergänzt. Beyer, ATTM.E 135, ergänzt waw und mem dagegen zu ומ}נ{ה und das finale nun, vor dem er noch ein zusätzliches samech erkennt, zu אח]סן. Sowohl Fitzmyers als auch Beyers Lesarten lassen sich anhand der Mikrofiches nicht verifizieren.

182 Nach Fitzmyer, Tobit (DJD) 9, handelt es sich nach den Spuren von כל um die rechte Seite eines schin, welches auf PAM 41.646 deutlicher erkennbar sei. Auch der letzte Buchstabe, möglicherweise ein taw, sei dort sichtbar. In Anlehnung an GI und GII, in denen שייזף in Tob 1,22 offenbar ἐκλογιστής entspricht (vgl. 1Q196 2,8), ergänzen Fitzmyer (Tobit (DJD) 8) und Beyer (ATTM.E 135) hier zu שיזפנות. Bei der Ergänzung ש]ייזפות bei Eisenman/Wise, Qumran-Rollen 104, dürfte es sich um einen Druckfehler handeln.

6	] שׁ[ל](טן) (ע/)ל[183](כ)ל (המ/)רכלות מלכא ובעה אחיקר (ע/)ל(י)[184
7	] אחי[ק]ר) (אחי)[186 הוה (רב) ש(ק)ה ורב ע(זקן) ו(המרכ/)ל[185
8	](ש/)יופן קדם אסרחריב מלך את(ו)ר ואשלטה אסרחד(ו)[ן תנין לה ארו187
9	(בר) (א)(חי הוה ומן בית אבי ומ(ן) משפחתי וביומי אסרחד(ו)[ן [מל]כא כדי תבת
10	ל(בית)י ואתבת לי חנה אנתתי וטוביה ברי וביום188 הג שב(ו)[עיא] ל[ן] [
11	שרו טבה ורבעת ל[נ]מאכ[ל (וא)קרב(ו) (פת)[ח](ר/)א לקודמי וחזית נ(פת)ניא די קרבו
12	עלוהי שניאין ואמ(ר)[ת לטח](ב/)יה ברי ברי אזל דבר לכל (מן) [ת[ח]שכח בא(ח)[יןא]
13	(ב)רי אזל דבר יאתה ויתה189 ויכ(ל) [ ] (עמי והא אנה)

---

183 Beyer, ATTM.E 135, liest und ergänzt zu שׁלטן עליהא ועל, während Fitzmyer, Tobit (DJD) 8, nach [שׁלטן] mit על fortfährt. Eisenman/Wise, Qumran-Rollen 104, lesen am Zeilenbeginn als ersten Buchstaben ein lamed, an welches sich והוא anschließt.

184 Diese Zeile ist schlecht erhalten. Vom ersten Drittel der Zeile sind auf den Mikrofiches nur zwei lamed eindeutig durch ihren oberen Strich erkennbar. Das letzte Wort עלי ist nach Fitzmyer, Tobit (DJD) 9, auf PAM 41.646 deutlicher sichtbar. M. Morgenstern hält diese Platzierung jedoch für sehr fraglich; vgl. ders., Language and Literature in the Second Temple Period. In: JJS 48 (1997) 130–145, hier: 131f. Wise, Note 567, liest an dieser Stelle kein עלי, Beyer, ATTM.E 135, liest nur על.

185 Auch diese Zeile ist sehr schlecht erhalten. Fitzmyers Lesarten (Tobit (DJD) 8) konnten anhand der Mikrofiches nicht verifiziert werden. Eisenman/Wise, Qumran-Rollen 104, sowie Beyer, ATTM.E 135, lesen denselben Wortlaut wie Fitzmyer.

186 Beyer, ATTM.E 135, liest nach [אחי]קר nicht אחי, sondern gleich הוה. Da diese Zeile gerade zu Beginn sehr schlecht erhalten ist, konnten Fitzmyers Lesarten (Tobit (DJD) 8) anhand der Mikrofiches nicht verifiziert werden.

187 Nach Fitzmyer, Tobit (DJD) 9, ist am Ende der Zeile eindeutig ארי zu lesen und nicht ארו. Beyer, ATTM.E 135, entscheidet sich dagegen für ארו ‚siehe'.

188 Fitzmyer, Tobit (DJD) 8, liest nur ביום, das waw ist aber eindeutig auf den Mikrofiches zu sehen.

189 Fitzmyer, Tobit (DJD) 11, liest אתהייתה und deutet es als „attempt", den imp. Ittafal von אתי ‚kommen' plus Pronominalsuffix der 3. sg. m. zu schreiben, wobei der erste Buchstabe alef zu he geworden sei. Eine bessere Form wäre seiner Meinung nach der imp. af. plus Pronominalsuffix איתה gewesen. Beyer, ATTM.E 136, liest dagegen יאתה ויתה. Da waw und jod nach PAM 43.175 an dieser Stelle nicht eindeutig unterscheidbar und die Abstände zwischen den Wörtern in 4Q196 ohnehin nur minimal sind (vgl. Anmerkung 88), ist Beyers Deutung aufgrund ihrer Einfachheit zu bevorzugen; vgl. Morgenstern, Language 132. Eisenman/Wise, Qumran-Rollen 104, lesen ואתה ויתה.

Übersetzung

Zeile 1   [ ] die Söh{ne} Ninives, und er meldete[190] [dem] König, [da]ss ich begru[b[191]] ich versteckte (mich)[192], und als ich wusste, [ ] er wusste über mich

Zeile 2   [ ] ich fürchtete mich, und ich floh (20) [al]les[193], wa[s] ich hatte[194] und nicht ließ er[195] mir irgendetwas[196] übrig von [ ]

Zeile 3   [Hanna]h, meine Ehefrau, und Tobija, mein Sohn. (21) Und nicht waren[197] es v[ierzig] Tage

Zeile 4   sein/seine[198] [ ], und sie flohen zu den Bergen Ararat[199], und er wurde König und

Zeile 5   [ ] er machte zum Herrscher[200] Achikar[201], den Sohn Anaels[202], meinen Bruder[203], über die ganze W[irtschaf]t

---

190   3. sg. m. pf. haf. von חוי ‚melden, anzeigen'.

191   Fitzmyer, Tobit (DJD) 8, ergänzt zum pt. m. קבן, das in GI und GII sowie in La1, La2 und La3 jeweils der finiten Verbform entspricht. Die Annahme des pt. ist eher wahrscheinlich als die der finiten Verbform קברת, da die Kombination von אנה und finiter Verbform nicht üblich ist.

192   Bei אחוית handelt es sich anscheinend um die 1. sg. ipf. af. von חוי ‚zeigen, belehren'. Fitzmyer, Tobit (DJD) 10, deutet אחוית als אחבית und verweist auf weitere phonetisch bedingte Substitutionen von Konsonanten in QA.

193   Die Ergänzung Fitzmyers, Tobit (DJD) 8, zu ל[כ] ist aufgrund des griechischen πάντα, das sowohl in GI als auch in GII überliefert ist, sehr wahrscheinlich.

194   3. sg. m. pf. pe. (III-he).

195   3. sg. m. pf. Peil.

196   כל bedeutet soviel wie ‚Totalität, (etwas) in seiner Gesamtheit'. In Verbindung mit מן muss es an dieser Stelle offenbar indefinit wiedergegeben werden.

197   3. sg. m. pf. pe. (III-he).

198   הי am Zeilenbeginn ist wohl Pronominalsuffix der 3. sg. m., ob dieses aber mit einem Substantiv, einer Präposition oder einem Verb verbunden war, ist nicht sicher zu entscheiden. Fitzmyers (Tobit (DJD) 8) Ergänzung zu בנו[הי] legt sich durch den durchgängigen Beleg in GI, GII, La1, La2 und La3 nahe.

199   In QA ist אררט bzw. הוררט in 1Q20 X,12; XII,8 ebenfalls in Verbindung mit dem pl. טורי belegt. In den aramäischen Dokumenten aus Ägypten ist אררט sieben Mal belegt.

200   3. sg. m. pf. af. Eine andere mögliche Übersetzung lautet ‚er gab Achikar ... Macht'. Die Wz. שלט im af. ist in QA noch in 4Q544 3,1 belegt.

201   Die Präposition ל bezeichnet das direkte Objekt; vgl. F. Rosenthal, A Grammar of Biblical Aramaic. Wiesbaden ²1963, 56 (§182); T. Muraoka, The Aramaic of the Genesis Apocryphon. In: RdQ 8 (1972–1975) 7–51, hier: 30f.

202   Der Name ענאל ‚geantwortet hat Gott' ist in der hebräischen Bibel und den Qumran-Rollen sonst nicht überliefert.

203   Ob sich ‚mein Bruder' auf Achikar selbst oder auf Anael bezieht, ist im aramäischen Text nicht eindeutig bestimmbar. Zur Verwendung von ‚Bruder' im Buch Tobit vgl. P. Grelot, Les noms de parenté dans le livre de Tobie. In: RdQ 17 (1996) 327–337.

Zeile 6	[er h]errschte über [die g]esamte Finanzverwaltung[204] des Königs. (22) Und es bat[205] Achikar für mich
Zeile 7	[Achi]kar, mein Bruder, war der Oberste der Mundschenke[206] und der Oberste der Siegelringe[207] und Finanzminister[208]
Zeile 8	[ ] Wirtschaftsminister[209] vor Asarharib[210], dem König Assurs. Und es machte ihn zum Herrscher[211] Asarhaddon als zweiten neben sich, siehe
Zeile 9	der Sohn meines Bruders war er und vom Haus meines Vaters und von meiner Familie/Sippe[212]. 2 (1)[213] Und in den Tagen Asarhaddons [des Kö]nigs, als ich zurückkehre

---

204 Vgl. Beyer, ATTM.E 339.
205 3. sg. m. pf. pe. (III-he).
206 Auch die Übersetzung als Kompositum ‚Obermundschenk' ist möglich. Zu Herkunft und Bedeutung von רב שקה vgl. A. Schmitt, Die Achikar-Notiz bei Tobit 1,21b–22 in aramäischer (pap4QTob^aar – 4Q196) und griechischer Fassung. In: Ders., Der Gegenwart verpflichtet. Studien zur biblischen Literatur des Frühjudentums. BZAW 292. Berlin–New York 2000, 103–123, hier: 112. Das Nomen שקה ist in QA nur hier in 4Q196 2,7 belegt.
207 Zum Titel רב עזקן vgl. die Ausführungen bei Schmitt, Achikar-Notiz 112f. Bei עזקן handelt es sich offensichtlich um m. pl., nach J. Levy ist sonst f. belegt; vgl. ders., Chaldäisches Wörterbuch über die Targumin und einen großen Theil des Rabbinischen Schriftthums. Bd. 2. Darmstadt ³1966, 208. Auch der zweite Beleg in QA (4Q550 5,1) sowie die fünf Belege in den aramäischen Dokumenten aus Ägypten überliefern f.
208 Zu Herkunft und Bedeutung von המרכלות und המרכל vgl. Schmitt, Achikar-Notiz 109ff.; W. Hinz, Altiranisches Sprachgut der Nebenüberlieferungen. GOF.I 3. Wiesbaden 1975, 121.
209 שיזפן ist in QA nur an dieser Stelle belegt; vgl. Fitzmyer, Fragments 673.
210 Bei ‚Asarharib' scheint es sich um eine Mischung der Namen Asarhaddon und Sanherib zu handeln. Der erste Teil des Namens rührt von Asarhaddon her, der zweite Teil von Sanherib. Wahrscheinlich handelt es sich um einen Schreibfehler; vgl. Fitzmyer, Fragments 674. Bei den aramäischen Dokumenten aus Ägypten ist der Eigenname אסרחאריב in TADA 1.1H:19 überliefert. Nach Porten/Yardeni handelt es sich dort um einen Irrtum für אסרחאדן.
211 3. sg. m. pf. af. plus Pronominalsuffix der 3. sg. m. (vgl. 4Q196 2,5).
212 Nach Beyer, ATTM.E 134, handelt es sich bei משפחה um einen Hebraismus, der darauf hinweist, dass es sich bei 4Q196 um eine Übersetzung aus dem Hebräischen handelt. Tatsächlich ist משפחה in QA nur hier in 4Q196 2,9 belegt. Vgl. auch Morgenstern, Language 132.140.
213 Im aramäischen Text ist, obwohl an dieser Stelle nach späterer Einteilung sogar ein neues Kapitel beginnt, nur ein minimaler Abstand zwischen den Wörtern gelassen; vgl. E. Tov, Scribal Practices Reflected in the Texts from the Judaean Desert. In: P.W. Flint/J.C. Vanderkam (Hg.), The Dead Sea Scrolls after Fifty Years. A Comprehensive Assessment. Bd. 1. Leiden–Boston–Köln 1998, 403–429, hier: 419f.

Zeile 10	zu meinem Haus, und ich zurückbekam[214] für mich Hanna, meine Frau, und Tobija, meinen Sohn, und am Tag des Woch[en]festes für [ ]
Zeile 11	gutes Essen[215], und ich legte mich hin um zu [esse]n[216]. (2) Und sie brachten[217] den T[i]sch vor mich, und ich sah die Leckereien, die sie brachten
Zeile 12	auf ihm, viele, und [ich] sagte [zu To]bija, meinem Sohn: Mein Sohn, geh, geleite jeden [den du] finden wirst[218] unter [unseren] Brüder[n]
Zeile 13	[ ] mein Sohn, geh, geleite ihn her, und er möge kommen und essen [ ] mit mir, und siehe, ich

Anmerkungen

Z. 1: In Tob 1,19 entspricht נינוה {ב}נ{י} ‚die Söhne Ninives', d.h. die Einwohner Ninives, in GI εἷς τῶν ἐν Νινευή ‚einer von denen in Ninive', in GII εἷς τις τῶν ἐκ τῆς Νινευή ‚irgendeiner von denen aus Ninive'.[219] La1 und La2 formulieren übereinstimmend passivisch ohne Angabe des Agens *renuntiatum est*, La3 hat mit *quidam ex Ninue* eine GII ähnliche Wiedergabe. Obwohl GII in Tob 2,2 die Bezeichnung Νινευήτης für ‚Einwohner Ninives' bezeugt, wird dieses Substantiv in Tob 1,19 nicht verwendet. והחוי ‚und er meldete' ist in GII ganz exakt mit καὶ ὑπέδειξεν wiedergegeben, während GI nach vorausgehendem pt. ὑπέδειξε ohne Äquivalent für *waw* anschließt. Dem Dativobjekt למלכ[א] ‚dem König' entspricht in GI, GII und La3 τῷ βασιλεῖ bzw. *regi*, während La1 und La2 das Pronomen *illi* ‚ihm' bieten. Das Personalpronomen אנה hat in GI kein Äquivalent, während GII, La1, La2 und La3 das Subjekt mit ἐγώ bzw. *ego* betonen.[220] אחוית wird in GI und GII übereinstimmend mit

---

214 1. sg. pf. af.
215 שרו ist in QA nur an dieser Stelle belegt bzw. in 4Q538 1–2,5 ergänzt; vgl. Fitzmyer, Fragments 672.
216 Die Wz. אכל ist zwar nicht vollständig erhalten, durch das präfigierte lamed sowie lamed am Wortende ist diese Ergänzung in Anlehnung an GI, GII, La1 und La3 an dieser Stelle aber sehr sicher; vgl. Fitzmyer, Tobit (DJD) 8.
217 3. pl. m. pf. af.
218 2. sg. m. ipf. haf.
219 Ortsnamen haben in der Regel keinen Artikel bei sich. Ninive plus Artikel ist in Gen 10,11; Tob 1,19.22 (GII); Jon 3,3.6f.; Zef 2,13 belegt. Nach Schmitt, Achikar-Notiz 120, knüpft der Übersetzer von GII in Tob 1,22 durch die Verwendung des Artikels an frühere Erwähnungen Ninives (Tob 1,3.10.17.19) an.
220 Möglicherweise handelt es sich bei der Wiedergabe mit betontem Personalpronomen um den Versuch, die Struktur des aramäischen Texts (Pronomen plus pt.) im Sinne

ἐκρύβην von κρύπτειν ‚verstecken' wiedergegeben.[221] Bei חוי dürfte es sich folglich um eine phonetische Schreibweise von חבי handeln.[222] וכדי ידעת ist in GII ganz exakt mit καὶ ὅτε ἐπέγνων wiedergegeben, während GI mit dem pt. ἐπιγνούς plus Partikel δέ eine elegantere griechische Wiedergabe hat.[223] Dem Verb ידע entspricht sowohl in GI als auch GII ἐπιγινώσκειν. La1 und La3 haben keine Wiedergabe, während La2 mit *et cum uiderem propositum malignitatis eius* ‚und als ich den Plan seiner Bosheit sah' paraphrasiert. ידע בי ‚er wusste über mich' hat nur in GII eine Wiedergabe, wobei ידע hier mit γινώσκειν statt dem vorigen ἐπιγινώσκειν wiedergegeben ist. Die Verbindung von γινώσκειν mit der Präposition περί ist in der Koine sonst nicht üblich und kann als Hinweis auf „Übersetzungsgriechisch" mit dem Ziel formaler Äquivalenz gelten.[224]

Z. 2: דחלת ‚ich fürchtete mich' in Tob 1,19 entspricht in GII ἐφοβήθην, während GI das pt. φοβηθείς verwendet. La3 bietet abweichend mit ‚und' angeschlossenes *timui*. Das folgende וערקת ‚und ich floh' wird in GII mit ἀποδιδράσκειν ‚entfliehen', in GI mit ἀναχωρεῖν ‚zurückgehen, zurückweichen' wiedergegeben, wobei GI ebenso wie La2 kein Äquivalent für *waw* bietet.[225] [כל] דין הוה לי in Tob 1,20 ist in GII und La3 sehr nah am aramäischen Text mit πάντα ὅσα ὑπῆρχέν μοι bzw. *omnia quaecunque habui* wiedergegeben, während GI mit substantiviertem

---

einer formalen Äquivalenz beizubehalten, obwohl das Subjekt im griechischen und lateinischen Text schon durch das Prädikat zum Ausdruck kommt. Die Verwendung des Personalpronomens wäre dann gewissermaßen „Reminiszenz" an die Struktur des aramäischen Texts. Vgl. auch 4Q196 14ii,10; 17i,3; 4Q197 4ii,9.18; 4iii,7.

221 Der Aorist Passiv von κρύπτειν wird in LXX regelmäßig zur Wiedergabe von חבא (Gen 3,8.10; Ri 9,5; 1 Sam 13,6; 14,11; 2 Kön 7,12; Ijob 24,4; 29,8), סתר (1 Sam 20,19; Ps 38(37),10; 55(54),13; Ijob 28,21), כחד (vgl. Ps 69(68),8; 78(77),4; 139(138),15) und צפן (Jer 16,17) verwendet.

222 Vgl. Anmerkung 192 sowie B. Otzen, Aramæiske Tobitfragmenter fra Qumran. In: L. Fatum/M. Müller (Hg.), Tro og historie. Festskrift til Niels Hyldahl. I anledning af 65 års fødselsdagen den 30. december 1995. FBL 7. Kopenhagen 1996, 193–205, hier: 198.

223 Die nachgestellte Partikel δέ ist im Buch Tobit in GI 54-mal verwendet, in GII dagegen nur 7-mal. Dies zeigt sehr deutlich die Präferenz von δέ in GI. Sowohl καί als auch δέ sind als exakte Wiedergabe von waw zu werten.

224 In Tobit wird γινώσκειν mit ὅτι (3,14 (GI und GII); 6,16; 9,3; 10,7; 14,4 (je GII)), mit indirekter Frage (11,2 (GI, GII und GIII)), direktem Objekt (5,2; 7,4 (GI und GII)) oder inf. (5,2 (GII)) verbunden.

225 Das Verb ἀποδιδράσκειν ist in LXX häufig zur Wiedergabe von ברח oder seltener נוס verwendet, ἀναχωρεῖν in Spr 25,9 als Äquivalent für ריב, in 2 Sam 4,4 für נוס, in Num 16,24 für עלה, in 1 Sam 25,10 für פרץ. In BA ist die Wz. ערק nicht belegt, in QA in 1Q20 XX,21; XXI,32; XXII,9; 4Q196 2,4; 4Q556 1,1; 11Q10 X,4.

πάντα τὰ ὑπάρχοντά μου freier formuliert. La1 und La2 verwenden beide das Substantiv *omnis substantia mea* ‚mein gesamter Besitz'.

ולא שביק לי ‚und nicht ließ er mir' ist in GI und GII übereinstimmend mit καὶ οὐ κατελίφθη μοι wiedergegeben. [כל מנדן entspricht in GI und GII οὐδέν bzw. *nihil* in La3, wobei GII und La3 im Folgenden mit dem Hinweis, dass Tobits Vermögen dem Fiskus einverleibt wird, offenbar ein Plus gegenüber GI, La1 und La2 aufweisen.[226] La1 fügt *et nihil* ‚und nichts' an, La2 mit *ut nicil*[227] einen Konsekutivsatz.

Z. 3: Das Ende von Tob 1,20 ‚Hanna, meine Ehefrau, und Tobija, mein Sohn' hat nur in GII eine exakte Wiedergabe, während der Name seines Sohnes in GI mit Τωβείτ angegeben wird.[228] In La2 fehlt der Eigenname von Tobits Frau. Die Zeitangabe in ולא הוה יומין אר]בעין ‚und nicht waren es v[ierzig] Tage' in Tob 1,21 hat ebenfalls nur in GII eine exakte Wiedergabe, da *alef* offensichtlich zu ארבע/ארבעה ‚vier' oder ארבעין ‚vierzig' ergänzt werden muss, GI aber die Zahl ‚fünfzig' bietet. In La1, La2 und La3 hält sich Tobit dagegen ‚fünfundvierzig' Tage versteckt.

Z. 4: ואנון ערקו לטורי אררט ‚und sie flohen zu den Bergen Ararat' in Tob 1,21 ist in GI exakt mit καὶ ἔφυγον εἰς τὰ ὄρη Ἀραράθ wiedergegeben. GII überliefert mit ἔφυγεν dagegen abweichend die 3. sg.[229] La2 hat hier als einzige Textform keine Wiedergabe. Dem pl. ‚die Berge Ararat' entspricht in GI und GII ebenfalls pl., während La1 und La3 den sg. *in montem Ararath* bzw. *in montem Arath* bieten.[230] ומלך kann sowohl die 3.

---

[226] Vgl. Busto Saiz, Algunas aportaciones 68. Dieses Plus unterstreicht, dass sich der König selbst den Besitz Tobits aneignet, während in GI, La1 und La2 nur darauf abgehoben wird, dass Tobit – seines Besitzes beraubt – arm ist. Da das aramäische Fragment an dieser Stelle abbricht, kann nicht entschieden werden, ob das Plus in GII und La3 einem aramäischen Textelement von 4Q196 entspricht.

[227] In La2 erscheint *nihil* ‚nichts' durchweg als *nicil* (vgl. Tob 1,20; 5,21; 6,18; 7,11; 8,14; 12,13; 14,4), ebenso der Dativ der 1. sg. *mihi* als *mici* (mit Ausnahme von Tob 2,1; 10,12).

[228] Die Überlieferung zeigt sich allerdings uneinheitlich. Während die Codices B und V τωβειτ bzw. τωβητ überliefern, ist in Ms. 55 der Genetiv τωβειου belegt. Die Mehrheit der Handschriften überliefert – der Lesart von GII entsprechend – τωβια.

[229] Bei der 3. sg. ἔφυγεν handelt es sich um einen Fehler in Codex S, da sich die 3. sg. im Kontext nur auf ‚ihn' (den König) beziehen kann, von dem zuvor gesagt wurde, dass er von seinen Söhnen getötet wurde, so dass er naturgemäß nirgendwohin mehr fliehen kann. Hanhart, Tobit 70, emendiert folglich zur 3. pl. ἔφυγον.

[230] In MT ist ‚Ararat' viermal überliefert: In Gen 8,4 (הרי אררט ‚Gebirge des Ararat'), in 2 Kön 19,37 und Jes 37,38 (ארץ אררט ‚Land des Ararat' – in LXX mit εἰς Ἀρμενίαν ‚nach Armenien' wiedergegeben) und in Jer 51,27 (ממלכות אררט ‚die Königreiche Ararat'). In QA ist Ararat in der Schreibweise הוררט in der Verbindung טורי הוררט in 1Q20 X,12; XII,8 belegt, während 4Q196 2,4 die Verbindung טורי אררט bietet. In QH ist Ararat in der Form הוררט in der Verbindung הרי הוררט bezeugt (4Q252 I,10). Es wird

sg. m. pf. sein und mit ‚und er wurde König' übersetzt werden als auch indefinit mit ‚und ein König'. Da GI und GII mit καὶ ἐβασίλευσεν ebenso wie La1, La2 und La3 ein Verb überliefern, ist hier die 3. sg. wahrscheinlich.

Z. 5: Die Kausativ-Form אשלט ‚er verlieh die Herrschaft, machte zum Herrscher' ist in GI und GII übereinstimmend mit ἔταξεν bzw. *constituit* in La1 und La3 wiedergegeben. לאחיקר entspricht sowohl in GI und GII als auch in La1 und La3 direktes Objekt.[231] Auffällig ist die unterschiedliche Schreibweise des Eigennamens ‚Achikar' in GI und GII.[232] Achikars weitere Charakterisierung als בר ענאל אחי hat in GI und GII jeweils eine Wiedergabe, wobei die Wortstellung variiert. GI bietet τὸν Ἀναήλ und fährt ohne Artikel mit υἱὸν τοῦ ἀδελφοῦ μου fort, GII dagegen verwendet mit τὸν Ἀναὴλ τὸν τοῦ ἀδελφοῦ μου υἱόν den attributiven Genetiv.[233] La1 folgt mit *filius fratris mei Annanihel* dem aramäischen Text bis in die Wortstellung hinein, während La3 *filius Anael fratris mei* bietet und La2 keine Wiedergabe hat. על כל שיזפנקת als der Bereich, über den Achikar als Herrscher eingesetzt wird, ist in GI und GII übereinstimmend mit ἐπὶ πᾶσαν τὴν ἐκλογιστείαν bzw. ἐκλογιστίαν wiedergegeben.[234]

---

deutlich, dass ‚Ararat' in der hebräischen Bibel und in LXX gewöhnlich mit ‚Gebirge Ararat' bezeichnet wurde, während La1 und La3 in Tob 1,21 offenbar das Wissen widerspiegeln, dass es sich beim Ararat um einen einzelnen Berg handelt.

231 Vgl. Anmerkung 201.

232 In GI ist Achikar einheitlich mit Ἀχ(ε)ιάχαρος wiedergegeben, in GII dagegen mit Ἀχείχαρος (1,21f.), Ἀχειάχαρος (2,10), Ἀχιάχαρος (14,15), Ἀχεικάρ (Tob 11,18) und Ἀχείκαρος (Tob 14,10); vgl. auch Hanhart, Text 73. In LXX ist der Eigenname ‚Achikar' nur im Buch Tobit belegt, ebenso bei den Qumran-Texten.

233 Nach Schmitt, Achikar-Notiz 120, lehnt sich diese Verwendung an klassischen Sprachgebrauch an. „Wahrscheinlich ist für die Breviloquenz an dieser Stelle jedoch weniger klassischer Einfluß ausschlaggebend gewesen als vielmehr die sich anschließende Apposition, die den Verwandschaftsgrad zwischen Achikar und Tobit dann näher entfaltet und aus diesem Grund eine verkürzte Ausdrucksweise nahelegt"; vgl. ebd. Zur Verwendung von ‚Bruder' in Tobit vgl. V.T.M. Skemp, ΑΔΕΛΦΟΣ and the Theme of Kinship in Tobit. In: EThL 75 (1999) 92–103.

234 Das Substantiv ἐκλογιστία ‚Rechnungsprüfung, Berechnung' ist in LXX außerhalb von Tobit nicht belegt. Es handelt sich um einen Terminus technicus der Verwaltungssprache der hellenistischen Zeit; vgl. F. Preisigke, Wörterbuch der griechischen Papyrusurkunden. Bd. 1. Berlin 1925, 449. שיזפנקת und שיזפן sind in QA nur hier in 4Q196 2,5 bzw. 2,8 belegt. M.G. Abegg/J.E. Bowley/E.M. Cook geben die Bedeutung ‚credit account' bzw. ‚accountant' an; vgl. dies., The Dead Sea Scrolls Concordance. Leiden–Boston 2003, 933. Beyer, ATTM.E 420, deutet als ‚Wirtschaft' bzw. ‚Wirtschaftsminister'.

Z. 6: [שׁ]לטן] in Tob 1,21 hat in GII mit εἶχεν τὴν ἐξουσίαν bzw. in La1 und La3 mit *habebat potestatem* eine vollständige Wiedergabe, während GI mit καὶ ἐπὶ πᾶσαν τὴν διοίκησιν den zweiten Aufgabenbereich Achikars ohne eigenes Verb anschließt. כ]ל המרכלות מלכא], ‚[die ge]samte Finanzverwaltung des Königs' entspricht in GI und GII übereinstimmend ἐπὶ πᾶσαν τὴν διοίκησιν[235], wobei ‚des Königs' in GI, GII, La1 und La3 an dieser Stelle kein Äquivalent hat und nur der erste Aufgabenbereich durch das Genetivattribut τῆς βασιλείας bzw. *regni* ‚des Königreichs' näher bestimmt ist. Das folgende ובעה אחיקר עלי, ‚und es bat Achikar für mich' in Tob 1,22 hat nur in GI mit καὶ ἠξίωσεν Ἀχιάχαρος περὶ ἐμοῦ eine exakte Wiedergabe, während GII mit τότε bzw. La1 und La3 mit *tunc* ‚damals' ein zusätzliches Zeitadverb einführen.[236] Der Wz. בעה entspricht in GI und GII ἀξιοῦν, in La1 *petere pro*, in La3 *loqui pro*. La2 hat keine Wiedergabe.

Z. 7: אחי ‚mein Bruder' in Tob 1,22 hat keine Wiedergabe in den Textformen. Der Titel Achikars רב שׁקה ist in GII mit ἀρχιοινοχόος[237] ‚Obermundschenk' wiedergegeben, während GI das Simplex οἰνοχόος ‚Mundschenk' verwendet. Dem folgenden רב עזקן, ‚Herr der Siegelringe' (pl.) entspricht in GI und GII übereinstimmend ἐπὶ τοῦ δακτυλίου ‚über den Siegelring' (sg.)[238] bzw. *erat propositus super anulus*[239] in La3. המרכל, ‚Finanzminister' in Tob 1,22 ist in GI und GII übereinstimmend mit διοικητής bzw. *procurator* ‚Verwalter' in La3 wiedergegeben.[240] La1 und La2 haben keine Wiedergabe.

---

235 Der Begriff διοίκησις bezeichnet die Staatsfinanzverwaltung bzw. das Finanzressort. Vgl. F. Preisigke, Fachwörter des öffentlichen Verwaltungsdienstes Ägyptens in den griechischen Papyrusurkunden der ptolemäisch-römischen Zeit. Göttingen 1915 (ND Hildesheim 1975), 61.
236 Schmitt, Achikar-Notiz 108, übersetzt mit „und Achikar hatte Fürsprache eingelegt für ...". Zur Begründung der Übersetzung im Plusquamperfekt vgl. ebd. 114.
237 Zur Bildung von Bezeichnungen leitender Positionen des Verwaltungsdienstes bzw. Ehrenämter mit ἀρχι- vgl. Schmitt, Achikar-Notiz 121 Anm. 91. In LXX ist ἀρχιοινοχόος in Gen 40,1.5.9.20f.23 und 41,9 belegt, 5-mal als Äquivalent von שׂר המשׁקים. Bei den griechischen Papyrusurkunden ist ἀρχιοινοχόος nur einmal belegt; vgl. F. Preisigke, Wörterbuch der griechischen Papyrusurkunden. Bd. 3. Berlin 1929, 96.
238 Zur Bedeutung des königlichen Siegelrings vgl. Schmitt, Achikar-Notiz 121f.
239 Die Präposition *super* verlangt entweder den Ablativ oder Akkusativ. Bei *anulus* handelt es sich hier also um den falschen Kasus (Nominativ sg.) nach *super* bzw. einen Schreibfehler für Akkusativ pl. *anulos* oder Ablativ pl. *anulis*.
240 Nach F. Preisigke, Girowesen im griechischen Ägypten. Straßburg 1910 (ND Hildesheim–New York 1971), 61, bezeichnet διοικητής in der ptolemäischen Zeit den Chef der Landesrechnungskammer: „Dort werden ... für die Staatsabrechnung und für die

Z. 8: שׂיזפן in Tob 1,22 entspricht in GI und GII übereinstimmend ἐκλογιστής.[241] Der Wirkungsort Achikars קדם אסרחריב מלך אתור, vor Asarharib, dem König Assurs' hat nur in GII mit ἐπὶ Σενναχηρεὶμ βασιλέως 'Ασσυρίων eine Wiedergabe, nicht aber in GI, La1 und La2. La3 paraphrasiert mit *suasit regi Assyriorum*. Die Kausativ-Form ואשלמה ‚und er machte ihn zum Herrscher' ist in GI und GII übereinstimmend mit καὶ κατέστησεν αὐτόν wiedergegeben,[242] während La3 vom aramäischen Text abweichend zur 1. sg. wechselt. Dem Eigennamen אסרחדון in Tob 1,22 entspricht in GI und GII Σαχερδονός, in La3 *Acedonossar*. Das folgende תנין לה ‚als zweiten[243] neben sich' ist in GI und GII übereinstimmend mit ἐκ δευτέρας ‚zum zweiten Mal' wiedergegeben, in La3 mit *iterum* ‚wieder'.[244] Möglicherweise deuteten die Übersetzer von GI und GII an dieser Stelle תניני in ihrer Vorlage als Adverb,[245] es bleibt aber das Problem, dass weder GI noch GII ein Äquivalent für לה bieten. ארו hat offenbar keine Wiedergabe, es sei denn, die nachgestellte Partikel δέ in GI und GII bzw. *autem* in La3 ist als solche zu werten.[246]

Hausgutabrechnung die Rechnungsbelege jedes einzelnen Dorfes des ganzen Landes nachgeprüft ..."

241 Zu ἐκλογιστής vgl. die Ausführungen bei Schmitt, Achikar-Notiz 122. Beyer, ATTM.E 420, schlägt die Übersetzung „Wirtschaftsminister" vor, ohne eine nähere Begründung zu liefern; vgl. dazu Schmitt, Achikar-Notiz 113.

242 Während in 4Q196 2,5 dem af. von שלט in GI und GII τάττειν bzw. in La3 *constituere* entspricht, ist es an dieser Stelle in GI und GII mit καθιστάναι wiedergegeben.

243 Das Adjektiv תנין ‚zweiter' ist in QA 17-mal bezeugt. Abegg/Bowley/Cook, Dead Sea Scrolls Concordance 943, geben ein weiteres Adjektiv mit derselben Bedeutung an: תניני. Dieses ist in 4Q211 1ii,5; 4Q547 3,2; 11Q18 16ii+17i,1 bezeugt.

244 Das würde bedeuten, dass Achikar diese Ämter bereits unter dem Vorgänger innehatte. In LXX und NT wird ‚zum zweiten Mal' in der Regel mit ἐκ δευτέρου (zu ergänzen μέρους) wiedergegeben; vgl. M. Johannessohn, Der Gebrauch der Präpositionen in der Septuaginta. MSU III/3. Berlin 1925, 291f.; F. Blass/A. Debrunner/F. Rehkopf, Grammatik des neutestamentlichen Griechisch. Göttingen [18]2001, 200 (§ 248 Anmerkung 5). Das zu ergänzende Nomen (f.) ist ausgefallen und bleibt daher unsicher. Otzen, Tobitfragmenter 198, schlägt die Ergänzung mit χώρας vor. In LXX ist ἐκ δευτέρας noch in Jes 61,7 belegt. Schmitt, Achikar-Notiz 114, übersetzt 4Q196 2,8 mit „und Asarhaddon bestellte ihn zum zweiten (Mann) von/für/bei sich." Zum Situations-Motiv der Erhöhung zum zweitmächtigsten Mann im Staat vgl. Schmitt, Achikar-Notiz 114f.

245 Vgl. Wise, Note 569.

246 Die Partikel δέ kann sowohl adversativ als auch kopulativ verwendet werden; vgl. Blass/Debrunner/Rehkopf, Grammatik 376f (§ 447). Nach Schmitt, Achikar-Notiz 119, ist δέ hier als „bloße Übergangsformel ohne bemerkbaren Gegensatz" verwendet.

Z. 9: Dem Nominalsatz בר אחי הוה entspricht in GI ἦν ἐξάδελφός μου bzw. in GII ἡ[247] ἐξάδελφός μου, wobei mit ἐξάδελφος an dieser Stelle die spezielle griechische Verwandschaftsbezeichnung verwendet ist.[248] La1 bietet *consobrinus meus* ‚Geschwisterkind', La3 *compatruelis meus* ‚mit von meines Vaters Bruder abstammend'. Der Nominalsatz ומן בית אבי hat weder in GI und GII noch in La1, La2 und La3 eine Wiedergabe, während dem folgenden ומן משפחתי ‚und aus meiner Sippe' in GII καὶ ἐκ τῆς συγγενίας μου entspricht.[249] Im aramäischen Text von 4Q196 ist Achikar demnach als ‚Brudersohn' – ‚aus dem Haus meines Vaters' – aus meiner Sippe' bezeichnet, in GII nur als ‚Brudersohn' – ‚aus meiner Sippe', in GI schließlich nur noch als ‚Brudersohn'. La3 hat mit *compatruelis meus – ex cognatione mea – ex cognatione regis* zwar einen dreigliedrigen Ausdruck, erweitert den Kreis der Familie aber durch das dritte Glied ‚aus der Blutsverwandschaft des <u>Königs</u>'. In Tob 2,1 ist וביומי אסרחדון [מל]כא, und in den Tagen Asarhaddons, [des Kö]nigs' nur in GII mit ἐπὶ Σαχερδόνος βασιλέως wiedergegeben, allerdings ohne Äquivalent für וביומי ‚und in den Tagen', während GI mit der Konjunktion ὅτε δέ ohne Verweis auf die Regierungszeit eines Königs einsetzt, ebenso La1, La2 und La3. כדי תבת ‚als ich zurückkehrte' entspricht in GI ὅτε δὲ κατῆλθον, während GII κατῆλθον ohne Konjunktion bietet.

Z. 10: לביתי ‚zu meinem Haus' hat in GI, GII, La1, La2 und La3 eine Wiedergabe, wobei La1 zusätzlich die Ortsangabe ‚in Ninive' einschiebt. Der Kausativ-Form ואתבת ‚und ich bekam zurück' entspricht in GI und GII übereinstimmend das passive καὶ ἀπεδόθη μοι bzw. *et reddita est mihi* in La1 und *et reddita mihi est* in La3. חנה אנתתי וטוביה ברי hat sowohl in GI und GII als auch in La1, La2 und La3 eine Wiedergabe, wobei die Wortstellung variiert. Die Zeitangabe וביום חג שבו[עיא], und am Tag des Wochenfestes' ist in GII mit καὶ ἐν τῇ πεντηκοστῇ τῆς ἑορτῆς, in GI mit ἐν τῇ πεντηκοστῇ ἑορτῇ ohne Äquivalent für *waw* wiedergegeben. In GII, La1 und La2 ist ‚Wochenfest' zudem durch das Possessivpronomen der 1. pl. näher bestimmt.[250]

---

247 Codex S überliefert hier nur η. Hanhart, Tobit 71, emendiert zu ἦν.
248 Ἐξάδελφος kann sowohl ‚Neffe' als auch ‚Cousin' bedeuten. Es ist in LXX nur noch in Tob 11,18 (GI, GII, GIII) belegt.
249 משפחה ‚Sippe' wird in LXX häufiger mit συγγένεια wiedergegeben, בית אבי dagegen nicht.
250 Da das aramäische Fragment mitten im Wort ‚Wochenfest' abbricht, ist es möglich, dass die Textformen GII, La1 und La2 einem hier nicht erhaltenen Textelement (dem Pronominalsuffix oder לנא) entsprechen.

Z. 11: שרו טבה ist in GI und GII übereinstimmend mit ἄριστον καλόν bzw. in La1, La2 und La3 mit *prandium bonum* wiedergegeben.[251] ורבעת entspricht in GII καὶ ἀνέπεσα ‚und ich legte mich zu Tisch‘, während GI ἀνέπεσα ohne Äquivalent für *waw* anschließt. Das folgende ואקרבו פתו̇רא לקודמי ‚und sie brachten den T[i]sch vor mich‘ in Tob 2,2 hat in GI keine Wiedergabe. GII und La1 verwenden das Passiv καὶ παρετέθη μοι ἡ τράπεζα bzw. *et posita est mihi mensa*, wobei לקודמי in GII, La1 und La3 dem einfachen Personalpronomen entspricht. וחזית ‚und ich sah‘ hat dagegen keine Wiedergabe in GII, während GI und La1 καὶ ἐθεασάμην bzw. *et uidi* und La2 das pt. *uidens* bieten. נפתניא ‚Leckereien‘[252] ist in GI mit ὄψα ‚Speisen‘, in GII mit dem Diminutiv ὀψάρια wiedergegeben.[253] Das relative די קרבו ‚die sie brachten‘ hat in keiner der Textformen eine Entsprechung.

Z. 12: Auch das folgende עלוהי ‚auf ihm‘, d.h. dem Tisch, in Tob 2,2 hat keine Wiedergabe in den Textformen. שניאין ‚viele‘ entspricht dagegen offenbar (ὄψα) πολλά in GI bzw. der Komparativ (ὀψάρια) πλείονα in GII. ואמרות לטו̇ביה ברי ‚und ich sagt[e zu To]bija, meinem Sohn‘ hat in GII, La1 und La2 eine exakte Wiedergabe, während GI den Eigennamen Tobija auslässt und La3 kein Äquivalent für das Possessivpronomen ‚mein‘ hat. Oxyrhynchus 1076 schließt an dieser Stelle asyndetisch an. Die Anrede ברי ‚mein Sohn‘ ist in GII mit παιδίον ‚Kindlein‘, ohne Äquivalent für das Pronominalsuffix wiedergegeben.[254] Die anderen Textformen haben keine Entsprechung. Im Folgenden kann aber nur La3 mit asyndetischem *uade adduc* als exakte Übersetzung des aramäischen Textes gewertet werden, während die übrigen Textformen die beiden imp. mit καί bzw. *et* verbinden. לכל מן ות̇השכח entspricht in den lateinischen Textformen La1, La2 und La3 übereinstimmend das verallgemeinernde Relativum, die griechischen Textformen verwenden dagegen den relativen Satzanschluss mit ἐάν (GI, Oxyrhynchus 1076)

---

251 Zur Bedeutung von Essen im Buch Tobit vgl. N.S. Jacobs, „You Did Not Hesitate to Get up and Leave the Dinner": Food and Eating in the Narrative of Tobit with Some Attention to Tobit's Shavuot Meal. In: G.G. Xeravits/J. Zsengellér (Hg.), The Book of Tobit. Text, Tradition, Theology. Papers of the First International Conference on the Deuterocanonical Books, Pápa, Hungary (20–21 May, 2004). JSJSup 98. Leiden–Boston 2005, 121–138.

252 Das Substantiv נפתן ist in QA nur an dieser Stelle belegt. Vgl auch AHw 2.741.

253 Sowohl ὄψον als auch ὀψάριον sind in LXX nur hier in Tobit belegt.

254 Die griechischen und lateinischen Textformen bieten beim Vokativ offenbar grundsätzlich kein Äquivalent für das Pronominalsuffix der 1. Person; vgl. 4Q196 2,12; 14i,9; 14ii,[5]; 4Q197 4i,3.12.16; 4ii,7; 4iii,4.5; 5,7.9; 4Q200 2,3.6.(7); 4,5.6; 5,3.6. Vgl. auch. M. Johannessohn, Der Gebrauch der Kasus und der Präpositionen in der Septuaginta. Berlin 1910, 7f.

bzw. ἄν (GII). באח[י]נא ‚unter [unseren] Brüdern' ist in GI und GII mit dem Genetiv pl. ohne Äquivalent für die Präposition ב wiedergegeben, in La1, La2 und La3 dagegen mit *ex fratribus nostris*, ebenso in Oxyrhynchus 1076 mit ἐκ τῶν ἀδελφῶν ἡμῶ[ν] ‚aus unseren Brüdern'. Z. 13: ברי אזל דבר ‚mein Sohn, geh, geleite' als wörtliche Wiederholung der Aufforderung Tobits hat weder in GI und GII noch in La1, La2 und La3 eine Wiedergabe. Auch ויתה יאתה²⁵⁵ fehlt in GI, GII, Oxyrhynchus 1076, La1 und La3, während in La1 möglicherweise *hunc adduc* als Entsprechung zu werten ist. ויכל עמי ‚und er wird essen mit mir' ist in GII mit καὶ φάγεται (κοινῶς) μετ' ἐμοῦ exakt wiedergegeben, La1, La2 und La3 wechseln dagegen von ‚mit mir' zur 1. pl. *nobiscum* ‚mit uns'. והא אנה entspricht in GI καὶ ἰδού, in GII καὶ ἰδέ, in La1 *ecce* ohne Äquivalent für *waw*. Das Personalpronomen אנה ist in GI, GII und La1 nicht eigens wiedergegeben, La2 bietet dagegen betontes *ego (autem)*. La3 hat keine Wiedergabe.

2.1.3 4Q196 Fragment 3: Tob 2,3

Text (PAM 43.175)

[את[חנק]]   1

Übersetzung

Zeile 1   [er] wurde gewürgt²⁵⁶ [ ]

Anmerkungen

Z. 1: Dieses Fragment ist sicher mit Tob 2,3 zu identifizieren, da nur an dieser Stelle in der Tobiterzählung das Wortfeld ‚würgen' passt. Es sind allerdings keine weiteren Schlussfolgerungen möglich, da über die Radikale der Wz. חנק hinaus keine weiteren Buchstaben erhalten sind, die Hinweise auf mögliches Präfix oder Suffix, Tempus, Aktionsform o.Ä. geben könnten.²⁵⁷ In GII entspricht offenbar das pf. ἐστραγγάληται ‚er ist erwürgt' der Wz. חנק, GI verwendet dagegen das pt.

---

255 Vgl. Anmerkung 189.
256 3. sg. m. pf. itp.
257 Fitzmyer, Tobit (DJD) 11, ergänzt zur 3. sg. m. pf. itp. Die Wz. חנק ist in BA nicht belegt. In den Targumim ist חנק dagegen in Est II 1,2 belegt; vgl. Levy, Chaldäisches Wörterbuch I 270.

ἐστραγγαλωμένος.[258] In La1 entspricht wahrscheinlich der Ablativus absolutus *laqueo circumdato* bzw. in La2 das pt. *laqueo circumdatus* ‚mit dem Strick erdrosselt' dem Ausdruck, in La3 *suffocatus est* ‚er wurde erwürgt'.

2.1.4 4Q196 Fragment 4: Tob 2,10–11

Text (PAM 43.179)

1   [ע]י(ל)ם בעד[נא]

Übersetzung
Zeile 1   [E]lam in [der] Zei[t]

Anmerkungen
Z. 1: Der Zeilenbeginn ist schlecht erhalten. Fitzmyer ergänzt die beiden ersten Buchstaben zu [וע]ילם ‚[E]lam'[259]. Dies entspricht in Tob 2,10 in GI εἰς τὴν Ἐλλυμαΐδα bzw. in GII εἰς τὴν Ἐλυμαΐδα als dem Ort, an den Achikar sich begab. La1 bietet *in Limaidam*, La3 mit *in Elimaida* offenbar eine Transliteration des griechischen Ortsnamens. בעד[נא, ,in der Zeit' in Tob 2,11 hat anscheinend nur in La1 mit *in illo tempore* eine exakte Wiedergabe, während GII, La2 und La3 abweichend vom aramäischen Text mit καί bzw. *et* anschließen. GI enthält keine Zeitangabe.

2.1.5 4Q196 Fragment 5: Tob 3,5

Text (PAM 43.176)

1   [ל[(מ)עבד (ב)י [ ]

Übersetzung
Zeile 1   [um] zu machen in mir [ ]

---

258 Das Verb στραγγαλᾶν ist in LXX sonst nicht überliefert.
259 Vgl. Fitzmyer, Tobit (DJD) 12. Der Name dieser Stadt ist in BA nicht überliefert, ebenso wenig in den aramäischen Dokumenten aus Ägypten. In QA ist Elam dagegen häufig belegt, z.B. in 1Q20 XXI,23.26.27.33; XXII,17.19.

Anmerkungen
Z. 1: Dem inf. מעבד בי entspricht in GI und GII möglicherweise der inf. Aorist ποιῆσαι ἐξ ἐμοῦ in Tob 3,5.²⁶⁰ Auffällig ist, dass in diesem Fall die Präposition ב ‚in' in GI und GII übereinstimmend ἐκ ‚aus' entsprechen würde, eine Übersetzung, die in LXX sonst nicht belegt ist.²⁶¹ In Tob 3,6 ist in GI und GII übereinstimmend auch der imp. ποίησον μετ' ἐμοῦ bzw. *fac mecum* in La1 und La3 und *facito mecum* in La2 überliefert, was der Abfolge der Worte entspricht. Gegen den imp. spricht an dieser Stelle aber eindeutig das präfigierte *mem*. Möglicherweise handelt es sich bei בי um die Wendung ‚bitte', die zur Einleitung von förmlichen Bitten oder Gebeten verwendet wird.²⁶² Dafür würde sprechen, dass Tob 3,5f. innerhalb eines Gebetes Tobits steht. Das Fragment ist aber zu klein für eine zweifelsfreie Zuordnung und sichere Schlussfolgerungen.

2.1.6 4Q196 Fragment 6: Tob 3,9–15

Dieses aus mehreren Bruchstücken zusammengesetzte Fragment zeigt den oberen Rand einer Kolumne.

Text (PAM 43.176)

```
[      ]בתרהון (ול)[א] (נ)חזי²⁶³ לכי בר [   ]       1
                 [   ]    )ת(²⁶⁴ ל(ע)לית בי(ת)[   ]       2
                                          [   ]          3
                                          [   ]          4
                    [   ]²⁶⁵ו בחיי עוד ד(ס)[ח]           5
                              ל(ק)[ב]ל  [   ]            6
```

---

260 Fitzmyer, Tobit (DJD) 12, identifiziert dieses Fragment mit Tob 3,5.
261 Möglicherweise ist auch in Ex 30,26 בו in LXX mit ἐξ αὐτοῦ wiedergegeben.
262 Vgl. u.a. Gen 43,20; 44,18; Ex 4,10.13; Num 12,11; Jos 7,8. Es zeigt sich, dass dieses eine Bitte einleitende בי in Ri 6,13.15; 13,8; 1 Sam 1,26; 1 Kön 3,17; 3,26 in LXX offenbar mit ἐν ἐμοί wiedergegeben ist, nicht aber mit ἐξ ἐμοῦ. בי ‚bitte' ist allerdings nur in der hebräischen Bibel überliefert, nicht aber in QA, BA oder den aramäischen Dokumenten aus Ägypten.
263 Vgl. Fitzmyer, Tobit (DJD) 13. Beyer, ATTM.E 137, liest ולא חזי.
264 Der Buchstabe taw ist entweder Suffix der 1. sg. oder der 3. sg. f. pf. pe. Der Kontext deutet auf Letzteres hin (Subjekt ist Sara).
265 Beyer, ATTM.E 137, liest hier kaf.

50   Der Vergleich der Textformen

7   ] שמך[266 קדיש(א) [ויק]קירא (ל)[כל (ע)[למין]יבר(כ)] [
8   ] ע[ל]יך אנפי ועי(נ)[י נ]טלת אמר267 לאפטרותני מן (ע)[ל]
9   ] יד[ע] דני [ ] דכיה אנה בגרמי (מ)[ן] כ(ל)[ל]269 (טמאת)268 [ ]
10   ] לא נ[ע]לת272 שנמי אב[ן](ר) ב(כ)[ל ארעת שבינ(א)]271 [יחי]ק[ד]א270
      [ ] אנה
11   ] לא[ן (ב)]ר לה אחרן די (ירתנ)[ה [ ] (וא)ח לה (וקריב)
      ל[א] לה [
12   ] נ[(פ)שי לבר דני]ה לה אנתה כבר (אב)[דו]273 [ ] מני ש(בע)[ת [
13   [ ](ל)[ ]

Übersetzung

Zeile 1   [ ] nach ihnen, und nich[t] werden/wollen wir sehen[274] für dich dich einen Sohn [ ]
Zeile 2   [(10)] zum hochgelegenen Zimmer[275] des Hauses [ ]
Zeile 3   [ ]
Zeile 4   [ ]

---

266 Fitzmyer (Tobit (DJD) 13) und Beyer (ATTM.E 137) lesen vor קדישא noch שמך. Anhand der Mikrofiches konnte dies nicht verifiziert werden.

267 Das Wort אמר wurde interlinear als Korrektur nachgetragen und zusätzlich anscheinend mit einem Pfeil versehen, um deutlich zu machen, dass אמר nach נ]טלת einzufügen ist.

268 Fitzmyer, Tobit (DJD) 13, schlägt für die nahezu unleserlichen Buchstaben am Zeilenende als „possible reading" טמאת vor. Anhand der Mikrofiches konnte diese Lesart nicht überprüft werden.

269 Vgl. Fitzmyer, Tobit (DJD) 13. Beyer, ATTM.E 137, liest כל מן. Auf PAM 43.176 lassen sich weder Beyers noch Fitzmyers Lesart verifizieren.

270 Die Ergänzung Fitzmyers (Tobit (DJD) 13) zu יחי]דא, ‚die einzige' in Tob 3,15 ist aufgrund von GI und GII μονογενής bzw. *unica* in La1, La2 und La3 sehr sicher. Beyer, ATTM.E 137, liest dagegen לאבי], ‚meinem Vater'.

271 Der letzte Buchstabe dieses Wortes ist nicht vollständig erhalten. Fitzmyer (Tobit (DJD) 13) und Beyer (ATTM.E 137) lesen beide alef und damit das Pronominalsuffix der 1. pl. Sowohl GI und GII als auch La1, La2 und La3 überliefern dagegen übereinstimmend die 1. sg. Nach PAM 43.176 handelt es sich bei diesem Buchstabenrest aber eher um die rechte Seite eines alef als um ein jod.

272 Vgl. Fitzmyer, Tobit (DJD) 13. Morgenstern, Language 132, schlägt die Ergänzung zu ח]בלת vor, da Fitzmyers Ergänzung zu נ]עלת nicht belegt sei, während 4Q213a 2,5 זי חבלת שמה ושם אבההתה überliefere. Beyer, ATTM.E 137, liest ח]לְלת].

273 Beyer, ATTM.E 137, liest אזל]ן.

274 1. pl. ipf. pe. von חזי ‚sehen, beobachten' (III-jod). Diese Wz. ist in QA sowohl mit he als auch mit jod und alef als drittem Wurzelradikal belegt.

275 In der hebräischen Bibel ist עלית in 2 Sam 19,11; 2 Kön 4,10; 23,12; Neh 3,31f. belegt.

Zeile 5	[Schand]e[276] noch[277] in meinem Leben und [(11)]
Zeile 6	[z]u [ ]
Zeile 7	[ ] des Heiligen [und W]ertvollen für alle E[wigkeiten[278], es] werden segnen [ ][279]
Zeile 8	[(12) z]u dir mein Gesicht, und [meine] Augen [er]hebe ich[280]. (13) {Befiehl}[281] mich fortzuschicken[282] von ober[halb[283]]
Zeile 9	[(14) w]issend[284], da[ss] rein ich (bin) in meinen Knochen/meinem Innersten v[on al]lem Unreinen [ ]
Zeile 10	[(15)] ich habe [nicht be]fleckt[285] [meinen] Na[men] meines [Vaters[286]] im ganzen Land[287] unserer[288] Gefangenschaft. [Die einzi]ge (bin) ich

---

276 Fitzmyer, Tobit (DJD) 14, ergänzt in Anlehnung an GII zu חֶ[סד אשמע ולא] „[and may I no] longer [hear such a re]proach ...". Die Übersetzung mit „such" würde Aramäisch aber ein Demonstrativum oder die Determination von חסד erfordern. Diese ist in 4Q196 6,5 nicht gegeben.

277 Vgl. Dan 4,28.

278 Die Ergänzung zu עלמין לכל ‚für alle Ewigkeiten' ist an dieser Stelle aufgrund der griechischen Überlieferung recht sicher.

279 Nach den erhaltenen Buchstaben sind sowohl die 3. sg. m. oder die 3. pl. m. ipf. pe. von ברך möglich. Aufgrund des Belegs in GI und GII bzw. La1 besitzt die Annahme der 3. pl. m. sowie des Pronominalsuffixes der 2. sg. m. hohe Wahrscheinlichkeit; vgl. Fitzmyer, Tobit (DJD) 13.

280 1. sg. pf. pe. von נטל ‚erheben, aufheben'.

281 Der imp. sg. von אמר plus ל plus inf. sollte nach Morgenstern, Language 132, wie in Dan 2,12 mit ‚command' wiedergegeben werden.

282 Inf. af. plus Pronominalsuffix der 1. sg. von פטר ‚loslassen, freilassen'. פטר ist in BA nicht belegt, in QA nur hier in 4Q196 6,8 und 4Q549 2,6.

283 Morgenstern, Language 132, schlägt die Ergänzung zu עלמין מן vor.

284 Die griechischen Textformen lassen darauf schließen, dass die beiden Buchstaben am Zeilenbeginn zum pt. m. sg. der Wz. ידע ‚wissen, kennen' ergänzt werden müssen, da die Ergänzung zur 2. sg. Präsens (GI, GII) aufgrund des fehlenden Suffixes nicht möglich ist.

285 1. sg. pf. pa.

286 Das direkte Objekt שֻׁם kann aufgrund von GI und GII sowie La3 mit großer Sicherheit ergänzt werden, ebenso jod als Pronominalsuffix der 1. sg. von אבי]. La1 bietet abweichend *corpus meum* ‚meinen Körper', La 2 *nomen patris mei* ‚den Namen meines Vaters'.

287 Bei ארעת handelt es sich offensichtlich um den cs. sg. Diese Form ist abgesehen von 4Q196 6,10 weder in QA noch in BA belegt.

288 Vgl. Anmerkung 271.

Zeile 11   [nicht] (gibt es) einen Sohn/Nachkommen für ihn, einen anderen, der [ihn] beerben wird[289], und einen Bruder für ihn, und einen Blutsverwandten n[icht] für [ihn]

Zeile 12   [m]ich für einen Sohn, d[ie] für ihn als Frau, schon [sind] zugrun[de gegangen][290] von mir siebe[n[291]]

Zeile 13   [ ]

Anmerkungen

Z. 1: In Tob 3,9 ist בתרהון ‚nach ihnen' in GI und GII übereinstimmend mit μετ' αὐτῶν wiedergegeben. Dem folgenden ול[א] entspricht in GII καὶ μή, GI hat kein Äquivalent für *waw*. La1 bietet *et nunquam*, La2 *nec*, La3 *et non*. נחזי ‚wir werden/wollen sehen' ist in GI und GII übereinstimmend mit dem Optativ Aorist (μὴ) ἴδοιμεν wiedergegeben. לכי ‚für dich' hat kein Äquivalent in GI und GII, בר in GI aber mit σου υἱόν ‚dein Sohn'[292] wiedergegeben. La1, La2 und La3 bieten übereinstimmend *ex te* ‚aus dir'.

Z. 2: לעלית בית ‚zum hochgelegenen Zimmer des Hauses' in Tob 3,10 entspricht in GII εἰς τὸ ὑπερῷον (τοῦ πατρὸς αὐτῆς) ‚in das Obergemach (ihres Vaters)'.[293] Vg hat mit *in superiori cubiculo domus (suae)* zwar ein Äquivalent für בית ‚Haus' war in der Vorlage des Hieronymus aber abweichend vom aramäischen Text von 4Q196 anscheinend durch das Pronominalsuffix der 3. sg. f. näher bestimmt. GI hat keine Wiedergabe. La1 bietet *in locum superiorem patris sui*, La2 *in domum patris sui in superiora*, La3 *in superiora patris sui*.

Z. 5: Dem sg. ח[ס]ד in Tob 3,10 entspricht in GI ebenfalls der sg. ὄνειδος bzw. in La1 *improperium* und *inproperium* in La2, während GII und La3

---

[289] 3. sg. m. ipf. pe. von ירת ‚beerben' plus Nun energicum plus Pronominalsuffix der 3. sg. m. Die Wz. ירת ist in BA nicht belegt, in QA abgesehen von 4Q196 6,11 noch in 1Q20 XVI,12.14; XXI,12; XXII,33.34; 4Q213 1–2ii,9; 4Q572 1,3.4.

[290] 3. pl. m. pf. pe. von אבד ‚zugrunde gehen, untergehen'.

[291] Das schin könnte auch zu ‚sechs' ergänzt werden, da die nächsten Buchstaben schlecht lesbar sind und sowohl ‚sechs' als auch ‚sieben' mit schin beginnen. Aufgrund des Symbolgehalts der Zahl Sieben und des durchgängigen Belegs in den griechischen und lateinischen Textformen ist dies aber wenig wahrscheinlich.

[292] Nach Weeks/Gathercole/Stuckenbruck, Tobit 352, ist σου in Codex S supralinear als Korrektur nachgetragen.

[293] Das aramäische Fragment bricht an dieser Stelle ab. Es ist anzunehmen, dass אבוה ‚ihres Vaters' nach בית folgte und GII, La1 und La3 folglich kein Äquivalent für ‚Haus' haben. Zum Motiv des Gebets am Fenster in Richtung Jerusalem vgl. Dan 6,11 und seine Auslegungsgeschichte.

abweichend den pl. bieten.²⁹⁴ בחיי entspricht in GII ἐν τῇ ζωῇ μου bzw. in La1 *in uita mea* ‚in meinem Leben'. GI, La2 und La3 haben keine Wiedergabe.

Z. 6: לק[ב]ל entspricht in Tob 3,11 in GII möglicherweise die Präposition πρός bzw. *ad* in La1, La2 und La3.²⁹⁵

Z. 7: קדישא ‚des Heiligen' ist in GI, La1 und La2 mit dem Adjektiv ἅγιος bzw. *sanctus* wiedergegeben, [י]קירא ‚des Wertvollen' in GI und La1 mit ἔντιμος bzw. *honorabilis*, in La2 mit *uenerabilis*. GII und La3 haben jeweils keine Entsprechung.²⁹⁶ לכל עלמין entspricht in GI und GII übereinstimmend εἰς τοὺς αἰῶνας ohne Äquivalent für כל. Die lateinischen Textformen bieten dagegen mit *in omnia saecula* (La1) bzw. *in omnia secula* (La2) und *in omnibus saeculis saeculorum* (La3) eine vollständige Wiedergabe.

Z. 8: In Tob 3,12 bietet GII eine exakte Übersetzung des aramäischen Textes von 4Q196 bis in die Wortstellung hinein, während GI, La2 und La3 die Reihenfolge der Textelemente variieren. Dem supralinear nachgetragenen אמר in Tob 3,13 entspricht in GI und GII übereinstimmend der imp. Aorist εἶπον, in La1 der imp. *iube*, in La2 *ut iubeas*.²⁹⁷ Der inf. לאפטרותני ‚mich loszulassen, freizulassen' ist in GI mit dem inf. Aorist Aktiv ἀπολῦσαί με, in GII mit dem inf. Aorist Passiv ἀπολυθῆναί με wiedergegeben. La1 und La2 bieten den passiven inf. *dimitti*, La3 den passiven Konjunktiv *dimittar*. מן עלא entspricht in GI und GII übereinstimmend ἀπό (τῆς γῆς), während La1 das Adverb *desuper* mit dem Ablativus separativus von *(terra)* bietet, La2 *a (terris)*, La3 *a (terra)*.

Z. 9: Dem pt. ידע ‚wissend' in Tob 3,14 entspricht in den griechischen und lateinischen Textformen jeweils das finite Verb. Die Anrede Gottes, κύριε ‚Herr' in GI, δέσποτα ‚Herrscher' in GII, *Domine* ‚Herr' in La1, La2 und La3, hat an dieser Stelle im aramäischen Text keine Entspre-

---

294 Mit Ausnahme des Äquivalents für ח[ס]ד ist GI an dieser Stelle nicht mit dem aramäischen Text von 4Q196 in Verbindung zu bringen; vgl. Fitzmyer, Tobit (DJD) 14.

295 In BA ist die Präposition קבל in der Kombination כל-קבל häufig bezeugt; vgl. Esr 4,14; 7,14.17; Dan 2,8.10.12.24.40f.45; 3,7f.22.29; 4,15; 5,12.22; 6,4f.10f.23. Auch in QA ist קבל häufig überliefert, oft in Verbindung mit lamed (vgl. 1Q20 VI,14; XIV,9; XXI,32; 4Q201 1iii,20; 1iv,5; 4Q204 4,2; 4Q205 1ii,1; 4Q344 5; 4Q550c 1i,3; 11Q18 19,1. Nach Rosenthal, Grammar 37 (§84), bedeutet קבל soviel wie ‚facing, opposite' oder im modalen Sinn ‚corresponding to'.

296 Busto Saiz, Algunas aportaciones 60, nimmt an dieser Stelle eine Lacuna in Codex S an.

297 Sowohl GI und GII als auch La1 und La2 tragen in ihrer Übersetzung mit εἶπον plus inf. bzw. *iubere* der von Morgenstern, Language 132, aufgezeigten Bedeutung von אמר ל im Sinne von ‚befehlen' Rechnung (vgl. Dan 2,12).

chung.²⁹⁸ Das folgende די ist sowohl in GI und GII als auch in La1, La2 und La3 kausal wiedergegeben.²⁹⁹ Der Nominalsatz דכיה אנה בגרמי ‚rein (bin) ich in meinen Knochen/meinem Innersten' ist in GI und GII übereinstimmend mit καθαρά εἰμι bzw. in La1, La2³⁰⁰ und La3 mit *munda sum* wiedergegeben. בגרמי ‚in meinen Knochen' hat also weder in GI und GII noch in La1, La2 und La3 eine Wiedergabe, möglicherweise um einen „Semitismus" in der Übersetzung zu vermeiden. Vg bietet in Tob 3,16 dagegen *et mundam seruaui animam meam*. טמאת (st. cs.) entspricht in GI ἁμαρτία καὶ³⁰¹ ἀνδρός ‚Sünde mit einem Mann', in GII ἀκαθαρσία ἀνδρός ‚Unreinheit mit einem Mann', in La1 und La3 *immunditia uiri* bzw. in La2 *inmunditia uirili* ‚Unanständigkeit mit einem Mann'.

Z. 10: [ולא נ]עלת in Tob 3,15 entspricht in GI (οὐκ) ἐμόλυνα bzw. (οὐχὶ) ἐμόλυνα in GII.³⁰² La1, La2 und La3 verwenden das Verb *coinquinare* ‚besudeln, beflecken'. בכל ארעת שבינא ‚im ganzen Land unserer Gefangenschaft' ist in GI und GII vom aramäischen Text von 4Q196 abweichend mit ἐν τῇ γῇ τῆς αἰχμαλωσίας μου ‚im Land meiner Gefangenschaft' wiedergegeben. Auch La1, La2 und La3 bieten jeweils die 1. sg. Dem Nominalsatz [יחיד]א אנה ‚[die einzi]ge (bin) ich' entspricht in GI und GII μονογενής εἰμι bzw. in La1, La2 und La3 *unica sum*.

Z. 11: [ולא] בר לה אחרן ‚[nicht] (gibt es) einen Sohn/Nachkommen für ihn' ist in Tob 3,15 in GI und GII übereinstimmend mit (οὐκ) ὑπάρχει αὐτῷ wiedergegeben. Während GII und La1 aber, dem aramäischen Text entsprechend, mit ἕτερον τέκνον bzw. *alium filium* fortfahren, bietet GI nur παιδίον ‚Kindlein'. La2 hat kein Äquivalent für ‚Sohn'. ואח לה ‚und einen Bruder (gibt es nicht) für ihn' entspricht in GII οὐδὲ ἀδελφὸς αὐτῷ bzw. in GI οὐδὲ ἀδελφός ohne Äquivalent für לה.³⁰³ Sowohl GI als auch GII bestimmen ἀδελφός zusätzlich durch das Adjektiv ἐγγύς ‚nahe'.

---

298 Fitzmyer, Tobit (DJD) 13, ergänzt das Tetrapunkton aber am Zeilenbeginn. Dies würde bedeuten, dass die Abfolge der Textelemente in GI, GII, La1, La2 und La3 gegenüber dem aramäischen Text geändert ist.

299 Die Partikel די hat auch in 4Q196 14i,4.8; 18,4.5.11 (ד); 4Q197 4ii,9.12 in den Textformen eine kausale Wiedergabe. Vgl. auch Andrews, Translation 30–36.

300 Bei *sub* in La2 handelt es sich wohl um einen Schreibfehler für *sum*.

301 Vgl. Weeks/Gathercole/Stuckenbruck, Tobit 353: „The καὶ has been dotted, and is not reinforced."

302 Vgl. Anmerkung 272.

303 In Tob 3,15 hat GII insgesamt fünf Negationen (οὐχί – οὐδέ – οὐκ – οὐδέ – οὔτε), während im aramäischen Fragment nur ein לא annäherungsweise erhalten ist (nach וקריב). GI bietet ebenfalls fünf Negationen (οὐκ – οὐδέ – οὐκ – οὐδέ – οὐδέ). Der aramäische Text kann an dieser Stelle aber nur eingeschränkt mit den griechischen und lateinischen Textformen in Verbindung gebracht werden.

וקריב, ‚und ein naher Verwandter' entspricht in GII offenbar οὔτε συγγενής bzw. *neque cognatus* in La3, GI hat nur ἀδελφὸς ἐγγύς ohne Äquivalent für וקריב. La1 bietet *proximus aut propinquus*, La2 *proximus aut propincus*.
Z. 12: Die aramäische Selbstbezeichnung נ]פש[י in Tob 3,15 ist in GI mit dem Reflexivpronomen ἐμαυτήν ‚mich' wiedergegeben, während GII abweichend αὐτήν ‚sie' bietet. La1, La2 und La3 bieten übereinstimmend *me* ‚mich'. לבר די hat in GI, GII, La1, La2 und La3 offenbar keine Wiedergabe, dem folgenden לה אנתה ‚für ihn als Frau' entspricht in GI und GII übereinstimmend αὐτῷ γυναῖκα bzw. *illi uxorem* in La1. La2 und La3 bieten an dieser Stelle offenbar freiere Wiedergaben. כבר אבדון מני ist in GI und GII übereinstimmend mit ἤδη ἀπώλοντό μοι ‚schon sind mir zugrunde gegangen' wiedergegeben bzw. in La1 mit *iam perierunt mihi*. La2 bietet *perierunt omnes*, La3 *ecce perierunt mihi*. Die Anzahl der Verblichenen ist in GI und GII sowie La1, La2 und La3 mit dem aramäischen Text übereinstimmend mit sieben angegeben.

2.1.7 4Q196 Fragment 7: Tob 3,17

Text (PAM 43.179)

[לא]ן(ס)יא ח]רריא	]	1
[נהרחת ש]מיא	]	2
[ל][	]	3

Übersetzung
Zeile 1   [zu heil]en[304] [die] weißen Fl[ecken][305]

---

304 Die Wz. אסי ist in QA abgesehen von 4Q196 7,1 noch in 1Q20 XX,19.20 und 11Q10 XXIII,4 belegt. Das Substantiv אסי ‚Arzt' ist in 1Q20 XX,19.20 überliefert. Die Graphik mit finalem alef erscheint äußerst auffällig.

305 Da in 4Q197 4i,15 (Tob 6,9) חרריא als Bezeichnung der Augenkrankheit Tobits überliefert ist, legt sich diese Ergänzung auch in 4Q196 7,1 nahe, obwohl חרריא in QA sonst nicht bezeugt ist. Die in 4Q204 1v,1 überlieferte Wz. חרר bedeutet ‚brennen', ebenso חרא in 4Q548 1ii–2,7. Nach Levy, Chaldäisches Wörterbuch I 285, bedeutet חריר ‚schleimen'. M. Jastrow unterscheidet חרר I ‚to break through, to cave, to perforate', חרר II ‚to set free', חרר III ‚to glow, to burn', schließlich חרר IV ‚to heap around', im pa. ‚to round'. Für das Substantiv חרר gibt Jastrow die Bedeutung ‚freedom' (von חריר) an, dann ‚needle-eye' oder ‚pile', schließlich die Bezeichnung eines bestimmten runden Kuchens oder eines ‚clot of blood'; vgl. ders., A Dictionary of the Targumim, the Talmud Babli and Yerushalmi, and the Midrashic Literature.

Zeile 2 [das Lich]t der H[immel[306]]
Zeile 3 [ ]

Anmerkungen
Z. 1: א[ס]יא] entspricht in Tob 3,17 in GI und GII möglicherweise der inf. Aorist ἰάσασθαι ‚heilen' bzw. *sanare* in La1 und La3. Möglicherweise ist aber auch in GI λεπίσαι bzw. in GII ἀπολῦσαι als Wiedergabe von א[ס]יא] zu werten. Für Letzteres würde sprechen, dass λευκώματα als Wiedergabe von חז]רריא[ן in GI und GII unmittelbar auf λεπίσαι bzw. ἀπολῦσαι folgt, während bei Annahme von ἰάσασθαι als Äquivalent für א[ס]יא] in GI τοὺς δύο τοῦ Τωβείτ, in GII τοὺς δύο Τωβείν eingeschoben wäre. In GI und GII ist die Augenkrankheit Tobits mit λευκώματα, in La1 mit *maculae*, in La2 mit *ipocimata* und in La3 mit *squama maris albuginis* bezeichnet.

2.1.8 4Q196 Fragment 8: Tob 4,2

Text (PAM 43.177)

[ ] מז]ת(ת)[307] ולמא לא [ ] 1
[ ] ע]ו(ל) כ(סף)א [ ] 2

Übersetzung
Zeile 1 [To]d, und weshalb[308] nicht [ ]
Zeile 2 [we]gen des Silbers [ ]

Anmerkungen
Z. 1: ולמא לא ‚und weshalb nicht' entspricht in Tob 4,2 in GI τί οὐ bzw. τί οὐχί in GII. La1 bietet *cur non*, La2 und La3 *quid non*.

London 1903 (ND New York 1992), 506. Keine dieser Bedeutungen trägt zur Erklärung von חרריא in 4Q196 7,1 und 4Q197 4i,15 bei.
306 Fitzmyer, Tobit (DJD) 15, ergänzt die beiden erhaltenen Buchstaben in Anlehnung an GII τὸ φῶς τοῦ θεοῦ. Der Vergleich mit dieser durch Rückübersetzung gewonnenen Zeile erübrigt sich.
307 Den ersten, nur teilweise erhaltenen Buchstaben identifiziert Fitzmyer, Tobit (DJD) 16, „possibly" mit taw und ergänzt zu מות ‚Tod' in Anlehnung an θάνατος in GI und GII.
308 למא mit finalem alef ist in BA in Esr 6,8 belegt, in QA in 1Q20 XXII,32. In den Targumim ist למא in Ex 32,11.12; 2 Sam 18,22 belegt; vgl. Levy, Chaldäisches Wörterbuch II 1. למה mit finalem he ist in 11Q10 XI,2 überliefert.

Z. 2: [ע]ל כספא] entspricht in GII περὶ τοῦ ἀργυρίου (τούτου) ‚über (dieses) Silber', GI hat an dieser Stelle keine Wiedergabe.[309] La1 und La2 bieten *de hac pecunia*, La3 *pro pecunia*.

2.1.9 4Q196 Fragment 9: Tob 4,5

Text (PAM 43.177)

```
  ]    [ ב(יומך)[310]    ]             1
[   ]  ל[(מח)טא[312] ולמשטה[311]   ]   2
       ]    [ (שקר)[313] ](ד)[   ]     3
```

Übersetzung
Zeile 1   [ ] an deinem Tag [ ]
Zeile 2   [ ] zu sündigen[314] und zu übertreten[315] [ ]
Zeile 3   [ ] Täuschung [ ]

Anmerkungen
Z. 1: Der sg. ביומך ‚an deinem Tag' in Tob 4,5 ist sowohl in GI und GII als auch in La1, La2 und La3 jeweils mit dem pl. wiedergegeben. GII bietet πάσας τὰς ἡμέρας σου, wobei der Präposition ב der Akkusativ als adverbialer Bestimmung der Zeit entspricht, La3 ebenfalls ohne Präposition mit *omnibus diebus tuis*. La1 und La2 bieten abweichend *in omnibus diebus uitae tuae* bzw. *in omnibus diebus uite tue*, GI bietet πάσας τὰς ἡμέρας ohne Äquivalent für das Pronominalsuffix.

---

309 Bei περὶ τοῦ ἀργυρίου in GI am Anfang von Tob 4,1 handelt es sich um die Wiedergabe eines anderen Textelements noch vor der Wiedergabe von ‚und warum nicht'. GII, La1, La2 und La3 bieten in Tob 4,2 übereinstimmend zweimal ‚Silber'.
310 Nach Fitzmyer, Tobit (DJD) 16, sind die Überbleibsel von sechs Buchstaben zu sehen, von denen nur der erste mit Sicherheit zu deuten ist.
311 Vgl. Fitzmyer, Tobit (DJD) 16. Beyer, ATTM.E 138, liest ולמנעבר.
312 Die beiden ersten Buchstaben mem und chet sind nach Fitzmyer, Tobit (DJD) 16, nicht sicher zu erkennen.
313 Beyer, ATTM.E 138, liest jod, das er in Anlehnung an GI und GII zum cs. pl. [בדרכ]י ‚auf den Wegen' ergänzt.
314 Inf. pe.
315 Inf. pe. (III-he) von סטא oder סטי ‚weichen, abweichen'. Der erste Wurzelradikal samech wurde offenbar zu s(ch)in verändert; vgl. Fitzmyer, Tobit (DJD) 16; E. Qimron, The Hebrew of the Dead Sea Scrolls. HSS 29. Atlanta, Georgia 1986, 24.

Z. 2: Den beiden inf. למשטה [ל[מחטא] entspricht in GII ἁμαρτεῖν καὶ παραβῆναι ‚zu sündigen und zu übertreten'. GI überliefert nur den inf. Aorist παραβῆναι.³¹⁶ La1, La2 und La3 bieten mit *peccare* und *praeterire* bzw. *preterire* (La2) eine vollständige Wiedergabe.

Z. 3: שקר ‚Lüge, Täuschung' entspricht in GI und GII ἀδικία ‚Unrecht' bzw. in La1, La2 und La3 *iniquitas* ‚Ungleichheit, Ungerechtigkeit'. Das vor שקר stehende *dalet* deutet darauf hin, dass hier offensichtlich keine cs.-Verbindung vorlag, wie sie GI und GII sowie La1, La2 und La3 nahe zu legen scheinen.

2.1.10   4Q196 Fragment 10: Tob 4,7

Text (PAM 43.177)

1   [   ] [(י)דך ברי הוי (ע)]בד [

Übersetzung
Zeile 1   [ ] deine Hand, mein Sohn, sei ge[bend/tuend³¹⁷]

Anmerkungen
Z. 1: Die Identifikation mit Tob 4,7 wäre vom Textbestand dieses Fragments allein sicher nicht eindeutig. Da Tob 4,7 jedoch auch von einem hebräischen Fragment – 4Q200 2,6 – überliefert ist, kann in GI und Ms. 319³¹⁸ der imp. ποίει ἐλεημοσύνην bzw. in La1 und La3 *fac eleemosynam* als Wiedergabe von ידך הוי עבד ‚deine Hand sei ge[bend/ tuend]' bestimmt werden. Die Anrede ‚mein Sohn' hat in GI und Ms. 319 keine Wiedergabe, während La1 und La 3 *fili* bieten. La2 umschreibt mit *non tardes ... elemosinam porrigere* ‚nicht sollst du zögern, Almosen zu gewähren'.

---

316 Nach Weeks/Gathercole/Stuckenbruck, Tobit 357, ist αμαρτανειν και in Codex B^ab aber mit einem Einschaltungszeichen vor παραβηναι nachgetragen.

317 Im hebräischen Text 4Q200 2,6 ergänzt Fitzmyer, Tobit (DJD) 65, an derselben Stelle zu עושה צדקות.

318 Codex S hat von Tob 4,7–19b eine Lacuna. Da die Textform G^II an dieser Stelle aber auch von Ms. 319 überliefert ist, wird diese Handschrift zum Vergleich herangezogen.

2.1.11   4Q196 Fragment 11: Tob 4,21–5,1

Text (PAM 43.176)

[א[לה]א]	1
[ ](ת) לי אעב(ד)[ ]	2

Übersetzung
Zeile 1   [G]ott [ ]
Zeile 2   [5 (1)]³¹⁹ mir ich werde tun [ ]

Anmerkungen
Z. 1: [א[לה]א] ‚Gott' hat in Tob 4,21 in GI, GII, La1 und La2 jeweils eine Entsprechung als Objekt nach ‚fürchten'. Nur GII überliefert am Ende von Tob 4,21 die Wendung ἐνώπιον κυρίου τοῦ θεοῦ σου ‚vor dem Herrn, deinem Gott'. Dies würde der Ergänzung Fitzmyers Tetragramm/Tetrapunkton plus [א[לה]ך] entsprechen.³²⁰
Z. 2: אעבד ‚ich werde tun' entspricht in GI und GII ποιήσω bzw. *faciam* in La1, La2 und La3, wobei die Reihenfolge von Befehl einerseits und Ausführung andererseits in GI und La2 anscheinend getauscht ist, während GII, La1 und La3 der Abfolge des aramäischen Textes folgen.

2.1.12   4Q196 Fragment 12: Tob 5,9

Bei diesem Fragment ist ein unterer Rand erkennbar.

Text (PAM 43.176)

קר(א) [ ] [	1
מה(י)מן[	2

---

319 Bei taw am Wortende handelt es sich entweder um das Suffix der 1. sg., der 2. sg. m. oder der 3. sg. f. In Tob 5,1 dürfte es sich an dieser Stelle um die 2. sg. m. handeln, Subjekt ist Gott. Ob es sich beim Verb um die Wz. פקד handelt, muss offen bleiben.
320 Die beiden erhaltenen Buchstaben werden von Fitzmyer, Tobit (DJD) 17, in Anlehnung an GII zu [א[לה]ך] ‚dein Gott' ergänzt und mit Tob 4,21 identifiziert, am Zeilenbeginn ergänzt Fitzmyer das Tetrapunkton. Da in Tob 4,21 GI und GII aber auch den Akkusativ τὸν θεόν ohne Possessivpronomen überliefern, La1 und La2 *deum* und La3 *dominum*, ist die Ergänzung des Pronominalsuffixes der 2. sg. m. an dieser Stelle nicht sicher.

Übersetzung
Zeile 1   rufe [ ]
Zeile 2   glaub[haft³²¹]

Anmerkungen
Z. 1: Dem imp. קרא ‚rufe' in Tob 5,9 entspricht in GII der imp. Aorist von καλεῖν, GI verwendet den imp. Aorist von φωνεῖν.³²² La1 und La2 bieten den imp. von *rogare* ‚fragen'.
Z. 2: Das pt. מהימן ist in GI und GII übereinstimmend mit dem Adjektiv πιστός ‚glaubwürdig, zuverlässig, treu' bzw. in La1 und La2 mit *fidelis* ‚treu, aufrichtig' wiedergegeben. La3 hat keine Wiedergabe.

2.1.13   4Q196 Fragment 13: Tob 6,6–8

Dieses Fragment ist aus drei Bruchstücken zusammengesetzt.³²³ Ein oberer Rand ist erkennbar.

Text (PAM 43.177/43.179)

1   ] [ ]ל ואף לאורחא (ש)(ו)(ה) (מ)ל[³²⁵]יתי[א³²⁴ א] [
2   ] ש[אל עולימא למ(ל)[אבא] spatium][(א)חי א(מ)]ר[³²⁶   [

---

321 Das mem am Wortbeginn deutet entweder auf den inf. oder das pt. hin. Fitzmyer, Tobit (DJD) 18, ergänzt mem, he und jod in Anlehnung an πιστός in GI und GII zum pt. haf. מהימן von הימין ‚für wahr halten, glauben, vertrauen'. Nach Levy, Chaldäisches Wörterbuch I 198, wird das pt. von הימין gewöhnlich in der intransitiven Bedeutung verwendet, also im Sinne von ‚beglaubigt, wahrhaft, treu'.
322 Die Verwendung von φωνεῖν als Äquivalent der Wz. קרא ist in LXX ungewöhnlich. Es scheint, dass φωνεῖν einmal das ‚Klingen' von Musikinstrumenten bezeichnet (1 Chr 15,16; Am 3,6), dann das ‚Tönen' von Tieren (Zef 2,14) oder von Götzenbildern (Ps 113,15 (115,7); 134,17 (135,17)). Das pt. ist auch in der Wendung οἱ ἀπό / ἐκ τῆς γῆς φωνοῦντες (Jes 8,19; 19,3; 29,4) für Totengeister verwendet. Das Verb καλεῖν ist in LXX dagegen häufig als Äquivalent für קרא bezeugt.
323 Morgenstern, Language 131, bezweifelt, dass Fragment 13b (abgebildet auf PAM 43.177) korrekt platziert ist, da der Text nicht mit der Parallelüberlieferung in 4Q197 4i übereinstimmt, die an dieser Stelle keine Brüche aufweist. Allerdings sind auch Abweichungen zwischen den aramäischen Textrollen des Buches Tobit denkbar. Vgl. Abschnitt 3.4.1 dieser Arbeit.
324 Das zweite jod scheint durch einem senkrechten Strich getilgt; vgl. Fitzmyer, Tobit (DJD) 18.
325 Beyer, ATTM.E 139, liest hier nur ein lamed.

4Q196 = 4QpapTobitᵃ ar 61

3   [ ]ל[(בב) נונא וכ(בד)ה [ ] [עלוהי [ ]ן[
4   [ ]ל[א] יסחרון [
5   [ ]ל[ ]

Übersetzung

Zeile 1   [ ]³²⁷ und auch für den Weg stellte³²⁸ er [³²⁹]
Zeile 2   [(7) es fr]agte der junge Mann den En[gel³³⁰] *spatium* [ ]
          mein Bruder, spri[ch]
Zeile 3   [ ] das Herz des Fisches und seine Leber [ ] über ihn [ ]
Zeile 4   [(8)] ni[cht] werden sie umringen³³¹ [ ]
Zeile 5   [ ]

Anmerkungen

Z. 1: Ist *lamed* am Zeilenbeginn zu einer Form von אכל zu ergänzen, dann wird durch das fehlende Pronominalsuffix deutlich, dass im aramäischen Text in Tob 6,6 nur eine Person etwas isst. GII bietet mit der 3. sg. ἔφαγεν (Subjekt: Tobija) folglich eine exakte Wiedergabe, während GI und La3 mit ἔφαγον bzw. *manducauerunt* (Subjekt: Tobija und Asarja) vom aramäischen Fragment abweichend die 3. pl. bieten.³³² In La1 und La 2 wird dagegen geschildert, dass der Fisch als Reiseproviant zubereitet und mit auf den Weg genommen wird. ואף לאורחא שוה, ‚und auch für den Weg stellte er' hat keine Wiedergabe in GI und GII. In La1 und La2 entspricht möglicherweise *et tulerunt in uia* bzw. *tulerunt in uia* dem aramäischen Text, wobei die 3. sg. dann aber abweichend mit 3. pl. wiedergegeben wäre.

Z. 2: [ש]אל עולימא למל[אכא in Tob 6,7 entspricht in GII ἠρώτησεν τὸ παιδάριον τὸν ἄγγελον bzw. in La1 *interrogauit puer angelum*. In GI und

---

326 Der letzte erhaltene Buchstabe dieser Zeile ist nach Fitzmyer, Tobit (DJD) 18, entweder ein lamed, mem oder kof.
327 Fitzmyer, Tobit (DJD) 18, ergänzt das lamed am Zeilenbeginn zu [ואכ]ל.
328 3. sg. m. pf. pa. (III-he).
329 Fitzmyer, Tobit (DJD) 19, ergänzt die erhaltenen Buchstaben jod, taw und alef zu [שאר]יתא, ‚der Rest'.
330 Das lamed leitet hier offenbar das direkte Objekt ein; vgl. Rosenthal, Grammar 56 (§182). In Dan 2,10 ist ebenfalls שאל plus lamed belegt und in LXX mit ἐπερωτᾶν plus Akkusativ wiedergegeben.
331 3. pl. m. ipf. pe. von סחר; vgl. 4Q197 4i,14.
332 In GI wird geschildert, dass Tobija nach der Anweisung des Engels handelt (sg.) und sie beide den Fisch braten und essen und weiterreisen (pl.). In GII dagegen wird berichtet, dass Tobija den Fisch öffnet und zerlegt, um an Galle, Herz und Leber zu gelangen. Dann brät und isst er (sg.!) den Fisch und salzt den Rest ein, bevor beide weiterreisen.

La3 wird die Wz. שאל dagegen freier mit εἶπεν bzw. *dixit* ‚er sagte' wiedergegeben. La2 und La3 verwenden den Eigennamen *Tobias* bzw. *Tobi* anstelle von עולימא ‚der junge Mann'.[333] אחי ‚mein Bruder' entspricht in GI und GII der Vokativ ἄδελφε bzw. in La1 und La2 *frater*, jeweils ohne Äquivalent für das Pronominalsuffix.[334] Der folgende imp. אמ[ור] ‚spri[ch]' hat offenbar in keiner der Textformen eine Wiedergabe.[335]

Z. 3: לבב נונא וכבדה ‚das Herz des Fisches und seine Leber' ist in GII in Tob 6,7 in derselben Reihenfolge wiedergegeben, während GI umgekehrt ‚Leber und Herz des Fisches' bietet. In La1 und La2 lautet die Reihenfolge übereinstimmend Galle – Herz – Leber, während La3 die Fischorgane zusammenfasst zu *in his quae de pisce seruare iussisti* ‚in dem, das du befohlen hast vom Fisch aufzuheben'. Während נונא ‚des Fisches' im aramäischen Text zwischen den beiden Organen genannt und durch das Pronominalsuffix der 3. sg. in וכבדה erneut aufgegriffen wird, folgt in GI, La1 und La2 das Genetivattribut nach den drei Fischorganen. In GII ist τοῦ ἰχθύος dagegen nach Herz und Leber vor Galle eingeschoben.[336] עלוהי entspricht möglicherweise in GIII ἔμπροσθεν αὐτοῦ ‚vor ihm', GI und GII bieten ἐνώπιον ἀνθρώπου ‚vor einem Mann'.[337]

Z. 4: לןא יסחרון ‚nich[t] werden sie umkreisen/umringen' in Tob 6,8 entspricht in GI οὐ μηκέτι ὀχληθῇ ‚nicht wird er/sie belästigt', in GII οὐ μὴ μείνωσιν μετ' αὐτοῦ ‚nicht bleiben sie mit ihm/ihr'. La1 bietet den sg. *non apparebit* ‚nicht wird sich zeigen' (Subjekt: *omnis incursus daemonis*),

---

333 Der Begriff παιδάριον hebt das geringe Alter einer männlichen Person hervor; vgl. Gen 22,5.12 (Isaak); Gen 37,30; 42,22 (Josef); 1 Sam 1,22.24f. (Samuel); Klgl 2,21 (παιδάριον als Oppositionsbegriff zu πρεσβύτης); 1 Makk 11,39.54. Das zugrunde liegende hebräische Wort ist in der Regel נער. Der Begriff παῖς ist dagegen eher zur Wiedergabe von עבד ‚Knecht' verwendet.

334 Vgl. Anmerkung 254.

335 Möglicherweise ist *ut dicas* in Vg als Wiedergabe zu werten.

336 Möglicherweise ist לבב נונא וכבדה an dieser Stelle bereits mit Tob 6,8 zu identifizieren, wo Herz und Leber des Fisches ebenfalls vorkommen. In Tob 6,8 werden nur zwei Fischorgane genannt, die Reihenfolge von Herz und Leber stimmt in GI, GII und GIII mit dem aramäischen Fragment überein. Allerdings fehlt in GI und GIII ein Äquivalent für ‚des Fisches', in GII folgt das Genetivattribut τοῦ ἰχθύος wie in Tob 6,7 erst nach Herz und Leber. Da das aramäische Textfragment nach וכבדה abbricht und die Platzierung des zweiten Bruchstücks nicht sicher ist (vgl. Anmerkung 323), ist die Frage, ob in 4Q196 13,3 ‚Herz und Leber des Fisches' mit Tob 6,7 oder Tob 6,8 zu identifizieren ist, aber nicht sicher zu entscheiden.

337 Vgl. Anmerkung 323. Für das Bedeutungsspektrum von על vgl. Rosenthal, Grammar 35f. (§ 82).

La2 den pl. *nec apparebunt* (Subjekt: *spiritus inmundi*) ‚nicht werden sich zeigen'. La3 bietet *fugabit* (Subjekt: *spiritus malignus*). Die Textformen haben an dieser Stelle offenbar – dem Prinzip der dynamischen Äquivalenz entsprechend – eine Übersetzung vorgelegt, die die formale Struktur des aramäischen Textes nicht abbildet.[338]

2.1.14   4Q196 Fragment 14

Dieses aus einzelnen Bruchstücken zusammengesetzte Fragment zeigt teilweise den linken Rand einer Kolumne. Es handelt sich um die Überreste von mindestens elf Zeilen.[339]

2.1.14.1   Fragment 14i: Tob 6,13–18

Text (PAM 43.177)

[ ]‏[(כ)די נת]וב [	1
[ ]	2
[ ]	3
[(די) (ר)[ח](ם) (ל)ה[340]	4
[[341] קטל להן	5
[י אבי ואמי	6
[די יקבר	7
לפק[ו]די (א)בוך די פקדך	8
]ן שמו(ע) לי אחי (אל)	9
בליל[י(יא)[342] דן	10
ס[ב מן לבב	11

---

338 Vgl. Anmerkung 580.
339 Nach Fitzmyer, Tobit (DJD) 20, umfasste die Kolumne 13 Zeilen. Ein oberer oder unterer Rand ist nicht erhalten.
340 Diese Zeile ist äußerst schlecht erhalten. Fitzmyers (Tobit (DJD) 20) Lesarten konnten anhand der Mikrofiches nicht verifiziert werden.
341 Fitzmyer, Tobit (DJD) 20, liest vor dem deutlichen קתל noch ש. Wie er selbst anmerkt, ist dies aber problematisch. Auf den Mikrofiches ist keine Spur von ש zu erkennen.
342 Nach Fitzmyer, Tobit (DJD) 21, sind jod und alef vor דן zweifelhaft. Beide Buchstaben sind auf den Mikrofiches nicht zu erkennen. Beyer, ATTM.E 140, liest und ergänzt an dieser Stelle בליל[ון]א.

64   Der Vergleich der Textformen

[   ] [(ח)][שדא (וי)[343]   ] 12
[   ] [ל[ן   ] 13

Übersetzung

Zeile 1   [(13)] wenn wir zurück[kehren][344]
Zeile 2   [ ]
Zeile 3   [ ]
Zeile 4   [(15)] der sie l[ie]bt[345],
Zeile 5   [ ] hat sie[346] erschlagen[347].
Zeile 6   [ ][348] meines Vaters und meiner Mutter
Zeile 7   [ ] der begraben wird[349]
Zeile 8   [(16)] die [Geb]ote[350] deines Vaters, die er dir geboten[351] hat.
Zeile 9   [ ] höre[352] mir zu, mein Bruder, nicht
Zeile 10   [in] dieser [Na]cht
Zeile 11   [(17) n]imm[353] vom Herz
Zeile 12   [(18)][354] der Dämon und er wird[355] [ ]
Zeile 13   [ ]

---

343 Am Zeilenende sind nach Fitzmyer, Tobit (DJD) 21, „probably" waw und jod zu lesen.
344 1. pl. ipf. pe.
345 3. sg. m. pf. pe.
346 Das Verb קטל ‚erschlagen' ist hier wie in 1Q23 9+14+15,4 und 4Q201 1iii,19 mit der Präposition lamed verbunden, die das direkte Objekt einleitet (vgl. 4Q196 14ii,6). Möglich, aber ohne Anhaltspunkt in den griechischen und lateinischen Textformen in Tob 6,14f., wäre auch die Annahme von להן ‚daher'.
347 3. sg. m. pf. pe. oder pt. m. sg. pe.
348 Bei jod handelt es sich möglicherweise um den cs. pl. von חיין ‚Leben'; vgl. Fitzmyer, Tobit (DJD) 20.
349 3. sg. m. ipf. pe.
350 Es ist deutlich, dass es sich wohl um den cs. pl. eines Wortes auf וד- handelt. Mit Ausnahme von GI bieten die griechischen und lateinischen Textformen an dieser Stelle die Verbindung von Substantiv (pl.) plus ‚deines Vaters'. Fitzmyer, Tobit (DJD) 20, ergänzt zu [לפקודי]. Das Substantiv פקוד ist in BA nicht belegt, in QA nur hier in 4Q196 14i,8.
351 3. sg. m. pf. pe. plus Pronominalsuffix der 2. sg. m.
352 Imp. sg. m. pe.
353 Fitzmyer, Tobit (DJD) 20, ergänzt zum imp. sg. m. pe. von נסב ‚nehmen'.
354 Am Zeilenbeginn ergänzt Fitzmyer, Tobit (DJD) 20, chet in Anlehnung an GI und GII ὀσφρανθήσεται zu [ויר]ח ‚er wird riechen'.
355 Es handelt sich eindeutig um einen Narrativ. Fitzmyer, Tobit (DJD) 20, nimmt die Wz. ערק an.

Anmerkungen

Z. 1: כדי נתו[ב] in Tob 6,13 entspricht in GI, GII und GIII übereinstimmend ein Temporalsatz mit ὅταν ‚wenn', der durch καί an das Vorhergehende angeschlossen ist. נתו[ב] ‚wir werden zurückkehren' ist in GI mit ὑποστρέφειν ‚zurückkehren' wiedergegeben, in GII mit ἐπιστρέφειν ‚hinwenden, kehrtmachen'[356], in GIII mit ἐπαναστρέφειν ‚sich umwenden'.

Z. 4: די רח[ם] לה entspricht in Tob 6,15 in GI dem Kausalsatz ὅτι δαιμόνιον φιλεῖ αὐτήν ‚denn ein Dämon liebt sie'.[357] GII hat keine Wiedergabe,[358] GIII bietet mit ὅτι φιλεῖ αὐτήν eine wörtliche Übersetzung des aramäischen Textes, ebenso La1 mit *quoniam diligit illam*. La2 hat keine Wiedergabe. Der Partikel די entspricht in GI, GII und GIII kausales ὅτι bzw. in La1 *quoniam*.[359]

Z. 5: קטל להן in Tob 6,14 ist in GII und GIII mit dem Präsens ἀποκτέννει αὐτούς bzw. ἀποκτένει αὐτούς wiedergegeben, GI hat keine Wiedergabe. La1 bietet *(quod) illos occidit* ‚(der) jene tötet/getötet hat',[360] La2 *(quod) omnes occidet* ‚(der) alle töten wird'. Die Abfolge der Textelemente ist in den griechischen und lateinischen Textformen gegenüber dem aramäischen Text von 4Q196 geändert, indem das Motiv für das Handeln des Dämons, seine Liebe zu Sara, erst nach der Feststellung folgt, dass er ihre Freier tötet.

Z. 6: אבי ואמי ‚meines Vaters und meiner Mutter' in Tob 6,15 hat in GI, GII und GIII sowie La1 eine Wiedergabe. Während GI, GII und La1 aber ‚das Leben meines Vaters und meiner Mutter' überliefern, bietet GIII ‚das Greisenalter meines Vaters und meiner Mutter'.[361]

Z. 7: די יקבר ‚der begraben wird' (ipf. Aktiv) in Tob 6,15 entspricht in GI der Relativsatz ὃς θάψει bzw. in La1 *qui sepeliat (illos)*. La2 wechselt mit *qui (illos) sepeliam* dagegen von der 3. zur 1. Person. GII und GIII bieten übereinstimmend einen Finalsatz mit ἵνα.

---

[356] Bei ἐκ ῥαγουηλ in Tob 6,13 in Codex S handelt es sich wohl um einen Fehler, der durch Aberratio oculi zu ‚Raguel' im selben Vers entstanden ist. Hanhart, Tobit 114, emendiert zu Ῥάγων.

[357] Möglicherweise ging שדא im aramäischen Text די voraus und wurde durch den Kausalsatz /Relativsatz mit די näher bestimmt. GI hätte δαιμόνιον als Äquivalent für שדא dann mit in den Kausalsatz hineingenommen.

[358] Codex S hat keine Wiedergabe, Ms. 319 bietet wie GIII ὅτι φιλεῖ αὐτήν ‚denn er liebt sie'.

[359] Vgl. Anmerkung 299.

[360] Bei *occidit* kann es sich sowohl um das Präsens als auch das Perfekt handeln.

[361] Sowohl ‚Leben' in GI, GII und La1 als auch ‚Greisenalter' in GIII sind jeweils sg., während jod auf den cs. pl., wohl vom pl. der Extensität חיין ‚Leben', hinweist.

Z. 8: אבוך ‚deines Vaters' entspricht in Tob 6,16 in GII und GIII das Genetivattribut (ἐντολαὶ) τοῦ πατρός σου bzw. *(mandata) patris tui* ‚(die Befehle) deines Vaters' in La1 und La2. די פקדך ‚die er dir befohlen hat' entspricht in GI ein Relativsatz, in dem durch das Subjekt ‚Vater' die Wiedergabe des vorhergehenden aramäischen Textelements אבוך nachgeholt wird. GII, La1 und La2 schließen einen Kausalsatz mit ὅτι bzw. *quoniam* an, GIII hat keine Wiedergabe. פקד ist in GI und GII übereinstimmend mit ἐντέλλεσθαι ‚befehlen' bzw. in La1 mit *praecipere* wiedergegeben.

Z. 9: Dem imp. שמע לי ‚höre mir zu' entspricht in GI und GII übereinstimmend ἄκουσόν μου bzw. *audi me* in La1 und La2. Der Vokativ אחי hat in GI, GII, La1 und La2 eine Entsprechung.[362] Bei אל handelt es sich wohl um den Beginn eines Prohibitivs, der in La1 mit *noli* plus inf., in La2 mit *ne timeas* wiedergegeben ist. GII schließt den Prohibitiv vom aramäischen Text abweichend mit καί an, während GI in der Textsequenz variiert und nach ἄδελφε einen Kausalsatz einfügt.

Z. 10: ובליליא דן ‚in dieser Nacht' in Tob 6,16 entspricht in GI und GII der Akkusativ τὴν νύκτα ταύτην bzw. der Ablativ *hac nocte* in La1 und La2. GIII hat keine Wiedergabe.

Z. 11: סב מן לבב] ist in Tob 6,17 in GI möglicherweise mit ἐπιθήσεις ἀπὸ τῆς καρδίας ‚du wirst/sollst von dem Herzen darauflegen' wiedergegeben. GII sowie La1 und La2 bieten den imp. labe, bzw. *tolle* ‚nimm', wobei die Reihenfolge der Fischorgane in GII, La1 und La2 gegenüber dem aramäischen Text abweicht. GIII bietet ἐπιθήσεις τὴν καρδίαν ‚du wirst/sollst darauflegen das Herz'.

Z. 12: שדא ‚der Dämon' in Tob 6,18 ist in GI und GII übereinstimmend mit τὸ δαιμόνιον bzw. in La1 mit *daemonium* und in La2 mit *demonium* wiedergegeben.

2.1.14.2 Fragment 14ii: Tob 6,18–7,6

Text (PAM 43.177/43.179)

4 ש(נ)יא רנחמה](363)
5 [עז(רי)ה א(ח)י

---

362 Vgl. Anmerkung 254.
363 Die ersten Zeilen der Kolumne sind nicht erhalten. Fitzmyer, Tobit (DJD) 22, nimmt an, dass drei Zeilen vorausgingen und Zeile 5 dieses Fragments mit 4Q196 14i,8 korrespondiert.

4Q196 = 4QpapTobit^a ar 67

```
6      ]  [ (דרת)א[364  [ (ק)דם  ]  ל(ר)עואל יתב  והוש(כ)(ח)וי365[
7           ]  ב[ש]לם   [  ]  לה(ו)ן ל(ש)ל(ם)  (א)תי(ת)ון וע(ל)ו
8                           ]ת(ל)(ו)שא(ן)  [    (ד)[נ]מה  כמא366
9                                             ]  (די שבי)ן367  [  ואמ(ר)(ו)
10                                      ] (נ)א  אנ(ח)(יד)עין  [  ]ו(א)
11                                      ]  [  ו(ש)(הו)א  אבי  [  .  ]
12                                                                     [    ]
13                                                                     [    ]
```

Übersetzung

Zeile 4   sehr l[iebte³⁶⁸ er sie]

Zeile 5   7 (1) Asarjah, [mein]³⁶⁹ Bruder, [ ]

Zeile 6   Und sie f[an]den³⁷⁰ Raguel³⁷¹ sitzend v[or³⁷²] des Hofraumes [ ]

Zeile 7   zu ihnen: Zu Frieden³⁷³ seid ihr gekommen³⁷⁴ und trete[t ein]³⁷⁵ in Frieden [(2)]

---

364 Fitzmyer, Tobit (DJD) 22, ergänzt mit Hilfe eines Fragments von PAM 43.179 in Zeile 6 [דרתה] und in Zeile 7 שלם. [דרת kann sowohl zum determinierten [דרתא, ‚des Hofraums' (Beyer, ATTM.E 142) als auch zu [דרתה, ‚seines Hofraums' (Fitzmyer, Tobit (DJD) 22) ergänzt werden. Da sich in GII und GIII kein Hinweis auf die Wiedergabe eines mutmaßlichen Pronominalsuffixes findet, ist die Ergänzung [דרתא m.E. zu bevorzugen. 4Q197 4iii,3 überliefert zwar ebenfalls diese Textpartie, der letzte Buchstabe von ‚Hofraum' ist aber auch dort nicht eindeutig zu erkennen; vgl. Anmerkung 662.

365 Beyer, ATTM.E 142, liest an dieser Stelle das af. ואשכחו.

366 Nach PAM 43.177 scheint es sich eher um alef als um he zu handeln. Fitzmyer (Tobit (DJD) 22) und Beyer (ATTM.E 142) lesen dennoch beide כמה.

367 Fitzmyer, Tobit (DJD) 22, schließt hier das kleine dreizeilige Bruchstück eines Fragments von PAM 43.177 an. Dieses Bruchstück überliefert in Zeile 3 den oberen Rand einiger Buchstaben, die Fitzmyer als די שבי deutet.

368 Fitzmyers (Tobit (DJD) 22) Ergänzung zur 3. sg. m. pf. pe. plus Pronominalsuffix der 3. sg. ist aufgrund der Überlieferung von 4Q197 4iii,1 sehr nahe liegend.

369 Die Ergänzung des Pronominalsuffixes der 1. sg. ist sehr wahrscheinlich, da die Anrede ‚Bruder' aramäisch offenbar durchgängig das Pronominalsuffix hat; vgl. 4Q196 13,2; 14i,9.

370 3. pl. m. pf. haf.

371 Die Präposition lamed leitet das direkte Objekt ein; vgl. Rosenthal, Grammar 56 (§182).

372 Fitzmyer, Tobit (DJD) 22, ergänzt kof in Anlehnung an παρά in GII und GIII zu [קדם, ‚vor'.

373 In 1Q20 XXI,19 ist eine 4Q196 14ii,7 ähnliche Verbindung von אתה plus lamed plus בשלם überliefert. Die Verbindung אתה plus לשלם ist nur hier in 4Q196 14ii,7 und dem parallelen 4Q197 4iii,4 belegt.

374 2. pl. m. pf. pe.

Zeile 8   wie [   ]³⁷⁶ (3) Und es fragt[e   ]³⁷⁷
Zeile 9   und es sagt[en sie]³⁷⁸ die gefangen [sind (4)]
Zeile 10   und [ ] wi[r] kennen³⁷⁹ [   ]
Zeile 11   [(5)] mein Vater ist er (6) und [   ]

Anmerkungen

Z. 4: שגיא ר[ו]חמה ‚sehr l[iebte er sie]' in Tob 6,18 ist in GII mit λείαν ἠγάπησεν αὐτήν, in GI mit ἐφίλησεν αὐτήν wiedergegeben, wobei das Äquivalent für שגיא ‚sehr' in GI am Ende von Tob 6,18 mit σφόδρα nachgeholt wird. GIII hat keine Wiedergabe. GII verwendet also ἀγαπᾶν ‚lieben, schätzen' als Äquivalent der Wurzel רחם, GI dagegen φίλειν ‚lieben'. La1 und La2 dagegen umschreiben mit *haerere cordi eius/illius* ‚sich an das Herz jemandes beständig anschließen'.

Z. 5: עזריה אח[י] ‚Asarja, mein Bruder' in Tob 7,1 hat nur in GII, La1 und La2 eine Entsprechung, nicht aber in GI und GIII.

Z. 6: GI entfernt sich in Tob 7,1 vom aramäischen Text von 4Q196: Sara, Raguels Tochter, kommt ‚ihm' (!) entgegen und begrüßt ‚ihn' (!), er begrüßt sie (pl.!), dann führt Sara sie (pl.!) ins Haus.³⁸⁰ והן[ש]כחו לרעואל ‚und sie f[an]den Raguel' in Tob 7,1 entspricht in GII καὶ εὗρον αὐτόν ‚und sie fanden ihn' ohne Wiedergabe des Eigennamens Raguel, ebenso in GIII, wobei GIII asyndetisch ohne καί fortfährt. Das pt. יתב ist in GII und GIII übereinstimmend mit dem pt. καθήμενος bzw. in La1 und La2 mit *sedens* wiedergegeben. ק[ודם] דרת[א] entspricht in GII παρὰ (τὴν θύραν) τῆς αὐλῆς ‚in der Nähe (der Tür) des Hofraums' und in GIII παρὰ τὴν αὔλαιαν θύραν. La1 und La2 bieten *in atrio circa ostium domus suae* ‚im

---

375 Fitzmyer, Tobit (DJD) 22, ergänzt nach 4Q197 4iii,4 zum imp. pl. m. pe. von עלל ‚hineingehen' plus Präposition ב plus שלם. Denkbar ist auch die Ergänzung zu ועל[הון] שלם ‚und über euch (sei) Heil'; vgl. Levy, Chaldäisches Wörterbuch II 488.

376 Das folgende dalet ist von Fitzmyer, Tobit (DJD) 22, in Anlehnung an ὅμοιος ‚ähnlich' in GI, GII und GIII bzw. *similis* in La1 und La2 zu ד[מה] ‚er ist gleich, ähnlich' ergänzt.

377 Die erhaltenen Buchstaben bilden die 3. sg. m. pf. pe. Da in 4Q197 4iii,5 sowie GII, GIII, La1 und La2 Raguels Frau die Gäste befragt, ist die Ergänzung zur 3. sg. f. pf. pe. ושאל[ת] sehr wahrscheinlich; vgl. Fitzmyer, Tobit (DJD) 22.

378 Die erhaltenen Buchstaben bilden die 3. sg. m. pf. pe. Da 4Q197 4iii,6 sowie GI, GII, La1 und La2 übereinstimmend die 3. pl. überliefern, legt sich die Ergänzung zu ואמר[ון] nahe.

379 Pt. m. pl. pe.

380 Hanhart, Tobit 119, emendiert in der Textform GI an dieser Stelle folglich zu Σάρρα δὲ ὑπήντησεν αὐτοῖς (pl.) καὶ ἐχαιρέτισεν αὐτοὺς (pl.) καὶ αὐτοί (pl.) αὐτήν (pl.) καὶ εἰσήγαγεν αὐτοὺς εἰς τὴν οἰκίαν.

Innenhof bei der Tür seines Hauses' bzw. *in atrio prope hostium* ,im Innenhof nahe der Tür'.

Z. 7: להון ,zu ihnen' entspricht in Tob 7,1 möglicherweise in GII der Dativ αὐτοῖς nach εἶπεν ,er sagte zu ihnen', in GIII möglicherweise der Akkusativ αὐτούς nach ἠσπάσαντο ,sie begrüßten sich'. Raguels Begrüßung besteht im aramäischen Text aus zwei Teilen, von denen der nur fragmentarisch erhaltene zweite Teil mit Hilfe von 4Q197 4iii,4 ergänzt werden kann.[381] לשלם אתיתון ועלו בשלם entspricht in GII offenbar χαίρετε πολλὰ (ἀδελφοί) καὶ καλῶς ἤλθατε ὑγιαίνοντες, in GIII ἐν εἰρήνῃ (ἀδελφοί) εἰσέλθετε εἰς τὸν οἶκον. In La1 und La2 lautet die Begrüßung übereinstimmend *bene ualeatis (fratres) intrate salui et sani*.

Z. 8: Der Vergleichspartikel כמא ,wie' entspricht in Tob 7,2 in GI, GII und GIII ὡς bzw. *quam* in La1 und La2. Während in Tob 7,3 Raguel in GI seine Gäste nach ihrer Herkunft befragt, geschieht dies in GII, GIII, La1 und La2 durch seine Frau. Ihr Name lautet in GII und GIII Edna bzw. *Anna* in La1 und *Ethna* in La2. Da der aramäische Text nach ושאל abbricht und kein Subjekt überliefert ist, sind grundsätzlich beide Möglichkeiten gegeben: Das erhaltene שאל entspricht der 3. sg. m., Subjekt ist Raguel (GI). Ergänzt man dagegen zur 3. sg. f. שאלת, ist Raguels Frau diejenige, die Tobija und Asarja befragt (GII, GIII, La1 und La2). Da GI in Tob 7,1ff. offenbar eigene Wege geht, liegt Letzteres nahe.

Z. 9: די שבין] ,die gefangen sind' ist in Tob 7,3 in GI mit αἰχμάλωτοι ,Kriegsgefangene' bzw. in La1 und La2 mit *captiui* wiedergegeben. GII bietet das pt. Aorist Passiv αἰχμαλωτισθέντες. GIII hat keine Entsprechung.

Z. 10: Dem pt. ידעין entspricht sowohl in GII und GIII als auch in La1 und La2 γινώσκομεν bzw. *nouimus* und *nobimus* ,wir kennen'.[382] GI hat keine Wiedergabe.

Z. 11: Der Nominalsatz אבי הוא ,mein Vater (ist) er' hat in Tob 7,5 in GI und GIII mit πατήρ μού ἐστι(ν) bzw. ὁ πατήρ μού ἐστιν eine Wiedergabe, ebenso in La1 und La2 mit *pater meus est*.

---

381 Vgl. Anmerkung 375.
382 Das betonte Personalpronomen der 1. pl. ἡμεῖς in GII ist dabei möglicherweise als „Reminiszenz" an אנח[נא zu werten. Vgl. Anmerkung 220.

2.1.15   4Q196 Fragment 15: Tob 7,13

Text (PAM 43.178)

1   [   ] [וחתמ‏ן]

Übersetzung
Zeile 1   [ ] und er siegelte[383] [ ]

Anmerkungen
Z. 1: Dem *waw*-Perfekt וחתמן ‚und er versiegelte' entspricht in Tob 7,13 in La1 und La2 *et signauit* bzw. *et signabit*. GI und GIII überliefern dagegen abweichend die 3. pl. καὶ ἐσφράγισαντο ‚und sie versiegelten'. GII hat keine Entsprechung.

2.1.16   4Q196 Fragment 16: Tob 12,1

Text (PAM 43.176)

1   [עמ‏]ן‏(ך) ונתן לה אגר‏(א)][384]

Übersetzung
Zeile 1   [mit] dir[385] und wir werden geben[386] ihm den Lohn [ ]

Anmerkungen
Z. 1: ונתן לה אגרא entspricht in Tob 12,1 in GII der imp. sg. ὅρα δοῦναι τὸν μισθὸν τῷ ἀνθρώπῳ ‚sieh zu, dem Mann den Lohn zu geben', in GI ὅρα τέκνον μισθὸν τῷ ἀνθρώπῳ ‚achte, Kind, auf den Lohn für den Mann'. GIII bietet den Konjunktiv Aorist ἀποδῶμεν τὸν μισθὸν τῷ ἀνθρώπῳ. GI, GII und GIII geben לה jeweils mit ἄνθρωπος wieder. La1

---

383   Da es sich beim letzten Buchstaben dieser Zeile offenbar um ein Schluss-mem handelt (vgl. PAM 43.178), ist die Ergänzung zur 3. pl. m. in Anlehnung an GI und GIII ausgeschlossen.
384   Fitzmyer (Tobit (DJD) 24) ergänzt zu [אגר‏ה] ‚[seinen] Lohn', Beyer (ATTM.E 144) zu [אגר‏א] ‚[den] Lohn'. Während in BA nur אגרה in der Bedeutung ‚Brief' (vgl. Esr 4,8.11; 5,6) belegt ist, ist in QA אגר ‚Lohn' abgesehen von 4Q196 16,1 auch in 1Q20 VII,5; 4Q243 35,1 sowie bei den aramäischen Dokumenten aus Ägypten in TADC 1.1:100; TADB 1.1:14; TADB 8.5:15; TADA 3.10:3 überliefert.
385   Fitzmyer, Tobit (DJD) 24, ergänzt in Anlehnung an μετὰ σοῦ in GII und GIII bzw. *tecum* in La1 und La2 zu [עמ‏ך] ‚mit dir'.
386   1. pl. ipf. pe.

bietet den Hortativ *reddamus honorem suum* ‚wir wollen seinen Lohn geben', La2 *et reddamus illi dignam mercedem* ‚und wir wollen ihm gerechten Lohn geben'.

2.1.17 4Q196 Fragment 17

Bei diesem Fragment ist ein unterer Rand erhalten. Die Anzahl der Zeilen der Kolumne ist nicht sicher zu bestimmen.[387]

2.1.17.1 Fragment 17i: Tob 12,18–13,6

Text (PAM 43.178)

ה[ו](י)ת[388] עמכון	]	1
ל[א אשתי(ת)	]	2
אנה סל(ק)[389]	]	3
ל[ה והוו	]	4
מל[(א)ך ••••[390] [	]	5
[	]	[391]6–12
](ו) ותמן	]	13
הוא מראס[(ו)ן והוא	]	14
חט[(א)י(כ)ון)	]	15
ע[(ל)והי בכל	]	16

Übersetzung

Zeile 1 [(18)] ich [w]ar[392] mit euch
Zeile 2 [(19) n]icht habe ich getrunken[393]
Zeile 3 [(20) ic]h steige auf[394]
Zeile 4 [(21) ih]n. (22) Und sie waren

---

387 Fitzmyer geht bei 4Q196 17i, 17ii und 18 jeweils von 16 Zeilen aus (vgl. Anmerkung 79).
388 Beyer, ATTM.F. 144, ergänzt [הו]ית.
389 Beyer, ATTM.E 144, liest und ergänzt [והסלק]ה ‚und er ließ ihn hinaufsteigen'.
390 Das Tetragramm ist wie in 4Q196 18,15 durch vier Punkte angedeutet. Allerdings sind sowohl hier als auch in 4Q196 18,15 nur drei der vier Punkte erhalten.
391 Fitzmyer, Tobit (DJD) 25, nimmt hier sieben fehlende Zeilen an.
392 1. sg. pf. pe. Das waw ist kaum erkennbar.
393 1. sg. pf. pe.
394 Pt. m. sg.

Zeile 5 ein [En]gel JHW[Hs]
Z. 6–12
Zeile 13 [**13** (3)]³⁹⁵. (4) Und da
Zeile 14 [ ]³⁹⁶ und er
Zeile 15 [(5)] eure [Sün]den
Zeile 16 [(6) a]uf ihn in allem

Anmerkungen

Z. 1: [וה]וית עמכון ‚ich [war] mit/bei euch' in Tob 12,18 hat in GII³⁹⁷ mit ἤμην μεθ' ὑμῶν, in Oxyrhynchus 1594 mit dem betonten ἐγὼ μεθ' ὑμῶν eine Wiedergabe, nicht aber in GI und GIII. La1 und La2 bieten mit *etenim cum essem uobiscum* bzw. mit *ego enim cum essem uobiscum* die Wiedergabe innerhalb eines Temporalsatzes.

Z. 2: [ול]א אשתית ‚[n]icht habe ich getrunken' in Tob 12,19 entspricht in GI und GIII mit οὐδὲ ἔπιον dem zweiten Bestandteil der Wendung ‚nicht habe ich gegessen und getrunken'. Auch in Vg wird mit *uidebar ... manducare uobiscum et bibere* sowohl auf das Nicht-Essen als auch das Nicht-Trinken des Engels abgehoben. GII und La2 berichten dagegen vom aramäischen Text abweichend nur vom Nicht-Essen des Engels. La1 hat mit *et uidebatis me* insgesamt einen anderen Text.

Z. 3: Dem pt. אנה סלק ‚ich (bin) aufsteigend' entspricht in Tob 12,20 in GI, GII und GIII übereinstimmend das finite Verb ἀναβαίνω bzw. in La1 und La2 *ascendo* ‚ich steige auf', in GII und GIII zusätzlich mit betontem ἐγώ bzw. *ego* in La1 und La2.³⁹⁸

Z. 4: Es ist anzunehmen, dass והוו in Tob 12,22 mit einem pt. verbunden war. In GI entspricht möglicherweise καὶ ἐξομολογοῦντο dem aramäischen Text. GII, GIII und La1 bieten das Imperfekt καὶ ηὐλόγουν bzw. *et benedicebant*.

Z. 5: [מל]אך [·]··· ‚ein [En]gel JHW[Hs]' in Tob 12,22 hat nur in GI mit ἄγγελλος κυρίου eine exakte Wiedergabe, während GII, La1 und La2

---

395 Das erhaltene waw sowie finales nun werden von Fitzmyer, Tobit (DJD) 25, in Anlehnung an ἐν αὐτοῖς in GI, GII und GIII bzw. *in illis* in La1 und La2 in Tob 13,3 zu [בה]ו(ן) ‚in ihnen' ergänzt.
396 Die Buchstaben waw und finales nun weisen auf das Suffix der 2. oder 3. pl. m. hin. Fitzmyer, Tobit (DJD) 25, ergänzt zu מראב[ון] ‚euer Herrscher'.
397 GII hat ἤμην μεθ' ὑμῶν in Tob 12,18 zweimal, zum einen im Hauptsatz, zum anderen in einem Temporalsatz. Oxyrhynchus 1594 sowie La1 und La2 bieten dagegen übereinstimmend nur einmal ‚ich war bei euch', Oxyrhynchus 1594 im Hauptsatz, La1 und La2 im Temporalsatz.
398 Vgl. Anmerkung 220.

abweichend ἄγγελλος θεοῦ bzw. *angelus dei* ‚Engel Gottes' bieten. GIII hat keine Entsprechung.

Z. 13: ותמן entspricht in Tob 13,4 in GII καὶ ἐκεῖ bzw. in La1 *et ibi*. GI verwendet dagegen asyndetisches ἐκεῖ, La2 *ibidem* innerhalb eines Konsekutivsatzes. GIII hat keine Entsprechung.

Z. 14: והוא ‚und er' in Tob 13,4 hat in GI, GII, GIII und La1 eine Entsprechung. Es ist aber nicht möglich, והוא eindeutig in den griechischen Textformen festzumachen, da mehrere Stellen in den hymnisch geprägten Texten als Äquivalent in Frage kommen. In GI entspricht möglicherweise ein Element von αὐτὸς κύριος ἡμῶν καὶ θεὸς αὐτὸς πατὴρ ἡμῶν dem aramäischen Text von 4Q196. GII hat mit αὐτὸς ἡμῶν κύριός ἐστιν καὶ αὐτὸς θεὸς ἡμῶν καὶ αὐτὸς πατὴρ ἡμῶν καὶ αὐτὸς θεός dreimal ein mögliches Äquivalent. GIII bietet αὐτὸς κύριος καὶ θεὸς ἡμῶν καὶ πατὴρ ἡμῶν καὶ αὐτὸς θεός. La1 hat *quoniam ipse est dominus deus noster et ipse pater noster et deus*, La2 *quod ipse est deus et rex*.

Z. 15: חטא]יכון] ‚eure [Sün]den' in Tob 13,5 hat nur in GII mit ἐπὶ ταῖς ἀδικίαις ὑμῶν bzw. in La1 und La2 mit *ob iniquitates uestras* eine exakte Wiedergabe, während GI und GIII mit ἐν ταῖς ἀδικίαις ἡμῶν ‚in unseren Sünden' vom aramäischen Text abweichend zur 1. pl. wechseln. Auch Vg bietet *propter iniquitates nostras*.

Z. 16: ע]לוהי בכל] in Tob 13,6 hat in GI, GII, GIII und La1 eine Entsprechung. Während die Präposition ב in den griechischen Textformen mit ἐν ὅλῃ (τῇ) καρδίᾳ ‚im ganzen Herzen' wiedergegeben ist, bieten La1 und La2 *ex toto corde* ‚aus ganzem Herzen'.

2.1.17.2   Fragment 17ii: Tob 13,6–12

Text (PAM 43.178)

```
1  לבכון ו[ נ](פ)[שכון ל]ן ז](ח)פנה עליכון
2  ולא [ ](ה)י[399 מנכון (ע)]וד [ ] לה בכל פמכון
3  וברנכו [ קושטא ורוממו [ שביא מהודה לה
4  ומ(ח)[נוה ג](ב)ורתה ורבותה חט](א)ין על לבב(כון)400
5  (ק)[נ]שטא [ (ק)דמוהי]401 [ (יד)]ע סליחא [ ]
6  [ ונ](פ)[שי למנלך [ כל יו(מ)]י [
```

---

399 Beyer, ATTM.E 145, liest an dieser Stelle nur ein jod, das er zu אנפוה]י[,sein [Antlitz]' ergänzt. Fitzmyer, Tobit (DJD) 26, ergänzt zu אנפו]הי[.

400 Beyer, ATTM.E 145, liest לבב ועבדן.

401 Der erste Buchstabe ist nach Fitzmyer, Tobit (DJD) 27, entweder waw oder kof.

7 [ ] כ[ל] ישב[ן]חו[402] רבותה ימללון בתהל(י)ן [
8 [ ] (קר)ית קדשא (י)[כת]ן(שנ)[י][403] [
9 [ ] בק[ן]שטא הודני [
10 [ ] יתבנן(ה) ל(כ)ני [
11–13
14 [ ] ח[ן(ר)]ן לדרין ינתנון ב(כי)[ן [
15 [ ]](ש)ם רבן לדחרי עלמא ארנרין[404] כ)(ל) [ ]
(בי)זין[405] ו(כ)ל די עליתכי [
16 [ח](א)רידין[407] (כ)[ל](כ)י ו(כ)ל] ממן(ל)(לין ע)ן(לי)כ[406]
[(ארידי)ן[408]

Übersetzung

Zeile 1 euer Herz[409] und [ ] eure [S]eele, um zu[410] [er wird sich] wenden[411] zu euch

Zeile 2 und nicht [ ] sein [ ] von euch n[och[412]] ihn mit all eurem Mund

Zeile 3 und preis[t][413] der Wahrheit und rüh[mt[414]] der Gefangenschaft preisend[415] ihn

---

402 Beyer, ATTM.E 145, liest taw und jod anstelle von chet und waw und ergänzt zu נשבנחתי].

403 Die erhaltenen Buchstaben jod, schin, nun und kaf werden von Fitzmyer, Tobit (DJD) 26, zur 3. sg. m. ipf. pe. der Wz. כתש plus Nun energicum plus Pronominalsuffix der 2. sg. f. ergänzt. Beyer, ATTM.E 145, liest י[כת]שנכן].

404 Beyer, ATTM.E 145, liest und ergänzt zu ארנרין.

405 Beyer, ATTM.E 145, liest an dieser Stelle den pl. m. עזיזין und übersetzt mit ‚Hartes'; vgl. ebd. 146.

406 Am Zeilenende ist von nahezu allen Buchstaben nur der obere Teil erhalten und folglich nicht eindeutig zu erkennen. Fitzmyer, Tobit (DJD) 27, gibt an, dass vor dem letzten ארידין noch die Spuren von drei oder vier Buchstaben erkennbar sind, von denen der letzte ein jod sein könnte. Beyer, ATTM.E 145, liest und ergänzt zu מקן]שכי].

407 Beyer, ATTM.E 145, liest und ergänzt zu ארנרין.

408 Beyer, ATTM.E 145, liest ארודין.

409 Vgl. Anmerkung 669.

410 Das präfigierte lamed wird von Fitzmyer, Tobit (DJD) 26, in Anlehnung an ποιῆσαι in GI, GII und GIII zum inf. למעבד] ergänzt. La1 bietet einen Finalsatz.

411 3. sg. m. ipf. hitp. (III-he).

412 Fitzmyer, Tobit (DJD) 26, ergänzt in Anlehnung an οὐκέτι in GII bzw. *amplius* in La1 zu עוד.

413 Fitzmyer, Tobit (DJD) 26, ergänzt in Anlehnung an εὐλογήσατε in GI und GII bzw. εὐλογεῖτε in GIII zum imp. pl. ברן]כון ‚preist'.

414 Aufgrund der imp. καὶ ὑψώσατε in GI, GII und GIII bzw. *et exaltate* in La1 und La2 liegt die Annahme des imp. pl. der Wz. רום nahe. ὑψοῦν als Äquivalent der Wz. רום

Zeile 4	und mittei[lend]⁴¹⁶ seine [K]raft und Größ[e⁴¹⁷ Sünd]er nach eurem Herz
Zeile 5	die Wah[rheit] vor ih[m] er hat gekann[t⁴¹⁸] die [Ver]zeihung [(7)]
Zeile 6	[ ] meine [S]eele den K[önig] alle Tag[e]
Zeile 7	[a]lle [sie werden preis]en⁴¹⁹ seine Größe, (8) sie werden sprechen⁴²⁰ in Psalm[en]
Zeile 8	[(9)] Stadt der Heiligkeit, er wird [dich zerschlag]en⁴²¹ [ ]
Zeile 9	[(10) in Ge]radheit lasse erkenn[en⁴²²]
Zeile 10	[es wird gebaut werd]en⁴²³ für di[ch]
Z. 11–13	
Zeile 14	[Ge]nerationen für Generationen werden sie geben⁴²⁴ in dir.
Zeile 15	[ ] ein großer Name⁴²⁵ [für die Ge]nerationen der Ewigkeit. (12) Verflu[cht⁴²⁶ al]le [ ], die verspotten⁴²⁷ und {al}le, die gegen [dich]

‚erheben' ist in LXX vor allem in den Psalmen belegt (z.B. Ps 20(21),14; 56(57),6; 56(57),12; 65(66),7; 98(99),5.9; 106(107),25; 107(108),6; 130(131),1).

415 Pt. sg. m. haf. (III-he). Vgl. Dan 2,23.
416 Durch das mem am Wortanfang wird deutlich, dass es sich wohl wieder um ein pt. handelt, welches an das vorige pt. anschließt. Der erste Wurzelradikal chet wird von Fitzmyer, Tobit (DJD) 26, zur Wz. חוה ‚melden, kundtun, mitteilen' ergänzt.
417 רבו ist in BA in Dan 4,19.33; 5,18f.; 7,27 belegt.
418 Die Buchstaben jod und dalet werden von Fitzmyer, Tobit (DJD) 26, in Anlehnung an das Präsens γινώσκει in GI und GIII bzw. *scit* in La1 und La2 zur 3. sg. m. pf. pe. ergänzt.
419 Vgl. Fitzmyer, Tobit (DJD) 26. Die Wz. בשה ist auch in 1Q20 X,8 und 11Q10 XIV,5 belegt.
420 3. pl. m. ipf. pa.
421 Die Wz. כתש ist in BA nicht belegt, in QA in 1Q20 XX,16.17.20.25; 4Q242 1–3,3.6.
422 Imp. sg. m. haf.
423 3. sg. m. ipf. hitp.; vgl. 1Q20 XIX,9; 4Q196 18,7.8; 4Q212 1iv,18; 4Q529 1,9; 4Q534 1ii+2,15. Nach Fitzmyer, Tobit (DJD) 27, handelt es sich beim ersten Buchstaben der Zeile „possibly" um ein he. Die Zeile ist also insgesamt, da sie nur auf einem möglichen Buchstaben beruht und da als einziger deutlich lesbarer Buchstabe ein lamed folgt, nicht sehr sicher.
424 3. pl. m. ipf. pe. von נתן ‚geben'; vgl. Esra 4,13.
425 Dies entspricht der Ergänzung und Übersetzung Fitzmyers, Tobit (DJD) 28, in Anlehnung an *nomen magnum* in La1. Eine andere mögliche Ergänzung wäre: שם רבותכן ‚der Name deiner (f.) Größe' in Anlehnung an La2.
426 Pt. m. pl. Peil. In QA ist diese Wz. nur in Tobit überliefert. Nach Levy, Chaldäisches Wörterbuch I 70, gibt es in den Targumim noch einen weiteren aramäischen Beleg in 2 Kön 9,34. Gewöhnlich wird für ‚verfluchen' im Aramäischen die Wz. ליט verwendet. Es handelt sich hier also entweder um einen Hebraismus (so Beyer, ATTM.E

Zeile 16 [ ] verflucht al[le] dich/dein[428] und {al}le [re]d[en[429] g]egen dich, verfluch[t]

Anmerkungen

Z. 1: לבכון in Tob 13,6 schließt direkt an das letzte Wort von 4Q196 17i,16 an. GI, GII und GIII bieten mit (ἐν ὅλῃ) καρδίᾳ ὑμῶν bzw. (ἐν ὅλῃ) τῇ καρδίᾳ ὑμῶν (GII, GIII) eine exakte Wiedergabe, ebenso La1 und La2 mit *(ex toto) corde uestro*. Dem folgenden *waw* entspricht in GI, GII und GIII καί, während La1 abweichend mit finalem *ut* und La2 mit *tunc* anschließt. נפשכון], ‚eure Seele' hat in GI, GII und GIII eine Wiedergabe, wobei ὑμῶν als Äquivalent für das Pronominalsuffix in GI und GIII im Unterschied zu GII nicht wiederholt wird.[430] La1 und La2 haben keine Wiedergabe. ויתפנה עליכון], ‚er wird sich wenden zu euch' entspricht in GI, GII und GIII übereinstimmend ἐπιστρέψει πρὸς ὑμᾶς bzw. *reuertetur ad uos* in La1 und La2.

Z. 2: ולא ‚und nicht' in Tob 13,6 ist in GI, GII und GIII mit καὶ οὐ μή bzw. mit *et non* in La1 und La2 wiedergegeben. מנכון ‚von euch' entspricht in GI, GII und GIII übereinstimmend ἀφ' ὑμῶν bzw. *a uobis* in La1 und La2. Das folgende לה בכל פמכון, ‚ihn mit all eurem Mund' ist in GII und GIII mit αὐτῷ ἐν ὅλῳ τῷ στόματι ὑμῶν wiedergegeben.[431] La1 bietet *illi ex toto corde uestro*, La2 *in toto ore uestro* ohne Äquivalent für לה.

Z. 3: קושטא ‚Festigkeit, Wahrheit, Richtigkeit' in Tob 13,6 entspricht in GI, GII und GIII das Genetivattribut τῆς δικαιοσύνης bzw. *iustitie* in La2. La1 bietet dagegen *in iustitia* ‚in Gerechtigkeit'. שביא hat nur in GIII mit dem Genetivattribut τῆς αἰχμαλωσίας ‚der Gefangenschaft' eine exakte Wiedergabe, während GI, La1 und La2 abweichend ‚meine Gefangenschaft' bieten. GII hat keine Wiedergabe, da von Tob 13, 6i–10b eine

---

134) oder möglicherweise um einen echten aramäischen Beleg dieser Wz. (so Morgenstern, Language 132).

427 Pt. m. pl. pe. von ביז. Diese Wz. ist in QA nur an dieser Stelle belegt. Abegg/Bowley/Cook geben die Bedeutung „to mock" an; vgl. dies., Dead Sea Scrolls Concordance 798. Fitzmyer, Tobit (DJD) 28, übersetzt mit „despise". In den Targumim ist בוז I in der Bedeutung ‚(aus)plündern' belegt; vgl. Levy, Chaldäisches Wörterbuch I 85.

428 Von diesem Wort ist nur das Pronominalsuffix der 2. sg. f. erhalten. Fitzmyer, Tobit (DJD) 26, ergänzt zu שנא[כ]י], ‚die dich hassen'.

429 Fitzmyer, Tobit (DJD) 27, ergänzt in Anlehnung an La1 und La2 zum pt. m. pl. pa. Da diese Ergänzung aber nur auf einem teilweise erhaltenen lamed beruht, bleibt sie unsicher.

430 Vgl. Johannessohn, Präpositionen 371f.

431 Bei ἐν ὅλῳ τῷ σώματι ὑμῶν ‚in eurem ganzen Körper' in Codex B handelt es sich wohl um einen Schreibfehler.

durch Homoioteleuton verursachte Lacuna in Codex S vorliegt. Das pt. מהודה לה, ‚ihn preisend' ist in GI und La1 mit dem finiten Verb im Präsens ἐξομολογοῦμαι αὐτῷ bzw. *confiteor illi* wiedergegeben. GIII und La2 bieten dagegen das Futur.

Z. 4: Dem pt. [ומח]וה, ‚und mittei[lend]' in Tob 13,6 entspricht in GI und GIII sowie La1 und La2 ein finites Verb im Präsens. Das Objekt [נ]בורתה [ורבונתה, ‚seine Kraft und [seine] Größe' ist in GI und GIII übereinstimmend mit τὴν ἰσχὺν καὶ τὴν μεγαλωσύνην αὐτοῦ wiedergegeben, wobei das Pronominalsuffix nur einmal wiedergegeben ist.[432] La1 hat dagegen zweimal das Possessivpronomen, und zwar in der auffälligen Variation von *uirtutem ipsius* einerseits und *maiestatem eius* andererseits. La2 bietet zusammenfassend *uirtutes illius* ‚seine Tugenden'. חט[אין] entspricht in GI und GIII übereinstimmend (ἔθνη) ἁμαρτωλῶν ‚(Völker) der Sünder' bzw. *(nationes) peccatrices* in La2 und *(natio) peccatrix* in La1. על לבבכון, ‚nach eurem Herz' hat in GI, GIII, La1 und La2 offenbar keine Entsprechung.

Z. 5: קו[שטא] in Tob 13,6 ist in GI und GIII übereinstimmend mit δικαιοσύνη ‚Gerechtigkeit' bzw. in La1 und La3 mit *iustitia* wiedergegeben, קדמוהן, ‚vor ih[m]' in GI und GIII mit ἐνώπιον αὐτοῦ bzw. in La1 und La2 mit *coram illo*. ס[ליחא, ‚Verzeihung' entspricht in GI und GIII ἐλεημοσύνη bzw. in La1 und La2 *misericordia* ‚Mitleid, Mitgefühl, Barmherzigkeit'.[433]

Z. 6: ונ[פשי in Tob 13,7 entspricht in GI ἡ ψυχή μου bzw. *anima mea* in La1 und La2.[434] למלך entspricht in GI das Dativobjekt τῷ βασιλεῖ bzw. *regi* in La1.[435] La2 bietet den Akkusativ nach *benedicere* ‚preisen'. יומן כל hat nur in La1 und La2 mit *omnibus diebus* bzw. *in omnibus diebus* eine Wiedergabe.

Z. 7: [כ]ל hat in GI in Tob 13,7 keine Wiedergabe, La1 und La2 bieten übereinstimmend *omnes*. רבותה ‚seine Größe' entspricht in GI μεγαλωσύνη αὐτοῦ bzw. *maiestas eius* in La1 und *maiestas illius* in La2.

---

432 Vgl. Anmerkung 430.

433 Das f. pl. סליחות ist in Neh 9,17 überliefert, LXX verwendet dort das Adjektiv ἐλεήμων. In QA ist סליחה nur hier in 4Q196 17ii,5 belegt.

434 In 4Q196 6,12 ist נפשי als aramäische Form der Selbstbezeichnung in den griechischen Textformen mit dem reflexiven Personalpronomen, ohne eigenes Äquivalent für נפש, wiedergegeben.

435 Wahrscheinlich leitet lamed an dieser Stelle das direkte Objekt nach einem Verb mit dem Bedeutungsspektrum ‚preisen' ein (Wiedergabe in GI: ὑψοῦν). So wird beispielsweise ברך ‚preisen' sowohl in BA (Dan 2,19; 4,31) als auch in QA (1Q20 V,23; XI,12; XII,17; XXII,15.16) häufiger mit lamed verbunden.

ימללון בתהלין, ‚sie werden sprechen in Psalm[en]'[436] entspricht in Tob 13,8 in GI möglicherweise ἐξομολογείσθωσαν ‚sie werden/sollen preisen'. Allerdings würde dies bedeuten, dass an dieser Stelle die Textsequenz variiert, indem in GI zwischen ‚seine Größe' und ‚sie werden sprechen' λεγέτωσαν πάντες καί eingefügt wäre. In La1 und La2 entspricht möglicherweise *agite dies laetitiae* bzw. *agite dies letitie* ‚begeht einen Freudentag' dem aramäischen Text.

Z. 8: קרית קדשא, ‚Stadt der Heiligkeit' in Tob 13,9 ist in GI mit πόλις ἁγίου ‚Stadt des Heiligen' bzw. *ciuitas sancta* in La1 und La2 wiedergegeben. יכה[ן]שנכןר, ‚er wird [dich zerschlag]en' entspricht in GI μαστειγώσει ‚er wird geißeln/züchtigen' ohne Äquivalent für das Pronominalsuffix der 2. sg. f., aus dem Folgenden wird aber deutlich, dass es sich auch in GI um eine Rede an die 2. Person handelt. La1 bietet *flagellauit te*, La2 *flagellabit te* ‚er wird dich schlagen'.

Z. 9: ובק[נ]שטא] in Tob 13,10 ist in GI mit dem Adverb ἀγαθῶς ‚gut', in La1 mit *in bono* wiedergegeben. La2 hat keine Wiedergabe. הודרין entspricht in GI der imp. εὐλόγει bzw. *benedic* ‚preise' in La1, wobei GI und La1 abweichend vom aramäischen Text von 4Q196 mit καί bzw. *et* anschließen. La2 bietet den imp. pl.

Z. 10: לכין, ‚für dich' in Tob 13,10 ist in GI und GII mit σοι bzw. in La1 und La2 mit *in te* wiedergegeben.

Z. 14: וחרין לדרין, ‚[Ge]nerationen für Generationen' in Tob 13,11 entspricht in GI und GII übereinstimmend γενεαὶ γενεῶν. ינתנון בכי ist in GII mit δώσουσιν ἐν σοί mit Präposition wiedergegeben, während GI mit δώσουσιν σοί ‚sie werden dir geben' kein Äquivalent für ב bietet. La1 und La2 haben keine Wiedergabe.

Z. 15: שם רב in Tob 13,11 entspricht in La1 *nomen magnum*, in La2 *magnum nomen tuum*. Da ein Pronominalsuffix aufgrund der folgenden Lücke des aramäischen Textes nicht auszuschließen ist, müssen sowohl La1 als auch La2 als mögliche Wiedergaben gewertet werden. GII bietet abweichend ὄνομα τῆς ἐκλεκτῆς ‚der Name der Auserwählten'.[437] Das folgende ולדרי עלמא] entspricht in GII εἰς τὰς γενεὰς τοῦ αἰῶνος, in La1 und La2 *in saecula saeculorum* bzw. *in secula seculorum*. GI hat keine Wiedergabe. Der Fluch ארירין כל in Tob 13,12 ist in GI und GII übereinstimmend mit ἐπικατάρατοι πάντες bzw. in La1 mit *maledicti omnes*

---

436 E.M. Cook nimmt an dieser Stelle eine modale Nuance an: „let them speak with psalms"; vgl. ders., The Aramaic of the Dead Sea Scrolls. In: P.W. Flint/J.C. Vanderkam (Hg.), The Dead Sea Scrolls after Fifty Years. A Comprehensive Assessment. Bd. 1. Leiden–Boston–Köln 1998, 359–378, hier: 376.

437 Die Wendung ὄνομα τῆς ἐκλεκτῆς bezieht sich auf πόλις (Stadt), d.h. Jerusalem; vgl. Sir 49,6.

wiedergegeben.[438] Während in GI der Fluch aber nur denen gilt, ‚die dich hassen'[439], kommen in GII mehrere ἐπικατάρατοι ins Bild: Erstens ‚die ein hartes Wort sprechen werden'[440], zweitens ‚die dich zerstören und deine Mauern einreißen', drittens ‚die deine Türme umstürzen und deine Häuser niederbrennen'. Auch La1 bietet mehrere Gruppen von ‚Verfluchten'. In La2 wird die Struktur von zweimaligem ἐπικατάρατοι bzw. *maledicti* aufgebrochen und durch die Wahl der Verben ein Tun-Ergehen-Zusammenhang aufgewiesen: *odientur ... qui oderunt te / dextruentur qui dextruxerunt ... / subuertentur qui subuerterunt ... / concremabuntur qui incenderunt ....* La2 entfernt sich damit weiter vom aramäischen Text. Die Zuordnung der Äquivalente ist aufgrund der Lücken im aramäischen Text unsicher.[441]

Z. 16: Während der aramäische Text von 4Q196 in den Zeilen 15 und 16 mindestens dreimal ארירין ‚verflucht' überliefert, fällt der Begriff ἐπικατάρατοι bzw. *maledicti* selbst, obwohl in den Textformen GII, La1 und La2 mehrere Gruppen ‚Verfluchter' aufgezählt werden, in GII und La1 nur zweimal, in La2 einmal.

2.1.18 4Q196 Fragment 18: Tob 13,12–14,3

Dieses Fragment ist aus zwei Teilen zusammengesetzt. Es überliefert insgesamt 16 Zeilen sowie den unteren Rand einer Kolumne.[442] Da es sich um den mittleren Teil einer Kolumne handelt, sind keine Zeilenanfänge oder Zeilenschlüsse erkennbar.

---

438 Das Adjektiv ἐπικατάρατος ist in LXX regelmäßig zur Wiedergabe von ארר in Flüchen verwendet.

439 Es ist nicht eindeutig zu klären, ob οἱ μισοῦντές σε Wiedergabe von בייך oder von ו(כ)ל די עליכן in derselben Zeile ist. Möglicherweise handelt es sich bei οἱ μισοῦντές σε auch um eine Zusammenfassung von beidem.

440 Das n. pl. σκληρά in Verbindung mit ‚sprechen' ist in LXX auch in Gen 42,7 und Gen 42,30 belegt.

441 La1 scheint mit *omnes qui odiunt te et omnes qui dixerint uerbum durum* beispielsweise eine Verbindung der Wiedergaben von GI und GII zu bieten.

442 Da zwischen Zeile 11 und 12 eine Bruchstelle vorliegt, könnte es sich beim ersten Teil des Fragments auch um das mittlere Teilstück einer Kolumne handeln. Der zweite Teil des Fragments zeigt dagegen zweifelsfrei einen unteren Rand. Fitzmyers Zählung und Zusammenfassung zu einem Fragment ist aus Gründen der besseren Übersichtlichkeit beibehalten (vgl. aber Anmerkung 79).

Text (PAM 43.179)

1	[ ]	[שור]י(כ)[ן וכל ממג(רי)ן]
2	[ ]	]חדי ובועי בבני [
3	[ ]	כ](ל) (ר)חמיכי וטובני [
4	[ ]	ע](ל) [כ]ל[443 מכתשיכי דני [
5	[ ]	[למלכא רבא דני444
6	[ ]	שאר[י](ת)א מן זרעי (ל)[ן
7	[ ]	](ספי)ר תתבנין [ ]
8	[ ]	ד]הב תתבנין ועע[ניתא [
9	[ ]	ז](ן)446 ובאבן די (י)[445
10	[ ]	]ל( )ל ( )ל[447
11	[ ]	[עלמיא דביכי יברכון (ש)[מה448
12	[ ]	טו]בי ומית בשלם (ב)[ר
13	[ ]	[שנין חמשין ות(מ)[נה
14	[ ]	ע](י)[נ]והי חי בטב וב(כ)[ל
15	[ ]	י[•••450 ולהודיה ר(ב)[ותה449 [
16	[ ]	]ת בנוהי ובקדה ו(אמ)[ר

---

443 Wie Fitzmyer, Tobit (DJD) 30, in seinen „notes on readings" selbst angibt, ist vom Text in DJD abweichend nicht das zweite lamed, sondern das erste lamed nur unvollständig erhalten.

444 Beyer, ATTM.E 145, liest vollständiges די.

445 Der letzte Buchstabe kann nach Fitzmyer, Tobit (DJD) 30, entweder ein jod, gimel oder alef sein. Beyer, ATTM.E 145, identifiziert ihn mit dem alef von אופיר.

446 Beyer, ATTM.E 145, liest nur ein finales nun, während Fitzmyer, Tobit (DJD) 29, ein jod und finales nun liest.

447 Eindeutig sind auf den Mikrofiches nur die Köpfe von drei lamed erkennbar, ein vermeintlich weiteres lamed ist nach Fitzmyer, Tobit (DJD) 30, nur ein Riss im Papyrus, der einem lamed ähnlich scheint. Zwischen dem ersten und zweiten sowie dem zweiten und dritten lamed sind die Spuren eines weiteren Buchstaben erkennbar, um welchen es sich handelt, kann aber nicht entschieden werden. Vor dem ersten lamed hält Fitzmyer noch den Teil der rechten Seite eines mem für möglich. Auf den Mikrofiches ist dies nicht zu verifizieren.

448 Fitzmyer, Tobit (DJD) 29, ergänzt hier in Anlehnung an *nomen suum* in La1 und La2 das Pronominalsuffix der 3. sg. m., während Beyer, ATTM.E 145, in Anlehnung an GII zu שמא ‚der Name' ergänzt. Da das vorausgehende דביכי nur in La1 und La2 belegt ist, ist die Ergänzung nach La1 und La2 hier m.E. zu bevorzugen.

449 Fitzmyer, Tobit (DJD) 29, ergänzt in Anlehnung an La1 das Pronominalsuffix der 3. sg. m., Beyer, ATTM.E 147, ergänzt in Anlehnung an GII zur cs.-Verbindung רבוּת אלהא ‚die Größe Gottes'.

450 Der Schreiber von 4Q196 hat das Tetragramm wie schon in 4Q196 17i,5 durch das Tetrapunkton ersetzt. Auf den Mikrofiches sind nur drei Punkte zu erkennen, nach Fitzmyer, Tobit (DJD) 30, ist der vierte Punkt aber rechts auf dem Fragment selbst sichtbar.

Übersetzung

Zeile 1   [   ] deine [Mauern]⁴⁵¹ und alle die umstürz[en⁴⁵²   ]
Zeile 2   [(13)] freue dich⁴⁵³ und jauchze⁴⁵⁴ in den Söh[nen   ]
Zeile 3   [(14) al]l deine Freunde⁴⁵⁵ und Gutes⁴⁵⁶[   ]
Zeile 4   [ü]ber [a]ll deine Plagen⁴⁵⁷, de[nn   ]
Zeile 5   [(15)] den großen König/Großkönig⁴⁵⁸ (16), de[nn   ]
Zeile 6   [   ] der [Res]t⁴⁵⁹ von meinem Samen, um⁴⁶⁰ [   ]
Zeile 7   [   ] Saphir⁴⁶¹ werden sie gebaut werden⁴⁶² [   ]
Zeile 8   [G]old werden sie gebaut werden und das Ho[lz⁴⁶³ (17)]
Zeile 9   [   ] und in Stein, der [(18)]
Zeile 10   [   ]⁴⁶⁴
Zeile 11   [   ] der Ewigkeiten, denn in dir⁴⁶⁵ werden sie preisen [seinen] Na[men   ]

---

451 Vom ersten Wort ist nur das Pronominalsuffix der 2. sg. f. erhalten. Fitzmyer, Tobit (DJD) 29, ergänzt zu שורי[כי] aufgrund von τὰ τείχη σου in GII bzw. *mura tua* in La1 und La2 in Tob 13,12.

452 Pt. m. pl. pa. מגר ist in BA in Esr 6,12 belegt.

453 Imp. sg. f. pe. von חדי ‚sich freuen'.

454 Imp. sg. f. pe. Die Wz. בוע ist in QA nur hier in 4Q196 18,2 belegt.

455 Das Substantiv רחם ‚Freund' ist in QA in 1Q20 XXI,21; 4Q242 4,3; 11Q10 XXXVIII,5 belegt.

456 In QA ist טב in 4Q196 18,3, 4Q536 2ii,10; 4Q539 5,3 belegt. Vgl. auch Levy, Chaldäisches Wörterbuch I 296.

457 In der hebräischen Bibel ist מכתש in der Bedeutung ‚Mörser' (Spr 27,22) und Höhlung (Ri 15,19; Zef 1,11) belegt. In QA ist מכתש in der Bedeutung ‚Wunde, Plage' abgesehen von 4Q196 18,4 noch in 1Q20 XX,18.19.24.26.29; 11Q10 XXIX,3 bezeugt.

458 Vgl. Anmerkung 435.

459 Von diesem Wort sind nur taw und alef am Wortende erhalten, es handelt sich also um ein determiniertes feminines Substantiv. Fitzmyer, Tobit (DJD) 29, ergänzt im Anschluss an κατάλιμμα in GII bzw. *reliquiae* in La1 und *reliquie* in La2 in Tob 13,16 zu [שאריתא].

460 Wahrscheinlich handelt es sich um den inf.-Indikator ל, da in GII der inf. Aorist ἰδεῖν, in La1 und La2 das Gerundium *ad uidendam* (*claritatem eius*) vorliegen.

461 In QA ist ספיר auch in 2Q24 3,2; 4Q554 3ii,15; 11Q10 XII,3 belegt.

462 3. pl. f. ipf. hitp.; vgl. Anmerkung 423.

463 Der Wortbeginn mit doppeltem ayin ist auf PAM 43.179 deutlich erkennbar. Fitzmyer, Tobit (DJD) 29, ergänzt zur determinierten Form von עע ‚Holz'. עע ist in QA noch in 4Q211 1i,3; 4Q214b 2–6,3.5; 4Q554 3ii,15 belegt. Zur späteren Schreibung אע vgl. S. Segert, Altaramäische Grammatik. Mit Bibliographie, Chrestomathie und Glossar. Leipzig 1975, 108 (3.7.2.3.1).

464 Fitzmyer, Tobit (DJD) 29f., ergänzt zu [וינ]ל[ל]ו להללויה und übersetzt mit „[ ] and let them s[a]y ‚Halle[lujah']". Anhand der Microfiches lässt sich diese Lesart nicht verifizieren.

82   Der Vergleich der Textformen

Zeile 12 [**14** (1) To]bi und er starb in Frieden im [Alter von]
Zeile 13 [(2)] 58 Jahre [ ]
Zeile 14 [ ] seine [Au]gen, lebend in Gutem und in all[em]
Zeile 15 [J]ahwe und zu rühmen [seine] Größ[e (3)]
Zeile 16 [ ]⁴⁶⁶ seine Söhne. Und er ordnete ihm an⁴⁶⁷ und sagt[e]

Anmerkungen
Z. 1: Dem pt. וכל ממגרין, ‚und alle Umstürzend[en]' entspricht in GII in Tob 13,12 καὶ πάντες οἱ ἀνατρέποντες bzw. *et omnes qui subuertunt* in La1. GII gibt das aramäische pt. also ebenfalls mit dem pt.⁴⁶⁸ wieder, während La1 und La2 einen Relativsatz verwenden.
Z. 2: Die beiden imp. חדי ובועי sind in Tob 13,13 in GI mit χάρηθι καὶ ἀγαλλίασαι ‚freue dich und jauchze' bzw. in La1 mit *gaude et laetare* und *gaude et letare* in La2 wiedergegeben. GII bietet dagegen πορεύθητι καὶ ἀγαλλίασαι ‚mach dich auf und jauchze'.⁴⁶⁹ בבניך entspricht in GI ἐπὶ τοῖς υἱοῖς ‚aufgrund der Söhne', in GII πρὸς τοὺς υἱούς ‚zu den Söhnen'. La1 und La2 bieten übereinstimmend *in filiis*.
Z. 3: [כל רחמיכי] in Tob 13,14 ist in GI und GII übereinstimmend mit dem pt. οἱ ἀγαπῶντές σε wiedergegeben, während La1 und La2 den Relativsatz *qui diligunt te* überliefern. Weder GI und GII noch La1 und La2 haben an dieser Stelle ein Äquivalent für ‚alle'. וטובן entspricht in GII καὶ μακάριοι⁴⁷⁰ bzw. in La2 asyndetisches *felices*. GI hat offenbar keine Wiedergabe, sondern schließt mit χαρήσονται ἐπὶ τῇ εἰρήνῃ σου an

---

465 Bei דביכי handelt es sich nach Fitzmyer, Tobit (DJD) 31, um eine „scribal metathesis" für די בכי; vgl. ders., Fragments 666.
466 Fitzmyer, Tobit (DJD) 29, ergänzt zu [ושבע]ת ‚sieben' im Anschluss an La1 und La2. Da das erhaltene taw nur den cs. f. anzeigt, mit dem jede Zahl zwischen drei und zehn mit בנוהי verbunden wird, ist auch die GI-Lesart ‚sechs' möglich. Vgl. Fitzmyer, Fragments 663.
467 Eine Wz. בקד existiert weder hebräisch noch aramäisch. Da die Lesart aber sicher ist, schlägt Fitzmyer vor, wie in 4Q198 1,2 ופקדה zu lesen; vgl. ders., Tobit (DJD) 30, ebenso Beyer, ATTM.E 147.
468 GI hat in Tob 13,12 zwei pt.: οἱ μισοῦντές σε und οἱ ἀγαπῶντές σε. GII beginnt dagegen mit einem Relativsatz und bietet im Folgenden οἱ καθαιροῦντές σε καὶ κατασπῶντες ‚die dich Zerstörenden und Niederreißenden', οἱ ἀνατρέποντες ... καὶ ἐμπυρίζοντες ‚die Umwerfenden ... und durch Feuer Verwüstenden'. La1 und La2 bieten dagegen übereinstimmend Relativsätze, wobei La2 durch die Wahl der Verben einen Tun-Ergehen-Zusammenhang abbildet (vgl. die Anmerkungen zu 4Q196 17ii,15).
469 Der imp. πορεύθητι ist in LXX als Äquivalent für חדי sonst nicht belegt. Beyer, ATTM.E 135, nimmt an dieser Stelle in GII eine Verlesung von רוצי anstelle von דוצי an.
470 In LXX ist μακάριος offenbar durchweg als Äquivalent für אשרי verwendet.

das pt. an, bevor mit μακάριοι ὅσοι eine neue Gruppe von Seliggepriesenen folgt.

Z. 4: [כ]ל מכתשיכי [וע]ל] in Tob 13,14 entspricht in GII ἐπὶ πάσαις ταῖς μάστιξίν σου ‚über all deine Plagen' bzw. in La1 in omnibus flagellis tuis, während in GI ein Äquivalent für [כ]ל, ‚alle' fehlt. La2 bietet den Relativsatz qui conpatiuntur tribulationibus tuis ‚die deine Not mitleiden'. Das folgende די[ן] ist in GI, GII, La1 und La2 jeweils kausal mit ὅτι bzw. quoniam wiedergegeben.[471]

Z. 5: מלכא רבא in Tob 13,15 entspricht in GI und GII übereinstimmend ὁ βασιλεὺς ὁ μέγας bzw. rex magnus in La1 und La2.[472] די[ן] in Tob 13,16 ist in GI und GII übereinstimmend mit kausalem ὅτι bzw. mit quia in La1 und La2 wiedergegeben.

Z. 6: מן זרעי ‚von meinem Samen' entspricht in Tob 13,16 in GII der Genetivus partitivus τοῦ σπέρματός μου bzw. seminis mei in La2. La1 bietet de semine meo. GI hat keine Entsprechung.

Z. 7: ספיר in Tob 13,16 entspricht in GI und GII der Dativus instrumenti, in La1 und La2 der Ablativus instrumenti. תתבנין ‚sie werden gebaut werden' ist in GII mit οἰκοδομηθήσονται bzw. mit aedificabuntur in La1 und fabricabuntur in La2 wiedergegeben (Subjekt: ‚die Tore Jerusalems'), während in GI mit οἰκοδομηθήσεται nur der Bau der Stadt Jerusalem geschildert wird. La1 und La2 dagegen berichten von der Befreiung Jerusalems[473], von der Errichtung des Tempels und vom Bau der Tore Jerusalems ‚mit Saphir'.

Z. 8: ד[ה]ב תתבנין ‚[mit G]old werden sie gebaut werden' entspricht in Tob 13,16 in GII der Dativus instrumenti χρυσίῳ οἰκοδομηθήσονται bzw. der Ablativus instrumenti auro aedificabuntur in La1 und erigentur auro in La2.[474] GI hat keine Wiedergabe. Mit ועע[י]חא wird ein weiterer Baustoff aufgezählt. In GII und La1 folgt an dieser Stelle aber καὶ οἱ προμαχῶνες bzw. et propugnacula ‚und die Schutzmauern'. Der Baustoff ‚Holz' kommt in keiner der Textformen vor.

---

471 Vgl. Anmerkung 299.
472 In der hebräischen Bibel wird die Bezeichnung מלך גדול sowohl für den König von Assur (2 Kön 18,19; 18,28; Jes 36,13) als auch als Hoheitstitel für Gott (Mal 1,14; Ps 47(46),3) verwendet. In LXX lautet die Wiedergabe entweder βασιλεὺς μέγας (Mal 1,14; Ps 47(46),3) bzw. ὁ βασιλεὺς ὁ μέγας (2 Kön 18,19; Jes 36,13) oder ὁ μέγας βασιλεύς (2 Kön 18,28).
473 In GII findet sich kein Hinweis auf die Befreiung Jerusalems durch Gott, der Bau ‚seines Hauses' wird vielmehr duch den Dativus locativus τῇ πόλει eingefügt.
474 La2 variiert im Gegensatz zum aramäischen Text, GII und La1 die Verben zur Wiedergabe von ‚bauen' von aedificare zu erigere.

Z. 9: ובאבן די in Tob 13,17 ist in GI und GII übereinstimmend mit dem Dativus instrumenti wiedergegeben. GI bietet καί λίθῳ ἐκ Σουφείρ, GII καί λίθῳ Σουφείρ.[475] La1 bietet *carbunculo lapide* ohne Äquivalent für *waw*, La2 hat keine Wiedergabe.

Z. 11: עלמיא ‚die Ewigkeiten' in Tob 13,18 entspricht in GI möglicherweise (πάντας) τοὺς αἰῶνας, in GII εἰς τὸν αἰῶνα καὶ ἔτι ‚bis in die Ewigkeit und weiter' am Ende von Tob 13,18.[476] Das begründende דביכי ‚denn in dir' hat nur in La1 und La2 mit *quoniam in te* nach *in omnia saecula saeculorum* bzw. *in omnia secula seculorum* eine Wiedergabe. יברכון ש[מה], ‚sie werden preisen [seinen] Na[men]' entspricht in GII offenbar εὐλογήσουσιν τὸ ὄνομα (τὸ ἅγιον) ‚sie werden preisen den (heiligen) Namen', GI hat keine Wiedergabe. La1 bietet den sg. *benedicet nomen sanctum suum*, La2 *benedixit (in te) nomen sanctum suum*.

Z. 12: Der Eigenname ט[בי] in Tob 14,1 ist sowohl in GI und GII, Τωβείτ und Τωβείθ, als auch in La1 und La2, *Thobi* und *Tobi*, genannt. ומית בשלם ‚und er starb in Frieden' ist in GII mit καὶ ἀπέθανεν ἐν εἰρήνῃ bzw. in La1 mit *mortuus est in pace* und in La2 mit *mortuus est autem in pace* wiedergegeben. בן ‚ein Sohn von, d.h. im Alter von' entspricht in GII, La1 und La2 übereinstimmend ἐτῶν (ἑκατὸν δώδεκα) bzw. *annuorum (centum duodecim)*. GI hat keine Wiedergabe.

Z. 13: Das Alter Tobits bei seiner Erblindung beträgt in GI[477], La1 und La2 mit dem aramäischen Text von 4Q196 übereinstimmend ‚58 Jahre', während Tobit in GII 62 Jahre zählt, als er sein Augenlicht verliert.

Z. 14: [ע]ינוהי ‚seine Augen' in Tob 14,2 entspricht in GII der Dativus respectus (ἀνάπειρος) τοῖς ὀφθαλμοῖς. GI bietet dagegen (ἀπώλεσεν) τὰς

---

475 In LXX wird ἐκ Σουφείρ vor allem in Verbindung mit ‚Gold' verwendet (vgl. 1 Kön 10,11; 1 Chr 29,4; 2 Chr 9,10; Sir 7,18). In Jes 13,12 ist mit ὁ λίθος ὁ ἐκ Σουφίρ aber auch die Verbindung mit ‚Stein' bezeugt, MT bietet an dieser Stelle allerdings כתם אופיר, ‚Ofirgold'. אופיר wird in LXX sowohl mit Σουφίρ als auch mit Ωφίρ (vgl. Ijob 22,24; 28,16) wiedergegeben, wobei umstritten ist, ob es sich bei Σουφίρ und Ωφίρ um ein und denselben Ort handelt; vgl. Moore, Tobit 282.

476 Während La1 und La2 zweimal eine mögliche Wiedergabe von עלמיא bieten, vor *quoniam in te* und am Ende von Tob 13,18, haben GI und GII übereinstimmend nur eine Wiedergabe am Ende von Tob 13,18. Da GI und GII auch keine Wiedergabe für das folgende דביכי bieten, bleibt unsicher, ob es sich bei (πάντας) τοὺς αἰῶνας in GI und εἰς τὸν αἰῶνα καὶ ἔτι in GII am Ende von Tob 13,18 um eine Wiedergabe des überlieferten aramäischen Textelements von 4Q196 18,11 handelt.

477 Codex A sowie einige Minuskeln überliefern das Alter Tobits bei seiner Erblindung mit ‚88 Jahren'.

ὄψεις.⁴⁷⁸ La1 bietet *oculis captus est*, La2 *cecatus est oculis*. חי בטב ‚lebend in Gutem' ist in GII mit ἔζησεν ἐν ἀγαθοῖς wiedergegeben, in La2 mit *uixit in bonis*, La1 bietet nur *uixit*, GI hat keine Wiedergabe. Das folgende ובכ[ל] hat möglicherweise in La1 mit *in omnibus* eine Entsprechung.⁴⁷⁹ GI, GII und La2 haben keine Wiedergabe.

Z. 15: Das Tetrapunkton, das in 4Q196 anstelle des Gottesnamens JHWH verwendet wird, hat in Tob 14,2 nur in GI in der Verbindung κύριος ὁ θεός eine Wiedergabe, während GII, La1 und La2 vom aramäischen Text abweichend nur θεός bzw. *deus* ‚Gott' bieten. Dem inf. ולהודיה רבו[תה], ‚und zu rühmen [seine] Größ[e]' entspricht in GII καὶ ἐξομολογεῖσθαι τὴν μεγαλωσύνην (τοῦ θεοῦ) bzw. in La1 *et confiteri magnitudinem* (*eius*). GI bietet abweichend das Imperfekt⁴⁸⁰ καὶ ἐξωμολογεῖτο αὐτῷ ‚und er pflegte ihn zu rühmen'.

Z. 16: Während in Tob 14,3 in GII der sterbende Tobit nur seinen Sohn Tobija zu sich ruft, in GI dagegen sowohl seinen Sohn als auch dessen Söhne, also seine Enkel, wendet sich Tobit im Folgenden in GII und La2 nur an Tobija. In La1 ruft Tobit dagegen seinen Sohn und seine Enkel zu sich und spricht zu ihnen. בנוהי ‚seine Söhne' hat nur in GI, La1 und La2 eine Wiedergabe, nicht aber in GII. ובקדה entspricht in GII καὶ ἐνετείλατο αὐτῷ, während La1 mit *praecipere* zwar ebenfalls ‚befehlen' bietet, abweichend vom aramäischen Text und GII, aber in Verbindung mit dem pl. ‚ihnen', d.h. seinem Sohn Tobija und seinen Enkeln. GI und La2 haben offenbar keine Wiedergabe. ואמ[ר] entspricht in GII dem pt. λέγων bzw. *dicens* in La1, während GI und La2 καὶ εἶπεν bzw. *et dixit* bieten.

---

478 Weder GI und GII noch La1 und La2 haben ein Äquivalent für das Pronominalsuffix der 3. sg. m. Nach Johannessohn, Präpositionen 369f., werden die possessiven Genetive bei Körperteilen in LXX häufiger ausgelassen.

479 La1 hat aber keine Entsprechung für das vorausgehende חי בטב. Darüber hinaus fehlt ein Äquivalent für das waw.

480 Das Imperfekt ἐξωμολογεῖτο wird an dieser Stelle von Codex B, den Minuskeln 46 und 319, der syrischen (Sy⁰) und äthiopischen Übersetzung sowie der Sixtina überliefert. Die Codices A und V überliefern an dieser Stelle dagegen wie Codex S den inf. ἐξομολογεῖσθαι; vgl. Hanhart, Tobit 176.

2.1.19 Schøyen Ms. 5234: Tob 14,3–5[481]

Text

(oberer Rand)

1 ואמר ל[ה]
2 די ממלל(ל)[ן]
3 די ממללין [ ]
4 יתעבד (ל)[ן]
5 בכל די [ ]
6 יתבין ב(א)[רע]
7 ישרא(ל)[ ]

Übersetzung

Zeile 1   und er sagte zu [ihm (4)]
Zeile 2   die er spricht[482] [ ]
Zeile 3   die sprech[en[483]]
Zeile 4   es wird geschehen[484] zu [ ]
Zeile 5   in allem das [ ]
Zeile 6   wohnend[485] im La[nd]
Zeile 7   Israel[ ]

Anmerkungen

Z. 1: [ ]ל ואמר ‚und er sagte zu' scheint in Tob 14,3 in GI und La2 καὶ εἶπεν bzw. *et dixit* zu entsprechen, in GII und La1 das pt. λέγων bzw. *dicens*. Es ergibt sich aber das Problem, dass bereits das letzte Wort von 4Q196 18,16 ואמרן mit den eben genannten Wiedergaben identifiziert wurde. Da Schøyen Ms. 5234 sicher zur gleichen Textrolle (4Q196) gehört,[486] weichen sowohl GI und GII als auch La1 und La2 an dieser

---

481 Auf dieses Fragment des Buches Tobit aus der Schøyen Collection wurde ich freundlicherweise von Prof. Dr. Tobias Nicklas, Regensburg, aufmerksam gemacht. Es wurde inzwischen von T. Elgvin und Vf. in RdQ 22 (2006) 451-460 publiziert.

482 Das präfigierte mem zeigt, dass es sich an dieser Stelle um das pt. von מלל ‚sprechen, reden' handelt. Am Ende der Zeile ist genügend von einem gekrümmten Strich erkennbar, um ein zweites lamed zu identifizieren.

483 Aufgrund von ὅσα ἐλάλησαν in GII bzw. *quae locuti sunt* in La1 in Tob 14,4 legt sich hier die Ergänzung zum pt. m. pl. pa. ממללון nahe.

484 3. sg. m. ipf. hitp.

485 Pt. m. pl. pe. von יתב ‚wohnen'.

486 4Q196 18 überliefert den mittleren Teil einer Kolumne, Ms. 5234 dagegen den rechten Rand einer Kolumne, deshalb kann letzteres nicht in 4Q196 18 ein- oder angefügt werden. Da Ms. 5234 im Folgenden weitgehend mit den griechischen und

Stelle offenbar vom aramäischen Text von 4Q196 ab, da keine Textform ein Äquivalent sowohl für ‚befehlen' als auch für zweimal ‚sprechen' hat.[487]

Z. 2: Das pt. sg. [מ]מלל די in Tob 14,4 ist in GI mit ὅσα ἐλάλησεν, in GII mit ἃ ἐλάλησεν wiedergegeben, La1 bietet mit *quod locutus est* ebenfalls einen Relativsatz. La2 verwendet *minari* ‚drohen' als Äquivalent für אמר ‚sprechen'.

Z. 3: In Tob 14,4 entspricht dem folgenden pt. pl. ממללין די in GII offenbar ὅσα ἐλάλησαν bzw. in La1 *quae locuti sunt* und *que locuti sunt* in La2. GI hat keine Entsprechung.

Z. 4: יתעבד ‚es wird gemacht werden' ist in GII wohl mit συμβήσεται ‚es wird geschehen' bzw. mit *(omnia) contingent* ‚(alles) wird sich ereignen' in La1 und *(omnia) prouenient* ‚(alles) wird vonstatten gehen' in La2 wiedergegeben. GI trägt mit καταστραφήσεται ‚es wird zerstört werden' möglicherweise eine Deutung von Jona 3,4 ein.[488]

Z. 5: בכל די ‚in allem das' entspricht wahrscheinlich in Tob 14,4 in GII πάντα ἃ (εἶπεν) bzw. in La1 *omnia quae (dixit)* und *omnia que (dixit)* in La2. GI hat keine Wiedergabe.

Z. 6: Das pt. pl. יתבין בא[רע] ‚wohnend im La[nde]' ist in GII mit dem pt. pl. οἱ κατοικοῦντες ἐν τῇ γῇ wiedergegeben, während La1 und La2 jeweils einen Relativsatz bieten. GI hat keine Wiedergabe.

Z. 7: ישראל ‚Israel' hat in GII, La1 und La2 eine Entsprechung, nicht aber in GI.

---

lateinischen Textformen sowie 4Q198 1,2–8 übereinstimmt, ist die Identifikation mit Tob 14,3–6 einerseits zwar sicher, andererseits ist aber zu wenig Text erhalten, um das Fragment der einen oder der anderen Textform sicher zuzuordnen.

487 Da das letzte Wort in 4Q196 18,16 ואמ[ר] aber nicht eindeutig zu entziffern ist – nur das waw am Wortanfang ist deutlich zu erkennen, muss offen bleiben, ob im aramäischen Text gegen die griechischen und lateinischen Textformen zweimal ‚sprechen' vorlag; auszuschließen ist es nicht.

488 Denkbar ist zum einen die Verwechslung der Wz. עבד ‚tun, machen' und אבד ‚zugrundegehen'. Hanhart, Text 34, nimmt an dieser Stelle eine tiefer gehende Umformulierung der Unheilsprophetie gegen Ninive in GI an: „Daß diese Übernahme (i.e. Jona 3,4; Anmerkung der Vf.) aus dem vorgegebenen Text der LXX aber auf den Bearbeiter zurückgeht, der einen der Textform GII nahe stehenden Text verkürzte, ist dadurch nahe gelegt, daß das Zitat parataktisch in einen Aussagezusammenhang eingereiht erscheint, der dem ausführlicheren Text von GII entnommen und in der Weise zusammengezogen ist, daß das, was dort als Ankündigung des Tobias ausgesagt war, der einen und gleichen Prophetie des Jonas zugeschrieben wird: nicht nur die Zerstörung Ninives, sondern auch eine zeitlich begrenzte Verschonung Mediens und die Verbannung Israels aus seinem Land".

2.1.20 4Q196 Fragment 19: Tob 14,7

Text (PAM 43.179)

```
[    ](בת)(מ)[     ]   1
[    ] (ר)חמי [     ]   2
          [   ]ל[    ]   3
```

Übersetzung
Zeile 1 [ ] in [ ]
Zeile 2 [ ] den Freunden von[489] [ ]
Zeile 3 [ ]

Anmerkungen
Z. 1: Fitzmyer ergänzt das *mem* zum Eigennamen Abraham.[490] Dieser Name ist in Tob 14,7 nur in GII belegt, nicht aber in GI, La1 und La2. Der Präposition ב entspricht in GII möglicherweise μετά.
Z. 2: רחמי ist wie in 4Q196 18,3 in GI und GII übereinstimmend mit dem pt. pl. οἱ ἀγαπῶντες bzw. dem Relativsatz *qui diligunt* in La1 und La2 wiedergegeben.

Nichtidentifizierte Fragmente
Von 4Q196 existiert noch eine Reihe weiterer Text-Bruchstücke (Fragmente 20 bis 49), die aber derart klein bzw. fragmentarisch sind, dass sie nicht in die Tobiterzählung eingeordnet und mit den griechischen und lateinischen Textformen verglichen werden können.

---

489 Cs. pl. von רחם ‚Freund'. Dieses Substantiv ist in QA auch in 1Q20 XXI,21; 4Q196 18,3; 4Q242 4,3; 11Q10 XXXVIII,5 bezeugt.
490 Vgl. Fitzmyer, Tobit (DJD) 31.

2.2   4Q197 = 4QTobit^b ar

2.2.1   4Q197 Fragment 1: Tob 3,6–8

Text (PAM 43.180)

1	[ ] מ[ן] ⁴⁹¹ די למן [
2	[ ]](ן) מן חדהן [
3	[ ] בא[י(ש)א קט(ל)] [

Übersetzung
Zeile 1   [al]s zu ⁴⁹²[ ]
Zeile 2   [(7)]⁴⁹³ von einer [ ]
Zeile 3   [(8)] der [bö]se⁴⁹⁴ hat getötet⁴⁹⁵ [ ]

Anmerkungen
Z. 1: מ[ן די] entspricht in Tob 3,6 in GI und GII offenbar die Partikel innerhalb des Vergleichs ‚es ist besser ... als ...'. GI bietet ἤ ‚als', GII μᾶλλον ἤ ‚mehr als', jeweils verbunden mit einem inf. La1, La2 und La3 bieten übereinstimmend *magis quam* ‚mehr als' plus inf.⁴⁹⁶ Während GI in nur einem Vergleich ‚sterben' und ‚leben' einander gegenüberstellt, bieten GII, La1, La2 und La3 je zwei Vergleiche. Die sichere Zuordnung zum ersten oder zweiten Vergleich in den Textformen ist nicht möglich, da das folgende Verb im aramäischen Text nicht erhalten ist.

---

491   Vom ersten Buchstaben am Zeilenbeginn ist nur ein Punkt erkennbar, den Fitzmyer, Tobit (DJD) 41, als finales nun deutet und zu די מ[ן] ergänzt.
492   Die beiden Buchstaben lamed und mem weisen auf einen inf. pe. hin.
493   Fitzmyer, Tobit (DJD) 41, ergänzt das finale nun am Zeilenbeginn in Anlehnung an ὀνειδισμοί in GII in Tob 3,7 zu חסד[ן] ‚Schmähungen'.
494   Fitzmyer, Tobit (DJD) 41, ergänzt schin und alef am Zeilenbeginn zum Adjektiv בא[ישא] ‚der böse'. Dieses Adjektiv ist in BA in Esr 4,12 belegt und hat in LXX ebenfalls das Äquivalent πονηρός. In QA ist באיש häufig belegt.
495   3. sg. m. pf. pe. Fitzmyer, Tobit (DJD) 41, ergänzt das direkte Objekt אנון. In 4Q196 14i,5 wird das direkte Objekt nach קטל mit lamed eingeleitet (vgl. Anmerkung 346).
496   Während GI mit λυσιτελεῖ μοι ἀποθανεῖν ἤ ζῆν nur einen Vergleich bietet, haben GII, La1, La2 und La3 in Tob 3,6 jeweils zwei Vergleiche. Fitzmyer, Tobit (DJD) 41, ergänzt zu מ[ן די למנזה] und identifiziert 4Q197 1,1 folglich mit dem zweiten Vergleich in GII. Dort werden ἀποθανεῖν und βλέπειν ἀνάγκην πολλήν einander gegenübergestellt, in La1 *mori* und *uiuere et pati tantam necessitatem*, in La2 *mori* und *pati tam inexplicabilem necessitatem*, in La3 *mori* und *uiuere cum necessitate magna*. Fitzmyer, Tobit (DJD) 42, weist auch auf die Möglichkeit der Ergänzung zu למחוה nach GI sowie dem ersten Vergleich in GII, La1, La2 und La3 hin.

Z. 2: חדה מן in Tob 3,7 hat nur in GII mit ὑπὸ μιᾶς (τῶν παιδισκῶν) bzw. *ab una (ex ancillis)* in La1 eine exakte Wiedergabe. La2 und La3 bieten den sg. *ex ancilla* bzw. *ab ancilla* ‚von einer Sklavin', GI dagegen bietet den pl. ὑπὸ παιδισκῶν. Während Sara in GII, La1, La2 und La3 also jeweils nur von einer Sklavin verspottet wird, in GII und La1 wie im aramäischen Text durch das Adjektiv μία bzw. *una* betont, ist in GI Sara Zielscheibe des Spotts der ganzen Dienerschaft.

Z. 3: באישא] ‚der böse' in Tob 3,8 entspricht in GI τὸ πονηρὸν (δαιμόνιον) bzw. in La3 *malus (daemon)*, in GII (τὸ δαιμόνιον) τὸ πονηρόν. La1 verwendet den Superlativ *(daemonium) nequissimum*, La2 *demon* ohne Attribut. קטל ‚er hat getötet' ist in GI und GII mit dem Imperfekt ἀπέκτεινεν bzw. ἀπέκτεννεν wiedergegeben, ebenso in La1, La2[497] und La3 mit *occidebat*, wodurch der iterative Aspekt des Tötens durch den Dämon hervorgehoben wird.

2.2.2   4Q197 Fragment 2: Tob 4,21–5,1

Text (PAM 43.180)

```
1  [ ח](יי)[498 מסכנא [ ]
2  [ ] [ ] ל(כ)להון [ ]
```

Übersetzung
Zeile 1   [(21) das Le]ben[499] des Armen[500] [ ]
Zeile 2   [5 (1)] alle [ ]

Anmerkungen
Z. 1: מסכנא ‚der Arme' in Tob 4,21 entspricht in GI und GII offenbar die 1. pl. Aorist ἐπτωχεύσαμεν ‚wir sind zu Bettlern geworden', in La1 und La2 das Perfekt *pauperem uitam gessimus*. La3 bietet das Präsens *pauperem uitam gerimus* ‚wir führen ein armes Leben'.

---

497 Bei *occiderat* in La2 dürfte es sich wohl um einen Schreibfehler für *occidebat* handeln.
498 Vom ersten Buchstaben dieser Zeile ist nicht mehr als ein vieldeutiges Strichlein erkennbar. Beim zweiten Buchstaben handelt es sich entweder um jod oder waw, finales nun scheidet nach Fitzmyer, Tobit (DJD) 42, aus. Beyer, ATTM.E 138, liest dalet und jod und ergänzt zu [בן]די ‚weil'.
499 Der cs. pl. חיי ist in QA auch in 4Q537 1+2+3,4 belegt.
500 In BA ist מסכן ‚arm, ein Armer' nicht bezeugt, in MT in Koh 4,13; 9,15. In QA ist מסכן dagegen abgesehen von 4Q197 2,1 in 11Q10 VIII,5; XXV,4; XXVII,2 überliefert. Beyer, ATTM.E 138, deutet מסכנא hier als ‚wir sind verarmt'.

Z. 2: לכלהון ‚alle' entspricht in Tob 5,1 in GI und GII offenbar das direkte Objekt πάντα von ποιήσω bzw. *omnia* von *faciam* in La1, La2 und La3.[501]

2.2.3   4Q197 Fragment 3: Tob 5,12–14

Text (PAM 43.180)

1	[ ]	צ[ה(רי)ך [ ]502
2	[ ]	[למנדע [ ]
3	[ ]	[אנה עז(ר)]יה [ ]
4	[ ]	[ואמר (לה)] [ ]
5	[ ]	[למנדע ב(ק)[שטא503]

Übersetzung

Zeile 1   [n]otwendig [ ]
Zeile 2   [ ] zu wissen[504] [ ]
Zeile 3   [(13)] ich (bin) Asar[ja]
Zeile 4   [(14)] und er sagte zu ihm [ ]
Zeile 5   [ ] um zu wissen in Ge[radheit]

Anmerkungen

Z. 1: Sowohl GI und GII als auch La1, La2 und La3 überliefern in Tob 5,12 einen Fragesatz. Ob auch der aramäische Text von 4Q197 an dieser Stelle eine Frage hatte, kann nicht entschieden werden. Das Adjektiv צ[ה]ריך ‚[n]otwendig' ist in La1 mit *necesse est* plus AcI bzw. in La2 mit *necesse est* plus inf. wiedergegeben. GII bietet τί χρείαν ἔχεις (φυλῆς) wörtlich ‚welche Notwendigkeit hast du (des Stammes)', d.h. ‚wozu brauchst du (den Stamm)'. GI bietet φυλὴν καὶ πατριὰν σὺ ξητεῖς ἢ

---

501   Das präfigierte lamed hat anscheinend kein Äquivalent in den Textformen. Wie sich gezeigt hat, leitet lamed auch in 4Q196 14i,5; 14ii,6 das direkte Objekt ein; vgl. Rosenthal, Grammar 56 (§182). Da 4Q197 2,2 aber nur ein einziges Wort und kein Verb überliefert, kann auch die Bedeutung ‚für sie alle' nicht ganz ausgeschlossen werden.
502   Fitzmyer, Tobit (DJD) 43, liest vor der Lacuna noch לך. Auf den Microfiches ist לך aber nicht zu sehen.
503   Beyer, ATTM.E 138, liest hier nur die Präposition ב und enthält sich einer Ergänzung.
504   Inf. pe. der Wz. ידע ‚wissen, kennen'; vgl. 1Q20 II,22; 4Q197 3,5.

μίσθιον ‚suchst du Stamm und Vaterhaus oder einen Lohnarbeiter', ähnlich La3 mit *patriam quaeris aut mercenarium*.

Z. 2: Dem inf. למנדע in Tob 5,12 entspricht in GI der inf. Aorist ἐπιγνῶναι ‚genau wissen' bzw. γνῶναι ‚wissen' in GII. La3 bietet *scire*, La1 und La2 haben keine Wiedergabe.

Z. 3: Die Vorstellung Asarjas אנה עזר[יה] ‚ich (bin) Asar[ja]' in Tob 5,13 ist in GI und GII übereinstimmend ebenfalls ohne Verb mit ἐγὼ Ἀζαρίας wiedergegeben. La1, La2 und La3 bieten *ego sum Azarias*, wobei das Prädikat in La2 erst nach *Azarias Ananie magni filius* folgt. Der Name Asarja entspricht in GI und GII übereinstimmend Ἀζαρίας, in La1, La2 und La3 *Azarias*.[505]

Z. 4: ואמר לה ‚und er sagte zu ihm' hat in Tob 5,14 in GI und GII eine exakte Wiedergabe. La1, La2 und La3 bieten über GI und GII hinaus den Eigennamen *Thobis* (La1), *Tobi* (La2) und *Tobias* (La3), wobei La3 kein Äquivalent für לה hat.

Z. 5: למנדע in Tob 5,14 entspricht in GI ἐπιγνῶναι, in GII γνῶναι,[506] in La1, La2 und La3 *scire*. בק[שטא] ‚in Ge[radheit]' hat in GI keine Wiedergabe. In GII entspricht möglicherweise das direkte Objekt τὴν ἀλήθειαν ... (γνῶναι) dem aramäischen Text, in La2 und La3 *uerum (scire)* bzw. *(scire) ueritatem*. La1 bietet mit dem Adverb *uere* eine exakte Wiedergabe des aramäischen Fragments.

2.2.4 4Q197 Fragment 4

Fragment 4 besteht aus mehreren Bruchstücken, die teilweise wiederum aus mehreren Bruchstücken zusammengesetzt sind. Ein oberer Rand ist erkennbar.

---

505 Zum Namen Asarja vgl. Ego, Tobit 956. Ἀζαρίας wird in LXX sowohl zur Wiedergabe von עזריה ‚Asarja' (u.a. 2 Kön 15,1.7; 1 Chr 2,39; 5,35; Neh 12,33; Dan 1,6), als auch von עזריהו ‚Asarjahu' (1 Kön 4,2.5; 2 Kön 15,6; 2 Chr 15,1; 2 Chr 26,17; 29,12; 31,10.13) verwendet. Bei der Wiedergabe von זכריה ‚Secharja' mit Ἀζαρίας in LXX in 2 Kön 14,29 handelt es sich möglicherweise um eine Umdeutung. In Jer 49,1 = 42,1 MT ist יזניה in LXX anscheinend mit Ἀζαρίας wiedergegeben.

506 Vgl. 4Q197 3,2 (Tob 5,12).

2.2.4.1 Fragment 4i: Tob 5,19–6,12

Text (PAM 43.180, 42.216)

1] [כאן] ברי [בכס]ף ידבק ל(א) [
2] ברי יהך בשלם ת(ד)חלי א(ל) לה אמר[
3 אחתי לה תצפי ואל תדחלי א(ל) 507(ם)ל(י)בש[
4] בכת ולא עוד 508(ה)[ארנ]חה (ה)[
5 להון וסדר (ח)חדא) [ ] 509(ך)[ה](ו) עמה א(כ)א(ל)ומו
6 מן רב חד נ(ח)[ו]ן 510א(מ)עלי]ונחת דקלת ע(ד)[
7 עלימא 511(ד)חא](ו) ונא](ו) (ן)תק](א) עלימנא רגל למב[ל]ע
8 (ה)[ ] (ק)ואנפ 512הי(ק)פר(ן אמ](א)ו ליבשא (ה)[ק](י)ואנפ
9] ון וכבדה (ה)[(ה)[ומעו(ה)ידך](י)ב
10] (ף)וא](כ)ואכל נ(ח)[ונ(י) (ו) [בבה](ל
11 להון] (ק)רבו(ק) [חדא](כ) [513() [ן](ח)[יה](י)תר]אזלין א]
לזמרי *spatium* [ ]
12] בד](ס)(כ)ב(ו) נונא בלבב סם מה אחי]עזריה ל(ה) ו]אמר
13] [רוח או שד נ]גיעי (א)או (אנ](ו) גבר קדם תנה](א)
14] [ע(י)[י](ח)]ע למכל ומררתא (לע)לם (ו)סחרתה](ח)ר]ונ](ס)ז
15] 514(מ)הוא מדי לנו (ע](ל) (ו)כבר (ח(]ר](י)ו](י)ח](ר](ה)]

---

507 Fitzmyer, Tobit (DJD) 45, liest vor den „faint traces" eines finalen mem sowie eines alef noch ein lamed und ergänzt zu שלם. Beyer, ATTM.E 138, liest nur ein lamed, ergänzt aber ebenfalls [בש]ל[ם].

508 Fitzmyer, Tobit (DJD) 44, ergänzt zu (ושתק](ה) ‚sie weinte'. Da von diesem Wort nur ein he übrig ist, kann die Ergänzung nicht denselben Grad an Sicherheit beanspruchen wie [אר]חה in Tob 5,22. GI und GII überliefern in Tob 6,1 sowohl ein finites Verb als auch ein pt. f.

509 Fitzmyer, Tobit (DJD) 44, liest waw und finales kaf und ergänzt zu הזך. Beyer, ATTM.E 139, liest he und finales kaf und ergänzt zu הולך. Anhand der Microfiches kann weder Fitzmyers noch Beyers Lesart verifiziert werden.

510 Beyer, ATTM.E 139, notiert bereits mem als ergänzt.

511 Vgl. Beyer, ATTM.E 139. Fitzmyer, Tobit (DJD) 44, liest bet und resch und ergänzt in Anlehnung an ἐκράτησεν in GI und GII zur 3. sg. m. pf. pe. ונבר. In QA ist גבר in 1Q20 XIII,13; XX,18; 4Q531 22,3 bezeugt.

512 Vgl. Fitzmyer, Tobit (DJD) 44. Beyer, ATTM.E 139, liest und ergänzt den imp. sg. m. plus Pronominalsuffix der 3. sg. m. בק]עהי, ‚[sp]alte ihn'.

513 Beyer, ATTM.E 139, liest in der Lacuna offenbar ein ayin und ergänzt ען], ‚bis'.

514 Beyer, ATTM.E 139, liest samech statt mem und ergänzt zu סנין.

16 [לעלי]ק(מ)(מ)א (ט)(ח)(בי)ה (א)(ח)י ואמרן ל(ה) הא אנה ואמר
לה א(ב)(י)ת[515]
17 [ ]ג)(ב)(ר)א מן בית אבונא הוא ואיתי לה ברא שפירא[516]
18 [לא] איתי לה להנ[ן](ש)(ר)(ה)] [ל] [ה ואנתה (ק)(ני)ר](ב) לה] [
19 [ ] [(לך) ל]אנת](א)] [דינא לו]ך [

Übersetzung

Zeile 1   [(19)] nicht soll kleben[517] [am Silb]er mein Sohn und wie [ ]
Zeile 2   [(20) (21)] er sagte zu ihr: Fürchte[518] dich nicht. In Unversehrtheit wird gehen[519] mein Sohn
Zeile 3   [in Un]versehrtheit. Fürchte dich nicht und sorge[520] dich nicht wegen ihm, meine Schwester.
Zeile 4   [(22) sein] We[g[521] 6 (1)] und nicht weinte[522] sie noch weiter.
           spatium
Zeile 5   [(2) und der Eng]el mit ihm und [er gin]g[523] [ ] zusammen, und er ordnete[524] für sie

---

515 Das von Fitzmyer, Tobit (DJD) 44, am Zeilenende von 4Q197 4i,16 gelesene taw ist auf PAM 43.180 nicht zu erkennen.

516 Fitzmyer (Tobit (DJD) 44) und Beyer (ATTM.E 139) lesen an dieser Stelle übereinstimmend שפירה mit he. Nach PAM 43.180 scheint es sich aber eher um ein alef zu handeln.

517 3. sg. m. ipf. pe. Auffälligerweise hat die Wz. דבק im Afel, um das es sich an dieser Stelle sicher nicht handelt, die Bedeutung ‚jem. oder etwas erlangen, erreichen, einholen', was es in die Nähe des hier verwendeten griechischen Äquivalents φθάνειν ‚jem. zuvorkommen, überholen' bringt; vgl. Levy, Chaldäisches Wörterbuch I 160.

518 2. sg. f. ipf. pe.

519 3. sg. m. ipf. pe.

520 2. sg. f. ipf. pe. von יצף ‚besorgt, bekümmert sein'.

521 Die beiden Buchstaben alef und resch am Wortanfang werden von Fitzmyer, Tobit (DJD) 44, in Anlehnung an GI und GII ὁδός αὐτοῦ bzw. *uia illius* in La1 in Tob 5,22 zu אר[חה] ‚sein Weg' ergänzt.

522 3. sg. f. pf. pe.

523 3. sg. m. pf. pe. Nach Morgenstern, Language 133, ist Fitzmyers (Tobit (DJD) 44) Ergänzung zu ו[הך] nicht möglich, da הך im Aramäischen nicht im „past tense" belegt sei und waw am Wortbeginn überdies sehr schlecht erhalten und finales kaf auf der Photographie überhaupt nicht erkennbar sei.

524 Die Wz. סדר ist in BA nicht belegt. In den Targumim ist סדר in der Bedeutung ‚ordnen, reihen' bezeugt; vgl. Levy, Chaldäisches Wörterbuch II 147. In den aramäischen Dokumenten aus Ägypten ist סדר ebenfalls nicht überliefert. In QA ist das Verb סדר nur hier in 4Q197 4i,5, das Substantiv סדר in 2Q24 4,7.9 belegt. Fitzmyer, Tobit (DJD) 46, verweist auf das akkadische sadāru in der Bedeutung „occur regularly, follow regularly" (AHw 2. 1001). Er übersetzt mit „and there followed for them"; vgl. ebd.

Zeile 6   [b]is zum Tigris. (3) Und es stieg herab[525] [der] junge Mann [ein Fi]sch[526], einer, ein großer, von

Zeile 7   [um zu ver]schlingen[527] den Fuß des jungen Manne[s (4) f]asse[528] den F[isch, und es er]griff[529] der junge Mann

Zeile 8   [und er brach]te ihn heraus[530] auf den Erdboden, (5) und er sa[gte, rei]ß ihn auseinander[531] und bring heraus[532] [ ] sein[533] [ ]

Zeile 9   [in] deiner Hand und [sei]ne Eingeweide [ ] sein[534] [ ] und seine Leber. (6) Und [ ]

Zeile 10 [ ] sein [H]erz und [der F]isch[535], und er aß und auch [ ]

Zeile 11 [ ][536] sie gingen fort[537], sie bei[d]e [zu]sammen [ ] , sie nä-[herten[538]] sich Medien *spatium* [(7)]

---

525 Die Wz. נחת ‚hinabsteigen' ist in BA in Dan 4,10.20 bezeugt.

526 Von diesem Wort ist nur der letzte Buchstabe, finales nun, erhalten. Fitzmyer, Tobit (DJD) 44, ergänzt zu נו[ן] ‚Fisch'.

527 Vgl. Jona 2,1. In QA ist בלע abgesehen von 4Q197 4i,7 noch in 4Q541 3,5 belegt.

528 Die Radikale der Wz. תקף ‚stark sein, stark werden' sind vollständig erhalten. Fitzmyer, Tobit (DJD) 44, ergänzt zum imp. sg. m. af. [א]תקף und übersetzt mit „overpower"; vgl. ebd. 46. In QA ist das af. von תקף auch in 4Q536 2ii,10; 4Q542 1i,8; 11Q10 XVII,3 belegt. Vgl. auch Levy, Chaldäisches Wörterbuch II 555.

529 3. sg. m. pf. pe. von אחד ‚greifen, erfassen'. Fitzmyer, Tobit (DJD) 44, ergänzt zwar zu ו[נ]בר, übersetzt aber mit „grabbed", was der Wz. אחד entspricht; vgl. ebd. 46.

530 Fitzmyer, Tobit (DJD) 44, ergänzt in Anlehnung an καὶ ἀνήνεγκεν αὐτόν in GII zur 3. sg. m. pf. af. von נפק ‚herausbringen' plus Pronominalsuffix der 3. sg. m.

531 Imp. sg. von פרך plus Pronominalsuffix der 3. sg. m. Es zeigt sich, dass das Pronominalsuffix הי nicht nur nach langen Vokalen verwendet wird. פרך kann im pa. auch ‚auseinander reißen' (von Geflügel) bedeuten; vgl. Levy, Chaldäisches Wörterbuch II 299.

532 Imp. sg. m. af. von נפק ‚herausbringen'; vgl. Anmerkung 530.

533 Es dürfte sich an dieser Stelle um das Pronominalsuffix der 3. sg. m. von ‚Herz', ‚Leber' oder ‚Galle' handeln. Da die Reihenfolge der Fischorgane in GI, GII, La1, La2 und La3 abweicht, kann nicht sicher bestimmt werden, wozu das Pronominalsuffix der 3. sg. m. gehört.

534 Vgl. Anmerkung 533.

535 Es könnte sich bei נונא zum einen um den Bestandteil einer cs.-Verbindung handeln, so dass נונא mit ‚des Fisches' übersetzt werden könnte. Fitzmyer, Tobit (DJD) 44, ergänzt die Präposition מן ‚von dem Fisch'. GI und La3 legen in Tob 6,6 die Verwendung als direktes Objekt ‚den Fisch' nahe.

536 Möglicherweise weist alef am Wortende auf ein determiniertes Substantiv hin. Fitzmyer, Tobit (DJD) 44, ergänzt zu שא]ריתא] ‚der [Rest]'.

537 Pt. m. pl. pe.

538 Von diesem Wort ist nur der erste Buchstabe kof erhalten. Fitzmyer, Tobit (DJD) 44, ergänzt zur 3. pl. m. pf. pa. ק[רבו].

Zeile 12 [und er sa]gte zu ihm: Asarja, mein Bruder, was (ist) das Medikament[539] im Herz des Fisches und in [seiner] Le[ber (8)]

Zeile 13 [ ] lass es in Rauch aufgehen[540] vor einem Mann oder einer Frau[541] geschlagen[542] von einem Dämon oder Geist [ ]

Zeile 14 [nicht] werden sie kreisen ih[re] Kreise für immer[543]. (9) Und die Galle, um zu umranden die Au[gen]

Zeile 15 [ ] die weißen Flecken[544] und sie werden genesen.[545] (10) Und a[ls] sie hineingingen[546] nach Medien und jener schon längst [(11)]

Zeile 16 [zu dem jungen Ma]nn: T[o]bija, mein Bruder. Und er sagte [zu] ihm: Siehe, ich (bin da), und er sagte zu ihm, im Hau[s[547]]

---

539 Das Substantiv סמ ist in QA nur hier in 4Q197 4i,12 belegt, in BA existiert kein Beleg, ebenso wenig bei den aramäischen Dokumenten aus Ägypten. In MT ist der pl. סמים in der Bedeutung ‚duftendes Räucherwerk' überliefert (Ex 30,7.34; 40,27; Lev 16,12; 2 Chr 2,3; 13,11), in QH in der Bedeutung ‚spice' in 4Q365 12a–bii,6; 11Q19 III,10. In den Targumim ist סמ in der Bedeutung ‚duftendes, tödliches Pulver, Gift' belegt; vgl. Levy, Chaldäisches Wörterbuch II 169.

540 Fitzmyer, Tobit (DJD) 44, ergänzt zur 2. sg. m. ipf. af. plus Pronominalsuffix der 3. sg. m. [ת]אתנה und übersetzt mit „[you] smoke it"; vgl. ebd. 46. Nach Morgenstern, Language 133, ist die von Fitzmyer rekonstruierte Form nicht möglich, da eine solche Wz. im Aramäischen nicht existiere. Beyer, ATTM.E 139, liest an dieser Stelle den imp. sg. m. af. plus נה ‚doch' אתנה und übersetzt mit „lass einfach in Rauch aufgehen"; vgl. ebd. 141.

541 Mit Ausnahme von 1Q20 XX,9 und hier in 4Q197 4i,13 ist ‚Frau' in QA mit finalem he überliefert. Wahrscheinlich handelt es sich bei אנתא wie bei ברא ‚Tochter' in 4Q197 4i,17 um eine phonetische Schreibweise.

542 Cs. pl. des pt. pl. m. Peil.

543 Fitzmyer, Tobit (DJD) 47, führt als ‚wörtliche' Übersetzung an „and they will never encounter their encounters". Morgenstern, Language 133, übersetzt mit „and they will never circle around them" und bietet Parallelen, die seinen Übersetzungsvorschlag untermauern. In QA ist die Verbindung סחר סחור noch in 4Q204 1vi,22 überliefert.

544 Es ist deutlich, dass es sich um einen emphatischen Plural handelt. Das wohl zu ergänzende Substantiv חררה ist in QA nur hier in 4Q197 4i,15 überliefert bzw. in 4Q196 7,1 ergänzt (vgl. Anmerkung 305). Beyer, ATTM.E 351, gibt die Bedeutung ‚Geschwüre' an.

545 3. pl. f. ipf. pe. von חיי ‚leben, genesen'; vgl Levy, Chaldäisches Wörterbuch I 253.

546 3. pl. m. pf. pe.

547 Fitzmyer, Tobit (DJD) 47, deutet אבית als בבית ‚im Haus'. In QH ist אבית in der Bedeutung ‚am Ort' in 1QpHab XI,6 belegt. Nach Qimron, Hebrew 39, handelt es sich bei אבית um prosthetisches alef zur Vermeidung von „initial consonant clusters".

Zeile 17 [der M]ann, vom Haus unseres Vaters (ist) er, und er hat eine Tochter⁵⁴⁸, eine schöne [(12)]
Zeile 18 [nicht] gibt es für ihn auß[er] Sara [ ]⁵⁴⁹ , und du (bist) ver[wan]dt mit ihr⁵⁵⁰ [ ]
Zeile 19 [ ] für dich zur [Fra]u⁵⁵¹ [ ] Recht (ist es) für [dich]

Anmerkungen
Z. 1: אל ידבק [בכס]ף ‚nicht soll er kleben [am Silb]er' in Tob 5,19 entspricht in GI und GII übereinstimmend ἀργύριον τῷ ἀργυρίῳ μὴ φθάσαι ἀλλὰ περίψημα τοῦ παιδίου ἡμῶν γένοιτο ‚Silber soll nicht dem Silber zuvorkommen, sondern das Lösegeld für unser Kind soll es werden'.⁵⁵² La1 bietet *nunquam esset pecunia illa, sed purgamento sit*, La2 *et utinam necesset pecunia illa et haberetur pro purgamento tantum*, La3 *omnis pecunia purgamento*. Sowohl die griechischen als auch die lateinischen Textformen scheinen sich an dieser Stelle vom aramäischen Text von 4Q197 zu entfernen. Die Identifikation mit Tob 5,19 ist aufgrund formaler (Wiedergabe des aramäischen Prohibitivs mit μή plus Optativ) sowie inhaltlicher Gründe (Wiedergabe von [כס]ף durch ἀργύριον bzw. *pecunia*) aber recht sicher. Das folgende ברי kann entweder als Subjekt von ידבק, als Vokativ ‚mein Sohn' oder als Teil der cs.-Verbindung ‚das Silber meines Sohnes' gedeutet werden.⁵⁵³ Möglicherweise entspricht ברי ‚mein Sohn' in GI und GII das Genetivattribut τοῦ παιδίου ἡμῶν ‚unser Kind', dies würde einen Wechsel von

---

548 ברא ist eigentlich die determinierte Form von בר ‚der Sohn', da die determinierte Form von ברה ‚Tochter' ברתא lautet. Wahrscheinlich handelt es sich an dieser Stelle um eine phonetische Schreibweise für ברה ‚eine Tochter'.
549 Bei he handelt es sich wohl um das Pronominalsuffix der 3. sg. f. (auf Sara bezogen).
550 לה könnte sowohl f. als auch m. sein. Die Textform GII, die in diesem Textabschnitt dem aramäischen Text von 4Q197 sehr eng folgt, überliefert an dieser Stelle f.
551 Vgl. Anmerkung 541.
552 Vgl. Ego, Tobit 959. Das Substantiv περίψημα ist in LXX nur hier in Tob 5,19 überliefert, in NT in 1 Kor 4,13. H.G. Liddell/R. Scott geben die Bedeutung „anything wiped off, offscouring" an; vgl. dies., A Greek-English Lexicon. Oxford ⁹1977, 1394. Nach G. Stählin bezeichnet περίψημα einmal ‚Abfall, Abschaum, Auswurf', dann aber auch das Mittel und Werkzeug des Abwischens oder der Reinigung; vgl. ders., Art. περίψημα. In: ThWNT 6 (1959) 83–92, hier: 84.
553 Fitzmyer, Tobit (DJD) 45, übersetzt: „Let my son not cling to [mon]ey". Ego, Tobit 959, übersetzt mit „[ ] nicht soll hinzugefügt werden dem Silber", wobei das folgende ברי als Vokativ ‚mein Sohn' durch Kommata abgetrennt wird. Beyer, ATTM.E 139, deutet ברי als Genetivattribut und übersetzt: „[Unserem Silber] soll nicht hinzugefügt werden das Silber meines Sohnes."

der 1. sg. zur 1. pl. voraussetzen. [ ]וכא, ‚und wie [ ]'[554] entspricht in Tob 5,20 in GI der Vergleichspartikel ὡς γάρ bzw. ὡς in GII. La1 bietet *quo modo*, La3 *sicut*.

Z. 2: אמר לה ‚er sagte zu ihr'[555] in Tob 5,21 hat in GI und GII sowie La1, La2 und La3 eine Wiedergabe, wobei GI, La1 und La2 zusätzlich den Eigennamen des Sprechers Τωβείτ bzw. *Thobis* (La1) und *Tobi* (La2) bieten. Der Prohibitiv אל תדחלי ‚fürchte dich (f.) nicht' ist an dieser Stelle in La1 mit *noli uereri* wiedergegeben, GI und GII bieten übereinstimmend μὴ λόγον ἔχε ‚mach dir keine Gedanken'.[556] La2 bietet *ne lacrimes et ne timeas* ‚weine nicht und fürchte dich nicht', La3 den imp. *aequo animo esto* ‚sei gelassen'. בשלם ‚in Unversehrtheit' entspricht in GI und GII das pt. ὑγιαίνων bzw. das Adjektiv *saluus* ‚wohlbehalten' in La1, La2 und La3. יהך ist in GI mit ἐλεύσεται bzw. in La1, La2 und La3 mit *ibit* wiedergegeben, in GII mit πορεύσεται. Während das Subjekt ברי in GI ausgelassen ist, bietet GII vom aramäischen Text abweichend wie in Tob 5,19 τὸ παιδίον ἡμῶν ‚unser Kind'. Auch die lateinischen Textformen La1, La2 und La3 wechseln mit *filius noster* ‚unser Sohn' zur 1. pl.

Z. 3: ובש[לם] entspricht in GII wieder das pt. ὑγιαίνων bzw. das Adjektiv *saluus* in La3. GI, La1 und La2 haben keine Wiedergabe. Der zweite Prohibitiv in Tob 5,21 אל תדחלי ‚fürchte dich nicht' hat in GII und La3 mit μὴ λόγον ἔχε bzw. mit *noli timere* eine Wiedergabe, nicht aber in GI und La1. Der dritte Prohibitiv ואל תצפי לה ‚und sorge dich nicht um ihn' ist in La1 mit *nihil timueris de illo* wiedergegeben, GII bietet vom aramäischen Text abweichend μὴ φοβοῦ περὶ αὐτῶν ‚fürchte nicht um sie'. La3 hat mit *noli timere* kein Objekt, GI überhaupt keine Wiedergabe. La2 paraphrasiert an dieser Stelle, der letzte imp. vor dem Vokativ ‚Schwester' lautet hier *confide enim in deo*. Keine der Textformen bietet ein Äquivalent für das *waw*. Der Vokativ אחתי ‚meine Schwester' hat mit ἀδελφή in GII bzw. *soror* in La1, La2 und La3 jeweils eine Wiedergabe,[557] nicht aber in GI.

---

554 Die Annahme der Präposition כ ist aufgrund von GI, GII und La3 eher wahrscheinlich als die von כא ‚hier', für die es keinen Anhaltspunkt in den Textformen GI, GII, La1, La2 und La3 gibt.

555 Bei לה kann es sich sowohl um f. als auch um m. handeln. Aus dem Folgenden wird klar, dass Tobit hier seine Frau Hanna anspricht und לה f. ist.

556 Vgl. Ego, Tobit 959. In 4Q197 4ii,17 ist אל תדחל in GI und GII mit μὴ φοβοῦ wiedergegeben, in 4Q197 5,8 in GII mit θάρσει.

557 Vgl. Anmerkung 254. Zur Verwendung der Begriffe ‚Schwester' und ‚Bruder' unter Eheleuten vgl. Grelot, Noms de parenté 332ff.

Z. 4: עוד ‚weiter' in Tob 6,1 hat in GI, GII, La1, La2 und La3 offenbar kein Äquivalent. ולא בכת ‚und nicht weinte sie' ist in GI mit καὶ ἐπαύσατο κλαίουσα bzw. in GII mit καὶ ἐσίγησεν κλαίουσα wiedergegeben. La1 bietet *et cessauit plorare*, La3 *et cessabit plorare et siluit*, La2 paraphrasiert mit *et sic consolata in uerbis uiri cessabit flere mater illius*.

Z. 5: ומלא[כא] in Tob 6,2 hat in GII, La1, La2 sowie La3 eine Wiedergabe, nicht aber in GI. עמה ‚mit ihm' entspricht in GII μετ' αὐτοῦ bzw. *cum illo* in La1 und La2, GI und La3 haben keine Wiedergabe. והך ‚und er ging' entspricht in GII offenbar καὶ (ὁ κύων) ἐξῆλθεν ‚und (der Hund) ging hinaus', in La1, La2 und La3 *et (canis) secutus est* ‚und (der Hund) folgte'.[558] כחדא ‚zusammen' ist in GII mit ἀμφότεροι ‚beide' bzw. mit *pariter* in La1 wiedergegeben, GI, La2 und La3 haben keine Wiedergabe. וסדר להון ‚und er ordnete für sie' entspricht in GII möglicherweise καὶ ἔτυχεν αὐτοῖς (νὺξ μία) ‚und es brach herein über sie (eine Nacht)' bzw. *et comprehendit illos (proxima nox)* ‚und es umschloss sie (die nächste Nacht)' in La1.[559]

Z. 6: דקלת [ע]ל] ist in Tob 6,2 in GI mit ἐπὶ τὸν Τίγριν ποταμόν bzw. mit ἐπὶ τοῦ Τίγριδος ποταμοῦ in GII wiedergegeben. La1 und La2 bieten *super flumen Tigrim* bzw. *super flumen Tygri* ‚oberhalb des Flusses Tigris', La3 bietet *usque ad Tigrim flumen*.[560] ונחת עלימא[ן] ‚und es stieg hinab [der] junge Mann' entspricht in Tob 6,3 in GII καὶ κατέβη τὸ παιδίον bzw. τὸ δὲ παιδάριον κατέβη in GI.[561] עלים ‚junger Mann' ist in GI mit παιδάριον ‚Knäblein', in GII mit παιδίον ‚Kindlein' wiedergegeben, während La1, La2 und La3 jeweils den Eigennamen Tobija überliefern.[562] נונן חד רב ‚[ein Fi]sch, einer, ein großer' ist in GI und La3 vom aramäischen Text abweichend ohne weitere Attribute mit ἰχθύς bzw. *piscis* wiedergegeben. GII bietet dagegen ἰχθὺς μέγας ‚ein großer Fisch', La1 *piscis (de aqua) magnus*, La2 *piscis ingens magnitudinis* ‚ein Fisch von

---

[558] Vgl. Anmerkung 523. Das Subjekt ist im aramäischen Fragment nicht erhalten. Fitzmyer, Tobit (DJD) 44, ergänzt כלבא ‚der Hund', da der Engel schon vorher erwähnt wird; vgl. ders., Fragments 663.

[559] Vgl. Anmerkung 524.

[560] In BA und den aramäischen Dokumenten aus Ägypten ist דקלת nicht belegt, in QA nur hier in 4Q197 4i,6. In 1Q20 XVII,7.8 wird dagegen der in der hebräischen Bibel übliche Name חדקל für Tigris verwendet (vgl. Gen 2,14; Dan 10,4). In den mittelalterlichen hebräischen Textformen H2 und H3 bezeichnet תגרון bzw. תינרון den Fluss Tigris. Auch in der aramäischen Textform A5 wird dieser mit תינרין bezeichnet. Wahrscheinlich handelt es sich um eine Transliteration; vgl. Weeks/Gathercole/Stuckenbruck, Tobit 179.

[561] Vgl. Anmerkung 223.

[562] Auch in 4Q197 3,4 bieten La1, La2 und La3 den Eigennamen, dort aber anstelle einer Wiedergabe für לה.

ungeheurer Größe'. חד hat also auch in GII, La1 und La2 kein Äquivalent.[563] מן ist in GI mit ἀπό (τοῦ ποταμοῦ) wiedergegeben, in GII mit ἐκ (τοῦ ὕδατος), in La1 und La2 mit *de (aqua)*.[564] La3 hat keine Wiedergabe.

Z. 7: Dem inf. [ולמב]לע רגל עלימ[א] in Tob 6,3 entspricht in GII καταπεῖν τὸν πόδα τοῦ παιδαρίου.[565] Auch in GI ist καταπεῖν ‚niedertrinken, verschlingen' Äquivalent für בלע, der Fisch versucht in GI jedoch, die ganze Person des Tobija und nicht nur seinen Fuß zu verschlingen. Auch in La2 und La3 gilt die Attacke des Fisches dem ganzen Menschen.[566] In La1 umschlingt der Fisch dagegen die Füße (pl.) und verschlingt den Jungen beinahe. [וא]חתק in Tob 6,4 entspricht in GI und GII übereinstimmend der imp. Aorist ἐπιλαβοῦ bzw. *comprehende* in La1, *conprende* in La2 und *adprehende* in La3. וא[ח]ד עלימא ‚[und es er]griff der junge Mann' ist in GI mit καὶ ἐκράτησεν τὸν ἰχθὺν τὸ παιδάριον wiedergegeben bzw. in GII mit καὶ ἐκράτησεν τὸ παιδάριον τοῦ ἰχθύος. La1 bietet *(et) comprehendit puer* ‚(und) es ergriff der junge Mann', La3 asyndetisches *comprehendit puer*. La2 paraphrasiert mit *et confortatus Tobias in uerbis angeli adpreendit eum*.

Z. 8: Vom Verb am Zeilenbeginn ist nur der letzte Wurzelkonsonant sowie das Pronominalsuffix der 3. sg. erhalten. GI verwendet ἀναβάλλειν ‚hinaufwerfen', GII ἀναφέρειν ‚hinauftragen', La1 *educere* und La2 und La3 *extrahere*. ליבשא ‚auf den Erdboden' ist in GI und GII übereinstimmend mit ἐπὶ τὴν γῆν wiedergegeben, in La1 mit *in terram*, in La2 mit *super labium fluminis*, in La3 mit *super terram*. וא[נ]מר in Tob 6,5 hat in GI und GII sowie La1, La2 und La3 eine Wiedergabe. [פר]קהי entspricht in GI dem imp. Präsens ἀνάτεμε ‚schneide auf', in GII dem imp. Aorist ἀνάσχισον ‚schlitze auf'. La1 und La2 bieten übereinstimmend *exintera* ‚weide aus', La3 *finde* ‚spalte'. Allerdings hat nur La3 ein Äquivalent für das Pronominalsuffix, während GI, GII, La1 und La2 das direkte Objekt ‚Fisch' einfügen. Der folgende imp. ואנפק ‚und nimm heraus' entspricht in GII, La1, La2 und La3 καὶ ἔξελε bzw. *et tolle* wiedergegeben, während GI abweichend das pt. καὶ λαβών anschließt.

---

563 Fitzmyer, Tobit (DJD) 46, nimmt an, dass חד hier wie in 1Q20 XIX 14,15 die Bedeutung eines unbestimmten Artikels zukommt.

564 Bei der Verbindung der Präposition *de* mit dem Akkusativ *aquam* in La2 dürfte es sich wohl um einen Fehler in dieser Textform handeln.

565 Während in 4Q197 4i,6 in GII παιδίον zur Wiedergabe von עלים diente, ist nun auch in GII der Begriff παιδάριον verwendet; vgl. Anmerkung 333.

566 Zur Möglichkeit des Angriffs großer Fische auf Menschen vgl. Böhmer, Sägefische 15f.25f. Vgl. auch die Deutung von Moore, Tobit 199.

Z. 9: ב[ידך], ‚[in] deiner Hand' ist in Tob 6,5 in GII mit μετὰ σαυτοῦ ‚bei dir' bzw. *tecum* in La1 und La2 wiedergegeben, GI verwendet dagegen das Adverb ἀσφαλῶς ‚sicher'.[567] La3 hat keine Wiedergabe. ומעוהן hat nur in GII mit καὶ τὰ ἔγκατα eine Wiedergabe, allerdings ohne Äquivalent für das Pronominalsuffix.[568] וכבדה ‚und seine Leber' hat hier nur in GII eine Wiedergabe, während die Organe des Fisches in GI, La1, La2 und La3 nur innerhalb des Befehls, sie aus dem Fisch herauszuholen, einzeln aufgezählt werden. Das *waw* am Zeilenende entspricht in Tob 6,6 in GI und GII καί, in La1, La2 und La3 *et*.

Z. 10: ל[בבה], ‚sein [H]erz' in Tob 6,6 ist in GII mit dem Akkusativ τὴν καρδίαν bzw. in La1 mit *cor* wiedergegeben.[569] GI und La3 haben keine Wiedergabe, La2 bietet ‚Herz' innerhalb eines Ablativus absolutus. Das folgende *waw* hat in GII, La1 und La2 eine Wiedergabe. נ]ונא] hat dagegen sowohl in GI und GII als auch in La1, La2 und La3 ein Äquivalent: in GI als direktes Objekt nach ὀπτᾶν bzw. φαγεῖν, ebenso in La3 nach *assare* ‚braten', in GII als partitiver Genetiv nach ὀπτᾶν ‚braten', in La1 und La2 als direktes Objekt *partem piscis* ‚einen Teil des Fisches'. ואכל entspricht in GII die 3. sg. καὶ ἔφαγεν ‚und er aß', während GI nach pt. ohne καί mit ἔφαγον und La3 mit *et manducauerunt* ‚und sie aßen' abweichend vom aramäischen Text die 3. pl. bieten. La1 und La2 schildern den Verzehr des Fisches überhaupt nicht. Während im aramäischen Text und GII also nur Tobija den Fisch verspeist, essen in GI und La3 Tobija und Asarja den Fisch gemeinsam.[570] Das folgende ואף ‚und auch' ist in GI und GII mit καί bzw. in La1 und La2 mit *et* wiedergegeben, La3 hat keine Wiedergabe.

Z. 11: Das pt. אזלין in Tob 6,6 ist in GI, GII, La1 und La3 vom aramäischen Text abweichend mit καί bzw. *et* angefügt und mit einem finiten Verb wiedergegeben. GI bietet das Imperfekt καὶ ὥδευον ‚und sie zogen ihres Wegs', GII den Aorist καὶ ἐπορεύθησαν ‚und sie reisten'. La1 bietet das Perfekt *et coeperunt iter agere*, La3 *et abierunt*, La2 eine Para-

---

[567] Es zeigt sich, dass GII keine ‚sklavische' Übersetzung in dem Sinne ist, dass jedes einzelne Element des ausgangssprachlichen aramäischen Textes nach dem Prinzip der formalen Äquivalenz im zielsprachlichen griechischen Text abgebildet ist. So hat יד ‚Hand' hier keine Wiedergabe mit χείρ, sondern mit dem reflexiven Personalpronomen. GI dagegen entfernt sich mit dem Adverb ἀσφαλῶς weiter vom aramäischen Text.

[568] Vgl. Anmerkung 478.

[569] GII und La1 haben wieder kein Äquivalent für das Pronominalsuffix von ‚Herz' (vgl. Anmerkung 568). La2 hat dagegen mit *illius* innerhalb des Ablativus absolutus eine Wiedergabe, wobei sich *illius* aber auf alle drei Organe des Fisches bezieht.

[570] Vgl. 4Q196 13,1.

phrase. תריהון [כ]חדא ‚sie bei[d]e [zu]sammen' entspricht in GII das zweiteilige ἀμφότεροι κοινῶς, während GI und La3 nur ἀμφότεροι bzw. *utrique* bieten. La1 und La2 haben keine Wiedergabe. ל[ה]ון hat anscheinend keine Wiedergabe in GI, GII, La1, La2 und La3.[571] למדי ‚nach Medien' ist in GII mit εἰς Μηδίαν bzw. in La3 mit *in Mediam* wiedergegeben, in La1 mit *in regionem Medorum*, in La2 mit *in regione Medorum*. GI weicht mit ἐν Ἐκβατάνοις ‚in Ekbatana' vom aramäischen Text von 4Q197 ab.

Z. 12: ואןמר לה] in Tob 6,7 ist in GII mit καὶ εἶπεν αὐτῷ exakt wiedergegeben. GI bietet dagegen καὶ εἶπεν τὸ παιδάριον τῷ ἀγγέλλῳ und damit zusätzlich das Subjekt ‚der junge Mann' sowie das Dativojekt ‚dem Engel'.[572] La1 und La2 verwenden übereinstimmend das pt. *dicens* ohne Äquivalent für לה.[573] Der Vokativ עזריה אחי hat in GI, GII, La1 und La2 eine Wiedergabe.[574] Das folgende מה סם בלבב נונא ובכ[בדה] ist in GII mit τί τὸ φάρμακον ἐν τῇ καρδίᾳ καὶ τῷ ἥπατι τοῦ ἰχθύος wiedergegeben, in GI dagegen mit τί ἐστιν τὸ ἦπαρ καὶ ἡ καρδία καὶ ἡ χολὴ τοῦ ἰχθύος ohne Äquivalent für סם.[575] La1 und La2 bieten *quod remedium est*, La3 *quod est medicamentum*.[576] Während GII in der Reihenfolge der Fischorgane (Herz – Leber) in der Aufzählung genau folgt, wobei das Genetivattribut ‚des Fisches' im Unterschied zum aramäischen Text erst nach dem zweiten Organ genannt wird, variiert die Reihenfolge in GI (Leber – Herz), ebenso in La1 und La2 (Galle – Herz). La3 fasst zusammen zu *(in his) quae de pisce seruare iussisti*.

---

571 Fitzmyer, Tobit (DJD) 47, deutet vorsichtig: „If להון is the correct reading, then it is an ethical dative."

572 Sowohl das Subjekt ‚der junge Mann' als auch das Objekt ‚der Engel' sind in GII in einem unmittelbar vorausgehenden Satz mit dem Prädikat ἠρώτησεν genannt. Es ist nahe liegend, an dieser Stelle eine Textverkürzung in der Textform GI durch das Zusammenziehen zweier Sätze anzunehmen. Auch La3 bietet nur ein Verb des Sprechens, wobei hier der Eigenname *Tobi* als Subjekt eingeführt ist.

573 Wahrscheinlich wurde aufgrund der engen Verzahnung durch die Verwendung des pt. in La1 und La2 eine eigene Wiedergabe für לה für entbehrlich erachtet.

574 Vgl. Anmerkung 254.

575 Der sg. φάρμακον ist in LXX in Tob 6,5.7; 11,8.11 (nur GII); Weish 1,14; Sir 6,16 belegt. Der pl. φάρμακα ist in 2 Kön 9,22; Tob 2,10 (nur GII); Sir 38,4; Mi 5,11 überliefert. GI scheint die Verwendung dieses Wortes zu vermeiden, möglicherweise aufgrund des negativen Bedeutungsspektrums ‚Zaubermittel, schädliches Mittel, Gift', das φάρμακον neben ‚Heilmittel' ebenfalls besitzt.

576 *Medicamentum* kann im Gegensatz zu *remedium* ‚Gegenmittel, Heilmittel' wie φάρμακον auch im üblen Sinne ‚Giftmittel, Gifttrank, Zaubermittel, Zaubertrank' bedeuten.

Z. 13: אתנה in Tob 6,8 entspricht in GII dem imp. Aorist κάπνισον ‚mach Rauch', in GI ταῦτα δε⁵⁷⁷ καπνίσαι ‚es ist nötig, diese in Rauch aufgehen zu lassen'. GIII bietet das Futur ταῦτα θυμιάσεις ‚du wirst/sollst diese in Rauch aufgehen lassen'. קדם גבר או אנתא ‚vor einem Mann oder einer Frau' ist in GI und GII übereinstimmend mit ἐνώπιον ἀνθρώπου ἢ γυναικός wiedergegeben. La1 bietet *coram uiro et muliere* ‚vor einem Mann und einer Frau', La2 *(fumigatur) uir aut mulier* ‚Mann oder Frau' ohne Präposition. GIII bietet abweichend ἔμπροσθεν αὐτοῦ ‚vor ihm', La3 *in conspectu hominis* ‚im Gesichtskreis eines Menschen'. Das pt. נגיעי שד או רוח ist in GII mit dem Relativsatz ᾧ ἀπάντημα δαιμονίου ἢ πνεύματος wiedergegeben. Auch La1 und La2 bieten jeweils einen Relativsatz, wobei La2 den pl. ‚Dämonen' und ‚Geister' verwendet.⁵⁷⁸ GI und GIII bieten dagegen übereinstimmend den Konditionalsatz ἐάν τινα ὀχλῇ δαιμόνιον ἢ πνεῦμα πονηρόν ‚wenn jemanden ein Dämon oder böser Geist belästigt', wobei die Textsequenz dem aramäischen Fragment gegenüber variiert.

Z. 14: Die Figura etymologica יסחרון סחרתהון[ן] ‚sie werden kreisen ih[re] Kreise'⁵⁷⁹ hat in Tob 6,8 offenbar in allen Textformen eine freiere Wiedergabe.⁵⁸⁰ GI bietet das Passiv (οὐ μηκέτι) ὀχληθῇ ‚er/sie wird (nicht mehr) belästigt'. GIII und La1 bieten den sg. φεύξεται ἀπ' αὐτοῦ bzw. *fugiet ab illo omnis incursus*, La3 *fugabit ab eo*. GII und La2 bieten den pl.

---

577 Codex B und drei Minuskeln überliefern an dieser Stelle δε. Hanhart, Tobit 111, emendiert zu δεῖ ‚es ist nötig, man muss'.

578 Vgl. die Kategorisierung von Dämonen bei P.S. Alexander, The Demonology of the Dead Sea Scrolls. In: P.W. Flint/J.C. Vanderkam (Hg.), The Dead Sea Scrolls after Fifty Years. A Comprehensive Assessment. Bd. 2. Leiden–Boston–Köln 1999, 331–353, hier: 331–337.

579 Vgl. Fitzmyer, Tobit (DJD) 47: „The verb סחר actually means ‚go around, about, travel (as a tradesman)', but here it has the connotation of ‚encounter, attack'." Das Pronominalsuffix der 3. pl. m. zeigt, dass Sara nicht von einem Dämon besessen, d.h. ‚bewohnt' war, sondern die Dämonen außen um Sara und ihren Bräutigam kreisten und diesen töteten. Also handelt es sich nicht um eine Dämonenaustreibung, sondern um eine Dämonenvertreibung; vgl. R. Deines, Josephus, Salomo und die von Gott verliehene τέχνη gegen die Dämonen. In: A. Lange/H. Lichtenberger/K.F.D. Römheld (Hg.), Die Dämonen. Die Dämonologie der israelitisch-jüdischen und frühchristlichen Literatur im Kontext ihrer Umwelt. Tübingen 2003, 365–394, hier: 368.

580 Wie H.St.J. Thackeray gezeigt hat, bildeten die Übersetzer der LXX die formale Struktur von ‚Wortspielen' wie beispielsweise des inf. abs. plus Verb derselben Wz. sonst durchaus in ihren Übersetzungen nach; vgl. ders., Renderings of the Infinitive Absolute in the LXX. In: JThS 9 (1908) 597–601.

mit (οὐ μὴ) μείνωσιν μετ' αὐτοῦ ‚(nicht) bleiben sie bei ihm'[581] bzw. *effugient ab eis omnis incursus*. Das folgende לעלם entspricht in GII εἰς τὸν αἰῶνα bzw. *in aeternum* in La1. GI, GIII, La2 und La3 haben keine Wiedergabe. ומררתא למכחל עינין ‚und die Galle, um zu umranden die Au[gen]'[582] ist in Tob 6,9 in GII mit καὶ ἡ χολὴ ἐνχρεῖσαι (ἀνθρώπου) ὀφθαλμούς bzw. in GIII mit καὶ ἡ χολὴ ἐγχρῖσαι ὀφθαλμούς wiedergegeben. GI bietet ἡ δὲ χολὴ ἐνχρεῖσαι ἄνθρωπον ὃς ἔχει λευκώματα ἐν τοῖς ὀφθαλμοῖς.[583] GI, GII und GIII verwenden also den inf. Aorist von ἐγχρίειν ‚salben, einreiben' zur Wiedergabe der Wz. כחל.[584] La1, La2 und La3 verwenden das Gerundivum *ad unguendos oculos* ‚um die Augen zu salben'.[585]

Z. 15: חדריא ist in Tob 6,9 in GI, GII und GIII übereinstimmend mit λευκώματα bzw. mit *albugines* ‚weiße Flecken' in La1 wiedergegeben. La2 und La3 bieten den sg. *albugo*. Das ipf. ויחין ‚und sie werden genesen'[586] ist in GII und GIII vom aramäischen Text abweichend mit dem Präsens καὶ ὑγιαίνουσιν ‚und sie sind gesund' wiedergegeben. GI bietet das passive Futur καὶ ἰαθήσεται ‚und er wird geheilt werden', La1 *ut ad sanitatem perueniat* ‚damit er zu Gesundheit kommt'. Der folgende Temporalsatz וכנדין עלו לגו מדי ‚und a[ls] sie hineingingen nach Medien' in Tob 6,10 hat nur in La1 mit *et postquam intrauerunt in regionem Mediam* eine exakte Übersetzung, während GII vom aramäischen Text abweichend den sg. καὶ ὅτε εἰσῆλθεν εἰς Μηδείαν bietet. GI, GIII und La3 haben keine Wiedergabe, La2 paraphrasiert. וכבר הוא ‚und als jener' entspricht in GII καὶ ἤδη, wobei das Demonstrativum הוא keine eigene Wiedergabe hat, sondern im Prädikat ἤγγιζεν mit eingeschlossen ist. GI, GIII, La1, La2 und La3 haben keine Wiedergabe.

Z. 16: [לעלימא] ist in Tob 6,11 in GI und GII übereinstimmend mit dem Dativ τῷ παιδαρίῳ ‚dem jungen Mann' wiedergegeben, La2 und La3

---

581 Nach Deines, Josephus 368, lässt ‚bleiben' an eine dauerhafte Besessenheit durch einen Dämon schließen. Dass GI diese Aussage meidet, zeigt seines Erachtens, „wie fremd diese Vorstellung den griechischen Bearbeitern (noch) war." In Tob 6,16 bietet GIII aber τὸ ἐν αὐτῇ πνεῦμα, was an eine ‚klassische' Besessenheit denken lässt.

582 Die Wz. כחל ist in BA nicht belegt, in MT ist כחל in der Bedeutung ‚mit Augenschminke die Augen umranden' in Ez 23,40 überliefert. In QA ist כחל nur hier in 4Q197 4i,14 bezeugt.

583 Zur Verwendung der Partikel δέ in GI vgl. Anmerkung 223.

584 In Jer 4,30 ist ἐγχρίειν στίβι in LXX für eine Anwendung am Auge bezeugt, offenbar als Äquivalent für קרע בפוך ‚weit machen mit Augenschminke'.

585 Zur Verwendung von Fischgalle als Heilmittel bei Augenkrankheiten in der Antike vgl. Boehmer, Sägefische 12ff.

586 Nach Levy, Chaldäisches Wörterbuch I 253, kann חיי auch die Bedeutung ‚genesen' haben.

fügen mit *ad Tobiam* bzw. *ad Tobi* den Eigennamen hinzu. GIII und La1 haben keine Wiedergabe. Der Vokativ טֻנ[בִ]יה אחי hat nur in GII mit Τωβεία ἄδελφε eine vollständige Wiedergabe.[587] GI bietet nur ἄδελφε, GIII, La1, La2 und La3 haben überhaupt keine Entsprechung. ואמר [ל]ה הא אנה ואמר לה ‚und er sagte [zu] ihm, siehe ich (bin da), und er sagte' hat ausschließlich in GII eine Wiedergabe, nicht aber in GI, GIII, La1, La2 und La3. אביתן ist in GII wahrscheinlich mit ἐν τοῖς ('Ραγουήλου) bzw. mit παρὰ ('Ραγουήλῳ) in GI wiedergegeben.[588]

Z. 17: [נ]ברא מן בית אבונא הוא ‚[der M]ann, vom Haus unseres Vaters (ist) er' in Tob 6,11 ist in GII und GIII übereinstimmend mit ὁ ἄνθρωπος συγγενής σού ἐστιν bzw. in La1 mit *homo est propinquus tuus* ‚der Mann ist dein Verwandter' wiedergegeben. La3 bietet *homo ex fines tuos est* ‚der Mann ist aus deinem Land'.[589] Auch GI verwendet συγγενής, ersetzt ἄνθρωπος aber durch αὐτός. Das folgende ואיתי לה ברא שפירא wörtlich ‚und es gibt für ihn eine Tochter, eine schöne' entspricht in GI und GII καὶ ἔστιν αὐτῷ θυγάτηρ, wobei der Verweis auf die Schönheit Saras in GI und GII erst in Tob 6,12 folgt. GIII bietet καὶ θυγάτηρ μία ὑπάρχει αὐτῷ καὶ αὐτὴ καλὴ τῷ εἴδει ‚und er hat eine einzige Tochter, und sie ist von schönem Aussehen', ebenso La3. La1 bietet *et habet filiam speciosam* ‚und er hat eine wohlgestaltete Tochter', La2 *et hic habet filiam uultu et in omnia utilem* ‚und dieser hat eine Tochter, von Angesicht und in allem vorteilhaft'.

Z. 18: [ולא] איתי לה להון שרה ist in Tob 6,12 in GII mit οὐδὲ θυγάτηρ ὑπάρχει αὐτῷ πλὴν Σάρρας μόνης wiedergegeben. La1 bietet *neque masculum ullum neque feminam aliam praeter illam habet*, La2 *et hec unica est patri suo nec quemquam alium in progenia sua habet preter illam*, beide jeweils ohne den Eigennamen Sara. GIII und La3 bieten bereits in Tob 6,11 die Information, dass Sara das einzige Kind Raguels ist.[590] Dem Nominalsatz ואנתה קריב לה entspricht in GII καὶ σὺ ἔγγιστα αὐτῆς εἶ bzw. *et tu proximus es illius* in La1 und *et tu propincus illi es* in La2. GI, GIII und La3 haben keine Wiedergabe.

---

587 Vgl. Anmerkung 254.
588 Vgl. Anmerkung 547. Weder GI noch GII überliefern also ein Äquivalent für ‚Haus'. Auch das folgende מן בית אבונא ist in GI, GII, GIII anscheinend ohne Äquivalent für ‚Haus' mit συγγενής ‚verwandt' wiedergegeben.
589 Der Wendung ‚vom Haus <u>unseres</u> Vaters' entspricht in GII und GIII sowie La1 jeweils ‚<u>dein</u> Verwandter'. La3 hebt dagegen auf dieselbe geographische Herkunft Tobijas und Raguels ab.
590 Codex B, eine Reihe von Handschriften sowie die armenische Übersetzung lassen in Tob 6,11 das Adjektiv μονογενής aus.

Z. 19: לְךָ לְאַנְתָּא in Tob 6,12 hat anscheinend nur in La2 mit *tibi uxorem* eine Wiedergabe, nicht aber in GII, GIII und La3.[591] דִּינָא לָךְ ist in GII offenbar mit σοὶ δικαιοῦται bzw. mit σοι δικαίωμα in GIII wiedergegeben.[592] GI bietet σὺ ἐπιβάλλει ‚es fällt dir zu'.[593] La1 bietet *tibi ergo destinata est (haereditas patris eius)*, La2 und La3 haben keine Entsprechung.

2.2.4.2 Fragment 4ii: Tob 6,12–18

Text (PAM 43.181, 42.217)

1 [ ]א ו(ש)(פ)ירא לחד(א) ו(א)בוה רחם [לה
2 [ ] אבוהא ועליך דין קשטא גזר ל(מ)[
3 [ ] (ת)מלל[596] [בעלמ](ת)א[595] דא בליליא דן (ון)קימנה[594] ותסבנה לך לאנ(ת)]ה [
4 [ ] (משתו)תא וידע (א)נה די לא יכול רעואל למכליה מנך בדיל (די) הו(א) ידע
5 [ ] (ו)למסב ברתה מן כל אנוש ה(וא) (יד)(ע) די הן ינתננה לגבר
6 [ ] מ(ן)(ר)שה[598] וכע(ן) [ ] עלי(ק)(מת)(א) דא בליליא דן ונק(י)מנה[597]

---

591 In GI ist möglicherweise (δοθῆναί) σοι αὐτὴν εἰς γυναῖκα als Wiedergabe des aramäischen Texts zu werten, in La1 *accipe illam uxorem* ‚nimm sie zur Frau'.

592 Vgl. Anmerkung 637.

593 Die Codices B und V sowie eine Reihe anderer Handschriften überliefern in Tob 6,12 den Nominativ συ. Hanhart, Tobit 113, emendiert zum Dativ σοι.

594 Auch der Beginn dieses Wortes ist nicht sicher zu lesen. Fitzmyer, Tobit (DJD) 48, entscheidet sich für taw aufgrund des letzten Verbs der Zeile ותסבנה. Das zweite Verb wäre dann ohne waw angeschlossen, was grundsätzlich möglich ist. Dennoch scheint ונקימנה mit dem Beginn waw und nun nach dem handschriftlichen Befund hier eher wahrscheinlich als taw. Auch Beyer, ATTM.E 139, liest ונקימנה.

595 Nach תמלל sind zwar die Spuren einiger Füße von Buchstaben erkennbar, sie sind aber zu fragmentarisch, um sie sicher als bet, ayin und lamed zu identifizieren. Das mem wird auch von Fitzmyer, Tobit (DJD) 48, als ergänzt notiert.

596 Der erste Buchstabe ist nicht sicher zu lesen. Es könnte sich anstelle von taw (Präfix der 2. sg.) auch um waw und nun (‚und' sowie das Präfix der 1. pl.) handeln. Beyer, ATTM.E 139, und Morgenstern, Language 133, lesen an dieser Stelle jeweils die 1. pl. ונמלל, Fitzmyer, Tobit (DJD) 48, die 2. sg. תמלל.

597 Nach Fitzmyer, Tobit (DJD) 48, ist ונקימנה zu bevorzugen. Der Eindruck, der erste Buchstabe sei ein taw, entstehe durch ein Löchlein im Leder oberhalb von waw und nun.

598 Der Beginn des Namens Mose ist schwer zu lesen. Auf den Microfiches ist nur der Kopf eines Buchstabens erkennbar.

4Q197 = 4QTobitᵇ ar 107

7 [ ] רפ[א](א)ל עזרי(ה) אחי (ש)מעת
8 [ ] כד(ח)[י] ⁶⁰⁰ עלל[י]ן עליה ⁵⁹⁹ הוו
9 [ ] ח](ח)ל אנה נ[מ](ל) שדא די
10 [ ] לא]בי ולאמי
11 [ ] א](ח)רן ⁶⁰¹ לא
12 [ ] דן פקדך
13 [ ] ש](דא) דן וס(בה)
14 [ ] [
15 [ ] [
16 [ ] ע]מה (עו)]רו[⁶⁰²
17 [ ] ואל תדח(ל)[ ] ל[ו](ך) היא חליקא ולך [ ]
18 [ ]](ת)(ש)(זב)(ה)ה ⁶⁰³ [ ]מדמה אנה די להוון לך [ ] ול](ה)(ו)ין
19 [ ] ש]מע טוביה מלי רפאל ל](ה) אחא ומן

Übersetzung

Zeile 1 [ ]⁶⁰⁴ und sehr⁶⁰⁵ schön, und ihr Vater liebt [sie⁶⁰⁶]
Zeile 2 [ ] ihres Vaters⁶⁰⁷, und über dich eine Entscheidung⁶⁰⁸ der Richtigkeit (13) hat er beschlossen⁶⁰⁹ zu [ ]

---

599 Vor הוו ist eine kleine Lücke, kürzer als ein Spatium, zu sehen.
600 Beyer, ATTM.E 140, liest an dieser Stelle nur ein waw und ergänzt zu [ה]ון.
601 Vor לא ist eine kleine Lücke, kürzer als ein Spatium, erkennbar.
602 Beyer, ATTM.E 140, liest statt ayin und waw ein lamed, das er zu ל]קדמין ergänzt.
603 Beyer, ATTM.E 140, liest zwei Buchstaben, shin und he, die er nicht ergänzt.
604 Das alef am Zeilenbeginn wird von Fitzmyer, Tobit (DJD) 48, in Anlehnung an (κοράσιον) ἀνδρεῖον in GII bzw. (αὐτὴ) ἀνδρεία in GIII und fortis in La1 zu א[ותקיפה] ergänzt. Bei den folgenden Adjektiven liegt die Schreibweise mit finalem alef vor.
605 Vgl. L. Díez Merino, The Adverb in Qumran Aramaic. In: T. Muraoka (Hg.), Studies in Qumran Aramaic. Abr-n.S 3. Louvain 1992, 22–47, hier: 45. In QA ist לחדא abgesehen von 4Q197 4ii,1; 4iii,1 noch in 1Q20 VII,19; XIII,15; XX,33; XXII,32; 4Q542 3ii,13 (hdxl); 4Q543 5–9,8 (hdxl); 4Q544 1,2 bezeugt.
606 Obwohl in 4Q197 4iii,1 und 4Q196 18,3 auch das Pronominalsuffix in Verbindung mit רחם belegt ist, ist hier nur die Ergänzung zu לה (vgl. 4Q196 14i,4) möglich, da es sich beim letzten Buchstaben offenbar um ein Schluss-mem handelt.
607 Die Formulierung אבוהא hat keine Parallele in QA und ist auch in den aramäischen Dokumenten aus Ägypten nicht belegt. In QA ist ־הא nach U. Schattner-Rieser 51-mal in sechs verschiedenen Texten bezeugt; vgl. dies., Some Observations on Qumran Aramaic: the 3rd fem. sing. Pronominal Suffix. In: L.H. Schiffman/E. Tov/J.C. Vanderkam (Hg.), The Dead Sea Scrolls. Fifty Years after their Discovery. Proceedings of the Jerusalem Congress (July 20–25, 1997). Jerusalem 2000, 739–745, hier: 741. Das Pronominalsuffix der 3. sg. f. nach langem Vokal ist auch in 4Q537 12,3 שוריהא ,ihre Mauern' belegt. In 1QapGen ist, abgesehen vom ipf., in Verbindung mit Substantiven, Verben und Partikeln regelmäßig ־הא verwendet; vgl. ebd. 741f. Nach Cook, Aramaic 366f., ist das lange Suffix möglicherweise ein Hebraismus.

108   Der Vergleich der Textformen

Zeile 3   [ ] du wirst sprechen[610] über diese junge Fr[a]u in dieser Nacht, und wir werden sie verloben[611] und du wirst sie nehmen[612] für dich als Fra[u[613]]
Zeile 4   [ ] des Festes[614] und ich weiß[615], dass Raguel nicht in der Lage sein wird,[616] sie zurückzuhalten[617] vor dir, da[618] er weiß
Zeile 5   [ ] und zu nehmen[619] seine Tochter als jeder Men[sch je]ner wei[ß], dass wenn er sie geben wird[620] einem Mann
Zeile 6   [ ] des Mose[621] und jetzt [ ] diese [junge Fr]au diese Nacht[622] und wir werden sie verloben
Zeile 7   [(14) Rafa]el: Asarja, mein Bruder, ich habe gehört[623]
Zeile 8   [a]ls sie hineingi{n}gen[624] zu ihr, sie waren[625]

---

608 Vgl. Anmerkung 638.
609 3. sg. m. pf. pe.
610 2. sg. m. ipf. pa. (vgl. Anmerkung 596). Da es sich beim dritten Verb dieser Zeile ותסבנה eindeutig um die 2. sg. m. handelt, nimmt Fitzmyer hier dreimal die 2. sg. m. ipf. an, gegen GI, GII und GIII. Da die griechischen Textformen aber nicht dreimal dieselbe Person verwenden, muss dies m.E. auch für den aramäischen Text nicht vorausgesetzt werden. Denn wie Morgenstern, Language 133, ausführt, kann Asarja bei den Verhandlungen zur Heirat ja durchaus beteiligt sein, während natürlich nur einer – Tobija – Sara heiraten kann.
611 1. pl. ipf. af. plus Nun energicum plus Pronominalsuffix der 3. sg. f. Zur Bedeutung der Wz. קים ‚verloben' vgl. Morgenstern, Language 134.
612 2. sg. ipf. pe. von נסב plus Nun energicum plus Pronominalsuffix der 3. sg. f.
613 Das letzte Wort könnte nach Morgenstern, Language 135, auch zu לאנתון ‚for marriage' ergänzt werden.
614 Das Substantiv משתותה ist in BA nicht überliefert, in QA abgesehen von 4Q197 4ii4 noch in 4Q543 1,7; 4Q545 1,6.7.8. Die Determination משתותא ist an dieser Stelle möglicherweise Hinweis auf eine cs.-Verbindung.
615 Pt. sg. m. pe.
616 3. sg. m. ipf. pe.
617 Inf. pe. von כלי plus Pronominalsuffix der 3. sg. f.
618 In BA ist בדיל bzw. בדיל די nicht überliefert. In QA ist die Verbindung בדיל די abgesehen von 4Q197 4ii,4 noch in 4Q550c 1iii,2; 4Q555 1,1; 4Q562 4,2; 9–10,3; 11Q10 XXIX,7 belegt.
619 Inf. pe. von נסב ‚(fort)nehmen'.
620 3. sg. m. ipf. pe. plus Nun energicum plus Pronominalsuffix der 3. sg. f.
621 In QA ist der Eigenname Mose meistens mit waw überliefert (vgl. u.a. 4Q197 4ii,6; 4Q545 4,15; 4Q546 10,3; 4Q553 8i,2). In den übrigen Qumranschriften ist bisweilen auch die Schreibweise משה belegt (z.B. durchweg in CD, 1Q62 2,1; 4Q256 IX,7; 4Q258 I,6; 4Q259 III,6; 4Q270 7i,17; 4Q299 74,2; 4Q367 2a–b,3; 3,13; 4Q368 1,2; 4,2; 4Q378 22i,1.2.3; 4Q379 17,4; 4Q418 184,1; 4Q419 1,2; 4Q423 11,2; 4Q470 3,6; 4Q513 3–4,5).
622 Während in 4Q197 4ii,3 ‚diese Nacht' mit der Präposition ב verbunden ist, erscheint ליליא דן hier absolut. GII verwendet beide Male τὴν νύκτα ταύτην.
623 1. sg. pf. pe.

Zeile 9	[(15) fü]rchtend[626] (bin) ich [vo]r dem Dämon, der
Zeile 10	[für] meinen [Va]ter und für meine Mutter
Zeile 11	[ein an]derer nicht
Zeile 12	[(16)] der dir befohlen hat[627]
Zeile 13	[ ] diesen [Dä]mon und nimm[628] sie
Zeile 14	[(17)]
Zeile 15	[(18)]
Zeile 16	[mi]t ihr weck[t auf[629]]
Zeile 17	[ni]cht fürchte dich[630], [für di]ch (ist) jene bestimmt[631] und für dich [ ]
Zeile 18	[ ] du wirst [sie] retten[632] [ ] ich denke[633], dass sein werden[634] für dich [und s]ie werden sein
Zeile 19	[es hö]rte Tobija die Worte Rafae[ls für] ihn[635] eine Schwester[636] und von

Anmerkungen

Z. 1: ושפירא לחדא ‚und einzigartig schön' entspricht in Tob 6,12 in GII καὶ καλὸν λείαν (bezogen auf κοράσιον ‚Mädchen'). GI und GIII haben

---

624 Pt. m. pl. pe. Das zweite lamed von עללין ist supralinear als Korrektur nachgetragen.
625 3. pl. m. pf. pe.
626 Pt. m. sg. pe.
627 3. sg. pf. pa. plus Pronominalsuffix der 2. sg. m.
628 Imp. sg. m. pe. von נסב ‚nehmen' plus Pronominalsuffix der 3. sg. f.
629 Die beiden Buchstaben ayin und waw werden von Fitzmyer, Tobit (DJD) 48, zum imp. pl. m. von עור ‚aufwecken' ergänzt. Die Wz. עור ist in QA noch in 1Q20 XIX,17; 4Q213b 1,2; 4Q547 9,8 überliefert.
630 2. sg. m. ipf. pe.
631 Pt. f. sg. Peil von חלק ‚teilen, zuteilen, bestimmen'. Diese Wz. ist in BA nicht belegt, in QA abgesehen von 4Q197 4ii,17 noch in 1Q20 XVI,12; XVII,7; 4Q204 1vi,12; 11Q10 XXVI,5. Vgl. auch Morgenstern, Language 135.
632 2. sg. m. ipf. pe. plus Pronominalsuffix der 3. sg. f. Vgl. auch Cook, Aramaic 374.
633 Pt. m. sg. pa.
634 Das präfigierte lamed steht nach Segert im späten Reichsaramäisch und durchgängig in BA (Dan 2,20.43; 4,22; 5,17; 6,2f.27; Esr 6,10; 7,23.25) beim ipf. der 3. sg. m. und der 3. pl. m./f. von הוי ‚sein'; vgl. ders., Altaramäische Grammatik 297 (5.7.8.1.6). 251 (5.6.4.7.9); Cook, Aramaic 371.
635 לה kann sowohl f. als auch m. sein, ebenso das Äquivalent in La1 und La2 *illius* in Tob 6,18. In GII αὐτῷ ‚ihm' ist aber eindeutig m.
636 Bei אחא handelt es sich um eine phonetische Schreibweise von אחה ‚Schwester'. אחא bezeichnet nach dem Konsonantenbestand auch die determinierte Form von אח ‚Bruder' (vgl. die Anmerkungen 548 und 604). Da לה sowohl m. als auch f. sein kann, ist auch denkbar, [ל]ה אחא abweichend von GII, La1 und La2 mit ‚für sie der Bruder' wiederzugeben.

kein Äquivalent für das Adverb, da ‚schön' in GI abweichend vom aramäischen Text das erste Adjektiv ist, entfällt auch das Äquivalent für *waw*. La1 bietet mit *bona ualde* zwar eine Wiedergabe für das Adverb, ändert aber ‚schön' zu ‚gut'. Die positiven Eigenschaften von Raguels Tochter werden in den Textformen offenbar unterschiedlich angeordnet bzw. ausgestaltet. Während Sara in GI als schön und verständig geschildert ist, wird sie in GII als verständig, mannhaft/tapfer und sehr schön bezeichnet. In GIII ist Sara dagegen mannhaft/tapfer, verständig und schön. In La1 ist sie weise, tüchtig, sehr gut und *constabilita* ‚gefestigt', in La2 sehr weise, erwachsen an Jahren, gut in allen Dingen und gefestigt in jeder Hinsicht. In La3 wird dagegen weder auf die äußerlichen noch auf die charakterlichen Vorzüge Saras abgehoben. [ולה] ואבוה רחם ‚und ihr Vater liebt sie' ist in GIII mit καὶ ὁ πατὴρ αὐτῆς ἀγαπᾷ αὐτήν wiedergegeben bzw. in La1 mit *et pater ipsius diligit illam* und *et diligit eam nimis pater eius* ‚und ihr Vater liebt sie überaus' in La2. GII bietet mit καὶ ὁ πατὴρ αὐτῆς καλός ‚und ihr Vater ist schön/edel' dagegen abweichend vom aramäischen Text eine Aussage über Saras Vater. GI und La3 haben keine Entsprechung.

Z. 2: אבוהא entspricht möglicherweise in Tob 6,12 in La1 *(haereditas) patris eius* ‚(das Erbe) ihres Vaters'.[637] ועליך דין קשטא גזר kann entweder mit ‚und in Bezug auf dich hat er eine Entscheidung der Richtigkeit beschlossen' oder mit ‚und in Bezug auf dich hat der Richter der Gerechtigkeit beschlossen' gedeutet werden.[638] Weder die eine noch die andere Deutung wird von GI, GII, GIII, La1, La2 und La3 gestützt, da sich die Textformen an dieser Stelle deutlich vom aramäischen Textfragment unterscheiden.

Z. 3: תמלל ‚du wirst sprechen' in Tob 6,13 ist in GI, GII und GIII abweichend vom aramäischen Text mit der 1. sg. Futur λαλήσω ‚ich werde sprechen' wiedergegeben. La1 und La2 bieten den imp. *loquere*

---

637 In GI, GII und GIII wird schon vor der Schilderung der Vorzüge Saras auf den finanziellen Aspekt der Verbindung Tobijas und Saras abgehoben. Nach Morgenstern, Language 133, repräsentiert דינא in 4Q197 4i,19 möglicherweise den Verweis auf das Anrecht Tobijas auf das Erbe. אבוהא in 4Q197 4ii,2 ist seiner Meinung nach „surely paralleled in the Greek by the praise of the father's virtue"; ebd.

638 Das Substantiv דין kann nach dem Konsonantenbestand sowohl דִּין ‚Urteil' als auch דַּיָן ‚Richter' bezeichnen. Beyer, ATTM.E 141, übersetzt „und in bezug auf dich hat er das wahre Recht beschlossen", Fitzmyer, Tobit (DJD) 49, übersetzt „and a right decision has been determined on your behalf". Morgenstern, Language 133, übersetzt dagegen mit „and the Righteous Judge decreed for you". Da die Textformen an dieser Stelle deutlich von 4Q197 4ii,2 abweichen, muss offen bleiben, ob דִּין ‚Urteil' oder ‚Richter' vorliegt.

‚sprich'.⁶³⁹ בעלןנ[ת]א דא ‚über diese junge Fr[a]u' hat in GI keine Wiedergabe, GII bietet περὶ τοῦ κορασίου ohne Äquivalent für das Demonstrativum. GIII, La1 und La2 bieten nur περὶ αὐτῆς bzw. *de illa* ‚über sie'. La3 hat keine Wiedergabe. בליליא דן ‚in dieser Nacht' ist in GII mit τὴν νύκτα ταύτην bzw. mit *hac nocte* in La1 und La2 wiedergegeben. GIII bietet abweichend σήμερον ‚heute', GI hat keine Zeitangabe. ונקימנה ‚und wir werden sie verloben' entspricht in GIII καὶ ἁρμωσόμεθά σοι αὐτήν bzw. in La2 *et sponsabimus illam tibi in uxorem*. La1 bietet *et accipiemus tibi illam uxorem*, GII das finale ἵνα λημψόμεθά σοι αὐτὴν νύμφην.⁶⁴⁰ GI hat keine Wiedergabe, La3 fasst insgesamt zu *pete igitur a patre eius, et dabit tibi eam uxorem* zusammen. ותסבנה לך לאנת[ה] hat offenbar keine Entsprechung in den Textformen. Nach Morgenstern bezeichnen נמלל⁶⁴¹ – תסבנה – ונקימנה hier die drei Stadien der Eheschließung: „the request, the payment, and finally the marriage itself."⁶⁴² In den Textformen sind diese drei Stadien nicht mehr zu erkennen.

Z. 4: משתותא ‚das Fest' entspricht in Tob 6,13 in GI, GII und GIII übereinstimmend γάμος ‚Hochzeit'.⁶⁴³ Dem pt. וידע אנה די entspricht in GI kausales διότι ἐπίσταμαι ‚denn ich weiß', während GII parataktisches καὶ ἐπίσταμαι ὅτι ‚und ich weiß, dass' und GIII asyndetisches οἶδα ὅτι verwendet. La1 bietet *scio autem quia*, La2 *certus sum autem quoniam*.⁶⁴⁴ Das folgende לא יכול רעואל למכליה מנך ‚nicht wird Raguel sie dir vorenthalten können' entspricht in GII οὐ μὴ δυνηθῇ Ῥαγουὴλ κωλῦσαι αὐτὴν ἀπὸ σοῦ. GIII bietet οὐ δύναται Ῥαγουὴλ ἀντειπεῖν σοι ‚nicht kann Raguel dir widersprechen', La1 *Raguhel non negabit illam tibi*, La2 *Raguel non denegabit illam tibi*. GI und La3 haben keine Wiedergabe. Die Begründung בדיל די הוא ידע ‚da er weiß' ist in GII offenbar mit διὰ τὸ γινώσκειν bzw. mit ὅτι γινώσκει in GIII wiedergegeben, wobei GII abweichend vom aramäischen Text mit καί anschließt und die Text-

---

639 Morgenstern, Language 134, weist darauf hin, dass מלל an dieser Stelle nicht ‚sprechen', sondern ‚erbitten' bedeutet, da מלל hier eher als Terminus technicus ‚zur Frau erbitten, um eine Frau anhalten' verwendet ist.

640 Vgl. Cook, Translated Tobit 158f.

641 Vgl. Anmerkung 596.

642 Morgenstern, Language 134.

643 GII, GIII und La1 bieten vom aramäischen Text abweichend ‚ihre Hochzeit', was einem aramäischen Pronominalsuffix der 3. sg. f. entsprechen würde. Dieses ist bei משתותא eindeutig nicht gegeben.

644 Sowohl *scire* ‚wissen' als auch *certus esse* ‚sicher sein' werden in der Regel mit AcI oder indirekter Frage verbunden. Bei *scire quia* bzw. *certus esse quoniam* handelt es sich wohl um den Versuch, די bzw. ὅτι auch im Lateinischen durch ein eigenes Textelement wiederzugeben. Vgl. auch *credere quoniam* ‚glauben dass' in 4Q197 4ii,18 (La1).

sequenz in GII und GIII offenbar von der des aramäischen Textes von 4Q197 abweicht. La1 und La2 bieten mit *nouit enim* bzw. *scit enim* eine exakte Wiedergabe.

Z. 5: Der Vergleich ‏[אנוש‎ כל מן ברתה ‏ולמסב ist in GII mit λαβεῖν αὐτὴν[645] θυγατέρα αὐτοῦ παρὰ πάντα ἄνθρωπον ohne Äquivalent für das *waw* wiedergegeben. GI bietet λαβεῖν ἢ πάντα ἄνθρωπον, das Objekt ist abweichend vom aramäischen Text aber nicht Raguels Tochter, sondern die Erbschaft, ebenso in La1. GIII bietet ὅτι σὺ ἄρχεις αὐτῆς παρὰ πάντα τὰ ἔθνη ‚denn du beherrschst sie vor allen Heiden'. Das folgende ‏[וה]א ‏לגבר ינתננה די הן ידע[ן] hat an dieser Stelle offenbar nur in GIII mit γινώσκει ὅτι ἐὰν δώσει αὐτὴν ἀνδρὶ (ἑτέρῳ) eine Entsprechung. GI bietet ὅτι οὐ μὴ δῷ αὐτὴν ἀνδρὶ (ἑτέρῳ), variiert jedoch die Textsequenz gegenüber dem aramäischen Fragment. In GII entspricht möglicherweise der verkürzte Vergleich ἢ ἐγγυᾶσθαι ἑτέρῳ dem aramäischen Text, auch hier ist die Abfolge der Textelemente aber geändert.[646]

Z. 6: Der Eigenname ‏מושה in Tob 6,13 ist in GI Bestandteil von κατὰ τὸν νόμον Μωυσῆ bzw. κατὰ τὸν νόμον Μωσέως ‚nach dem Gesetz des Mose' in GIII. GII bietet κατὰ τὴν κρίσιν τῆς βίβλου Μωυσέως ‚nach der Bestimmung des Buches des Mose', ebenso La1 und La2.[647] Weder GI, GII und GIII noch La1 und La2 schließen mit einer Wiedergabe für ‏וכען ‚und jetzt' an ‚Mose' an. ‏[על]קמת[א] דא ‚diese [junge Fr]au' ist in GII mit περὶ τοῦ κορασίου ohne Äquivalent für das Demonstrativum wiedergegeben.[648] La1 und La2 bieten mit *de hac puella* bzw. *(de petitione) puelle huius* eine vollständige Wiedergabe. GI und GIII haben keine Wiedergabe. ‏ליליא דן entspricht in GII wieder τὴν νύκτα ταύτην, GI, GIII, La1 und La2 haben keine Zeitangabe. ‏ונקימנה ‚und wir werden sie verloben' entspricht in GII καὶ μνηστευσόμεθά (σοι) αὐτήν bzw. in La1 *et desponsemus illam (tibi)* und in La2 *et disponsemus illam (tibi)*. GI hat keine

---

645 Hanhart, Tobit 114, emendiert in Tob 6,13 das in Codex S überlieferte αὐτὴν ‚sie' zum Artikel τὴν (θυγατέρα).
646 Vgl. Hanhart, Text 30f.
647 Fitzmyer, Tobit (DJD) 48, ergänzt in Anlehnung an GII, La1 und La2 zu ‏[ספר] מושה ‚Buch des Mose'. Auf welche Bestimmung der Tora Asarja an dieser Stelle abhebt, ist aber nicht klar; vgl. T. Hieke, Endogamy in the Book of Tobit, Genesis, and Ezra-Nehemiah. In: G.G. Xeravits/J. Zsengellér (Hg.), The Book of Tobit. Text, Tradition, Theology. Papers of the First International Conference on the Deuterocanonical Books, Pápa, Hungary (20–21 May, 2004). JSJSup 98. Leiden–Boston 2005, 103–120, hier: 109f.
648 Vgl. 4Q197 4i,15 (Tob 6,10 GII).

Wiedergabe, in GIII entspricht möglicherweise das pt. καὶ λαβόντες αὐτήν dem aramäischen Text.⁶⁴⁹

Z. 7: Der Name רפ[אל] in Tob 6,14 hat in GII die Entsprechung Ῥαφαήλ, in La1 *Raphahel* und in La2 *Rafael*, während GI und GIII nur τῷ ἀγγέλῳ ‚dem Engel' ohne dessen Eigennamen bieten. Der Vokativ עזריה אחי ‚Asarja, mein Bruder' hat in GI, GII, La1 und La2 eine Wiedergabe,⁶⁵⁰ GIII hat nur ‚Bruder' und tauscht die Abfolge von Vokativ und Prädikat. Dem pf. שמעת ‚ich habe gehört' entspricht in GII und GIII der Aorist ἤκουσα, in La1 und La2 das pf. *audiui* bzw. *audibi*. Dies entspricht dem üblichen griechischen und lateinischen Erzähltempus. GI bietet dagegen das Perfekt ἀκήκοα.

Z. 8: Das pt. [כ]די על[ל]ין עליה in Tob 6,14 ist in GII mit ὁπότε εἰσεπορεύοντο πρὸς αὐτήν wiedergegeben, wobei durch die Verwendung des ipf. der iterative Aspekt des Geschehens zum Ausdruck kommt. Auch GIII bietet das ipf. εἰσεπορεύοντο πρὸς αὐτήν, allerdings mit dem temporalen Dativ νυκτί ‚nachts' anstelle eines Äquivalents für die Konjunktion [כ]די. La1 umschreibt mit *ea hora qua cum illa fuerunt* ‚die Stunde, in der sie bei ihr waren', La2 mit *in hora qua intraberunt cubiculum illius* ‚in der Stunde, in der sie ihr Schlafzimmer betraten'. GI hat keine Entsprechung. Da das aramäische Fragment an dieser Stelle abbricht, lässt sich הוו nicht sicher in die griechischen und lateinischen Textformen einordnen.

Z. 9: Das pt. ו[ד]חל אנה in Tob 6,15 ist in GI mit dem finiten Verb φοβοῦμαι, in GII und GIII mit φοβοῦμαι ἐγώ⁶⁵¹ wiedergegeben bzw. in La1 und La2 mit *timeo* ‚ich fürchte'. [מן] שדא entspricht in GIII ἀπὸ τοῦ πνεύματος τοῦ ἀκαθάρτου ‚vor dem unreinen Geist'. La1 bietet *hoc daemonium* als direktes Objekt nach *timere*. Das folgende די entspricht in GIII begründendem ὅτι bzw. *quoniam* in La1.⁶⁵² GI, GII und La2 haben keine Entsprechung.

Z. 10: לא]בי ולאמי] entspricht in Tob 6,15 in GI und GII (ζωὴ) τοῦ πατρός μου καὶ τῆς μητρός μου ‚das Leben meines Vaters und meiner Mutter', ebenso in La1. GIII bietet dagegen (γῆρας) τοῦ πατρός μου καὶ τῆς μητρός μου ‚das Alter meines Vaters und meiner Mutter'. Das präfigierte *lamed* hat offenbar keine Wiedergabe,⁶⁵³ La2 hat eine Paraphrase.

---

649 In 4Q197 4ii,3 ist ונקימנה in GIII mit καὶ ἁρμωσόμεθά σοι αὐτήν wiedergegeben.
650 Vgl. Anmerkung 254.
651 Vgl. Anmerkung 220.
652 Vgl. Anmerkung 299.
653 In 4Q196 14i,6, das ebenfalls Tob 6,15 überliefert, hat an dieser Stelle eindeutig kein ל, sondern bietet nur אבי ואמי.

Z. 11: לא [אחרן] in Tob 6,15 ist in GI, GII und GIII übereinstimmend mit ἕτερος οὐκ wiedergegeben, wobei in GIII zwischen ἕτερος und der Negation zusätzlich ἢ θυγάτηρ ‚oder eine Tochter' eingefügt ist. La1 bietet *(neque habent) alium filium*.

Z. 12: Der Partikel די in Tob 6,16 entspricht in GII kausales ὅτι bzw. *quoniam* in La1 und La2. GI verwendet dagegen das Relativpronomen.[654] פקדך ‚er hat dir befohlen' ist in GI und GII übereinstimmend mit ἐνετείλατό σοι wiedergegeben bzw. mit *praecepit tibi* in La1. GIII und La2 bieten dagegen vom aramäischen Text abweichend das Substantiv ἐντολαί bzw. *mandata* ‚Befehle'.

Z. 13: דן [ש]דא ‚dieser Dämon' in Tob 6,16 hat in GII mit τὸ δαιμόνιον τοῦτο bzw. mit *daemonium illud* in La1 und *demonium illut* in La2 jeweils eine exakte Wiedergabe, während GI kein Äquivalent für das Demonstrativum hat. GIII bietet τὸ ἐν αὐτῇ πνεῦμα.[655] Der imp. וסבה ‚und nimm sie' entspricht in GII καὶ λαβέ ohne Wiedergabe für das Pronominalsuffix. La1 und La2 bieten übereinstimmend *sed postula illam*, in La2 erweitert durch das pt. *confidens deo*. GI und GIII haben keine Entsprechung.

Z. 16: עמה [ע]מה] in Tob 6,18 entspricht in GII μετ' αὐτῆς bzw. in La1 *cum illa*. GI und La2 bieten dagegen den Dativ nach προσπορεύεσθαι ‚herantreten an' bzw. *coniungere*. GIII hat keine Wiedergabe. Der imp. pl. עורן ist in GI mit ἐγέρθητε, in GII mit ἐξεγέρθητε wiedergegeben. GIII bietet ποιεῖς αὐτὴν ἐγερθῆναι, abweichend vom aramäischen Text mit καί angefügt. La1 und La2 bieten übereinstimmend *surgite* ‚steh auf'.

Z. 17: Der Prohibitiv אל תדחל] ist in Tob 6,18 in GI und GII mit μὴ φοβοῦ bzw. in La1 mit *noli timere* wiedergegeben. La2 hat *nec timeas*, GIII keine Wiedergabe. לך] entspricht in GI und GII das Personalpronomen σοί bzw. *tibi* in La1 und La2. Das folgende Demonstrativum היא ‚sie' hat ausschließlich in GI ein eigenes Äquivalent. Dem pt. חליקא entspricht in GI das pt. pf. Passiv ἡτοιμασμένη ‚die bestimmt ist',[656] in GII das pt. pf. pass. μεμερισμένη ‚die zugeteilt ist'.[657] La1 und La2 verwenden übereinstimmend *destinata*. GIII bietet abweichend vom aramäischen Text ὅτι σοί ἐστι τὸ δικαίωμα λαβεῖν αὐτήν. ולך ‚und für dich' hat anscheinend keine Entsprechung in den griechischen und lateinischen Textformen.

---

654 Vgl. Cook, Translated Tobit 157f., der eine Untersuchung der verschiedenen Wiedergaben von די in den griechischen Textformen vorgelegt hat.
655 Vgl. Anmerkung 581.
656 Vgl. Gen 24,44 LXX: αὕτη ἡ γυνὴ ἣν ἡτοίμασεν κύριος τῷ ἑαυτοῦ θεράποντι Ἰσαάκ.
657 Das Verb μερίζειν ist in LXX häufiger zur Wiedergabe von חלק im MT verwendet (vgl. u.a. Num 26,53.55; 1 Kön 16,21; Spr 29,24; Jes 53,12; Neh 13,13).

Z. 18: [תשזבנ]ה ‚du wirst [sie] retten' in Tob 6,18 ist in GI und GII übereinstimmend mit σὺ αὐτὴν σώσεις bzw. in La1 und La2 mit *tu illam sanabis* ‚du wirst sie heilen' wiedergegeben. GIII bietet das Passivum divinum καὶ δοθήσεται αὐτῇ ἴασις. Das folgende מדמה אנה די להוון לך wörtlich ‚denkend (bin) ich, dass sein werden für dich' hat in GII mit ὑπολαμβάνω ὅτι ἔσονταί σοι eine exakte Entsprechung.[658] GI wechselt mit ὑπολαμβάνω ὅτι σοὶ ἔσται vom aramäischen Text abweichend zur 3. sg. La1 bietet *credo quoniam habebis* ‚ich glaube, dass du haben wirst',[659] La2 abweichend *credo in deum quoniam habebis* ‚ich glaube an Gott, dass du haben wirst'. GIII formuliert freier mit der Feststellung καὶ γεννήσεις ἐξ αὐτῆς τέκνον. ויל[הוון] entspricht in GII καὶ ἔσονται bzw. *et erunt* in La1 und La2. GI und GIII haben keine Entsprechung.

Z. 19: [ש]מע טוביה מלי רפאל[ן] in Tob 6,18 ist in GII mit dem Temporalsatz καὶ ὅτε ἤκουσεν Τωβείας τῶν λόγων Ῥαφαήλ bzw. mit *et cum audisset Thobias sermones Raphahel* in La1 wiedergegeben. GI kürzt mit ὡς ἤκουσεν Τωβίας ταῦτα, La2 verwendet das pt. *et audiens Tobias sermonem angeli*. GIII hat keine Wiedergabe. ל]ה אחא] wird von GII, La1 und La2 übereinstimmend als ‚für ihn eine Schwester' gedeutet und mit αὐτῷ ἀδελφή bzw. *soror illius* wiedergegeben.[660] GI und GIII haben keine Wiedergabe. ומן ‚und von' entspricht in La1 *et de (domo seminis patris illius)* und in La2 *et de (domo seminis paterni)*, in GII ἐκ (τοῦ σπέρματος τοῦ οἴκου τοῦ πατρός) ohne Äquivalent für das *waw*. GI und GIII haben keine Entsprechung.

2.2.4.3 Fragment 4iii: Tob 6,18–7,10

Text (PAM 43.181/42.217)

1   [ש](מ)יא רחמה ולב(ה) [ ]בה [ ]א וכדי עלו לגוא א(חמ)[תא]
2   (ל)ה טוביה (עז)ריה [ ]ח(נ)רני קשישתא לבית רעואל
       [ ]אחונא ודברה ואזלנו

---

658 An dieser Stelle hat das aramäische Personalpronomen in GI, GII, La1 und La2 kein Äquivalent im Sinne einer formalen Äquivalenz (vgl. Anmerkung 220).
659 Vgl. Anmerkung 644.
660 Vgl. Anmerkung 636. Zur Bezeichnung ‚Bruder' und ‚Schwester' unter Eheleuten vgl. Grelot, Nom de Parenté 332ff.
661 Der Text hat an dieser Stelle anscheinend kein Verb. Fitzmyer, Tobit (DJD) 51, ergänzt דבק in Anlehnung an ἐκολλήθη in GI und GII in Tob 6,18.

Der Vergleich der Textformen

3 רְעוּאֵל וְאִשְׁכַּ(ח)וְ[ה]‎[663] יָ(ת)[ה] קֳדָם תְּרַע {דרך}תֵ(ה)‎[662] וְשָׁאֵלוּ
שְׁלָמָה לִקַדְמִין וַאֲמַר (לְ)הוֹן

4 לִשְׁלָם אֲתִיתוּן וְעַלוּ בִשְׁ(לָ)[ם] (אֲ)חִי וְאַעֵל אֱנוּן לְבֵיתֵהּ וַאֲמַר
לְעֶדְנָא אַנְתְּתֵהּ כְּמָא

5 דְּמֵהּ עֲלֵימָא דֵן לְטוּבִי בַּר דֹּדִי וְשָׁאֵלַת אֱנוּן עֶדְנָא וַאֲמֶרֶת
לְהוֹן מִנָּאן אַנְתּוּן אֲחִי

6 וַאֲמֵרוּ לַהּ מִן בְּנֵי נַפְתָּלִי [ ] שְׁבִין בְּנִינְוֵה וַאֲמָרָא לְהוֹן יָדְעִין
אַנְתּוּן לְטוּבִי אֲחוּנָ[א]

7 וַאֲמָרִין לַהּ דִּי יָדְעִין אָ(נַ)[חְ](נָ)א לֵהּ הַשְׁלַם הוּא (וַ)(אֲ)מְרוּ לַ(הּ)
שְׁלָם וְאַמַ[(ר)] [טַח](בִיַהּ)‎[664]

8 דִּי אֲבִי הוּא וְשׁוֹר רְעוּאֵל נַשְׁקֵהּ וּבַ(כְּ)[הּ]

9 טָבָא (עֲ)[לֵי]ךָ‎[666] [665] (נַ)בְרָא קַשִּׁיטָא [ ]

10 צוּר טוּבָיָהּ [ ]

11 דְּכַר דִּי עָן (טַב)[חַ][667] [ ]

12 לְמֵאֱכַל וּלְמִשְׁתֵּהּ [ ]

13 (אַחַתּ)ִי וּשׁ(מַע) [ ]

Übersetzung
Zeile 1   [s]ehr liebte er sie[668] und sein Herz[669] an ihr [ ][670]. 7 (1) Und als sie (hinein)gingen nach Ekbata[na[671]] hinein [ ]

---

662 Vgl. Fitzmyer, Tobit (DJD) 51. Beyer, ATTM.E 142, liest alef als letzten Buchstaben und damit den Artikel anstelle des Pronominalsuffixes der 3. sg. Die beiden Buchstaben dalet und resch wurden supralinear als Korrektur nachgetragen.

663 Fitzmyer, Tobit (DJD) 51, liest die Reste von vier Füßen von Buchstaben, die er zu לְ[רעואל] ergänzt. Auf den Microfiches sind nur die Füße zweier Buchstaben erkennbar.

664 Der Eigenname Tobija ist hier nicht sicher, da von den letzten drei Buchstaben, welche die Grundlage der Ergänzung bilden, jeweils nur die Köpfe erhalten sind.

665 Fitzmyer, Tobit (DJD) 51, sieht in der Mitte der Lacuna am oberen Rand einen Punkt, den er als bet deutet und zu בְּרָן ergänzt. Anhand der Microfiches kann dies nicht verifiziert werden.

666 Beyer, ATTM.E 142, liest statt ayin und lamed an dieser Stelle חבל.

667 Die Wz. טבח ‚schlachten' ist in BA nicht belegt, in QA nur hier in 4Q197 4iii,11. Da die beiden ersten Wurzelkonsonanten nicht vollständig erhalten sind, ist nicht auszuschließen, dass es sich hier um דבח ‚opfern' handelt. דבח ist in QA in 4Q243 13,2 und 11Q18 30,2 überliefert.

668 3. sg. m. pf. pe. plus Pronominalsuffix der 3. sg.

669 ‚Herz' ist in QA überwiegend mit לבב, aber auch mit לב bezeugt. In den aramäischen Tobit-Fragmenten ist לב in 4Q196 17ii,1, 4Q197 4iii,1 belegt, jeweils mit Pronominalsuffix. לבב ist dagegen in 4Q196 13,3; 14i,11; 17ii,4; 4Q197 4i,10.12 belegt.

670 Fitzmyer, Tobit (DJD) 51, ergänzt alef in Anlehnung an GI σφόδρα in Tob 6,18 zu וְלַחְדָא ‚sehr, außergewöhnlich'.

Zeile 2	zu ihm Tobija: Asa[rja ge]leite⁶⁷² mich gerade⁶⁷³ zum Haus Raguels, unseres Bruders. Und er führte ihn⁶⁷⁴, und sie ging[en]
Zeile 3	Raguels, und sie fand[en⁶⁷⁵ si]tzend⁶⁷⁶ vor der Tür seines {Hof}raums, und sie erkundigten sich nach seinem Wohl⁶⁷⁷ als erste, und er sagte zu ihnen
Zeile 4	zu Frieden seid ihr gekommen⁶⁷⁸ und tretet ein⁶⁷⁹ in Frieden, meine Brüder, und er führte⁶⁸⁰ sie hinein in sein Haus. (2) Und er sagte zu Edna, seiner Frau: Wie
Zeile 5	gleicht⁶⁸¹ dieser junge Mann dem Tobi, dem Sohn meines Onkels. (3) Und es fragte sie Edna und sprach zu ihnen: Von wo (seid) ihr, meine Brüder?
Zeile 6	Und sie sagten zu ihr: Von den Söhnen Naftalis [ ] gefangen in Ninive. (4) Und sie sagte⁶⁸² zu ihnen: Kennt⁶⁸³ ihr den Tobi⁶⁸⁴, unseren Bruder?

---

671 Vgl. Esr 6,2. In QA ist אחמתא nur hier in 4Q197 4iii,1 überliefert. Zur Bedeutung und den archäologischen Funden dieser antiken Stadt vgl. M.R. Sarraf, Neue architektonische und städtebauliche Funde von Ekbatana-Tepe (Hamadan). In: AMI 29 (1997) 321–339.

672 Imp. sg. m. pe. plus Pronominalsuffix der 1. sg.

673 In BA ist nur das Substantiv קשט ‚Richtigkeit, Wahrheit' belegt. Das Adjektiv קשיט findet sich häufiger in QA, z.B. zur Bezeichnung der ‚Gerechten' (4Q204 1v,5; 4Q212 1iv,16; 4Q531 17,1). Der absolute Gebrauch des Adjektivs ist in QA nur hier in 4Q197 4iii,2 bezeugt.

674 3. sg. pf. pe. plus Pronominalsuffix der 3. sg. m.

675 3. pl. m. pf. af. von שכח ‚finden, fähig sein'.

676 Fitzmyer, Tobit (DJD) 51, ergänzt zu Tob 7,1 in Anlehnung an καθήμενος in GII und GIII bzw. sedens in La1 und La2 zum pt. m. sg. von יתב ‚sitzen'.

677 In 4Q213 1i,18 ist וישאלי שלמה überliefert. García Martínez/Tigchelaar, Study Edition II 447, bieten die Übersetzung „those who wish him well". In der hebräischen Bibel ist in Ri 18,15 וישאלו־לו לשלום ,und sie begrüßten ihn' belegt. In LXX lautet die Wiedergabe an dieser Stelle καὶ ἠρώτησαν αὐτὸν εἰς εἰρήνην.

678 2. pl. m. pf. pe.

679 Imp. pl. m. pe.

680 3. sg. m. pf. af. von עלל ‚hineingehen, eintreten' (vgl. 4Q204 1vi,21; 4Q554 2ii,12; 2iii,16; 5Q15 1ii,6 (jeweils plus Pronominalsuffix)).

681 3. sg. m. pf. pe. oder pt. m. sg. pe. (III-he); vgl. Dan 3,25.

682 Pt. f. sg. pe. Bei der Schreibweise mit finalem alef anstelle des üblichen he beim pt. sg. f. dürfte es sich wieder um eine phonetische Schreibweise handeln. אמרא ist in QA nur hier in 4Q197 4iii,6 belegt.

683 Pt. m. pl. pe.

684 Das direkte Objekt wird durch präfigiertes lamed eingeleitet (vgl. 4Q196 14i,5; 14ii,6; 4Q197 1,3; 4iii,6; 4Q198 1,1.11). Vgl. Rosenthal, Grammar 56 (§182).

Zeile 7 Und sie sagten⁶⁸⁵ zu ihr:⁶⁸⁶ Wir kennen ihn. (Ist) er gesund⁶⁸⁷?
(5) Und sie sagten zu ihr: Gesu[nd, und es sag]te [To]bija
Zeile 8 mein Vater (ist) er. (6) Und es sprang auf⁶⁸⁸ Raguel, er küsste⁶⁸⁹ ihn, und er wein[te⁶⁹⁰ (7)]
Zeile 9 Das Gute (sei) auf [dir] So[hn] des Mannes, des aufrichtig[en]
Zeile 10 den Hals⁶⁹¹ des Tobija [(8)]
Zeile 11 (9) Einen Widder⁶⁹² aus Kleinvieh schlachtete [er⁶⁹³]
Zeile 12 zu essen⁶⁹⁴ und zu trinken⁶⁹⁵ [ ]
Zeile 13 meine Schwester. (10) Und es hörte [ ]

Anmerkungen

Z. 1: [ש]ניא רחמה ist in Tob 6,18 in GII mit λείαν ἠγάπησεν αὐτήν bzw. mit ἐφίλησεν αὐτήν in GI wiedergegeben, wobei das Adverb σφόδρα als Äquivalent für [ש]ניא in GI erst am Ende des Satzes folgt. Sowohl φιλεῖν als auch ἀγαπᾶν bringen die Verbundenheit und fürsorgliche Liebe Raguels zu seiner Tochter zum Ausdruck.⁶⁹⁶ GIII hat keine Wiedergabe. La1 und La2 bieten eine freiere Wiedergabe mit *haesit cordi eius* bzw. *adesit cordi illius* ‚er hing an ihrem Herzen'. Möglicherweise handelt es sich bereits um die Wiedergabe des folgenden ולבה בה, La2 hätte dann ein Äquivalent für *waw*, La1 nicht. ולבה entspricht in GII καὶ ἡ καρδία

---

685 Pt. m. pl. pe.
686 Die Partikel די hat an dieser Stelle die Funktion, die direkte Rede einzuleiten. Sie hat keine Wiedergabe in den Textformen; vgl. 4Q197 4iii,8; 4Q199 1,1.
687 Das Adjektiv שלם ist in QA abgesehen von 4Q197 4iii,7 noch in 4Q209 7iii,7; 4Q531 22,12; 11Q10 XXXII,2 belegt.
688 3. sg. m. pf. pe. von שוור ‚springen, hüpfen'; vgl. 11Q18 32,2.
689 3. sg. m. pf. pe. oder pt. m. sg. pe. plus Pronominalsuffix der 3. sg.
690 3. sg. m. pf. pe. oder pt. m. sg. pe.
691 Das Substantiv ‚Hals' ist in BA nur in der Schreibweise צואר belegt; vgl. Dan 5,7.16.29, in MT ist צור in Neh 3,5 belegt. In QA ist צור abgesehen von 4Q197 4iii,10 noch in 4Q538 1,6; 11Q10 XXXII,9; XXXVI,7 überliefert.
692 Vgl. Esr 6,9.17; 7,17.
693 Fitzmyer, Tobit (DJD) 51, ergänzt in Anlehnung an GII ἔθυσεν (3. sg.) in Tob 7,9 zur 3. sg. m. pf. pe. von טבח ‚schlachten'. Auch die Ergänzung zur 3. pl. m. pf. pe. in Anlehnung an GI, GIII, La1 und La2 ist denkbar.
694 Inf. pe.
695 Inf. pe. (III-he).
696 Auffällig ist, dass auch Asmodäus' Motiv, Saras Ehemänner zu töten, mit φιλεῖν angegeben wird (vgl. Tob 6,15 GI, Ms. 319, GIII).

αὐτοῦ, in GI καὶ ἡ ψυχὴ αὐτοῦ.[697] בה entspricht in GI das Personalpronomen αὐτῇ, in GII mit Präposition εἰς αὐτήν.[698] In Tob 7,1 entspricht וכדי in GII und GIII καὶ ὅτε bzw. *et cum* in La1 und La2, während GI mit einfachem καί anschließt. Die 3. pl. עלו ist in GIII, La1 und La2 jeweils mit der 3. pl. wiedergegeben, während GI und GII mit der 3. sg. ἦλθεν bzw. εἰσῆλθεν vom aramäischen Text von 4Q197 abweichen.[699] אחמן]תא לגוא ist in GI, GII und GIII übereinstimmend mit εἰς Ἐκβάτανα wiedergegeben. La1 bietet *in ciuitatem Ecbatanan*, La2 *in ciuitate Hecbethanis*.

Z. 2: לה sowie der Eigenname טוביה haben in Tob 7,1 in keiner der Textformen eine exakte Wiedergabe: GII bietet mit αὐτῷ ‚ihm' zwar ein Äquivalent für לה, lässt aber den Eigennamen Tobija aus. La1 und La2 bieten dagegen den Eigennamen *Thobias* bzw. *Tobias*, ersetzen לה aber mit *angelo* bzw. *ad angelum*. GI und GIII haben insgesamt keine Wiedergabe. Der Name עזריה hat mit Ausnahme von GI und GIII eine Wiedergabe. Die folgende Aufforderung [ד]ברני קשיטא לבית רעואל אחונא ist in GII mit ἀπάγαγέ με εὐθεῖαν πρὸς Ῥαγουήλ τὸν ἀδελφὸν ἡμῶν ohne Äquivalent für ‚Haus' wiedergegeben, ebenso in La1 mit *duc me uiam rectam ad Raguhelem*. La2 hat mit *recte me duc ad domum Raguel* zwar ein Äquivalent für ‚Haus', lässt aber ebenso wie La1 das Genetivattribut ‚unseres Bruders' aus. GI und GIII haben keine Entsprechung. Das *waw*-Perfekt ודברה entspricht in GII καὶ ἀπήγαγεν αὐτόν ‚und er führte ihn'. La1 hat keine Wiedergabe, während in La2 möglicherweise *ducante angelo* Wiedergabe des aramäischen Textes ist. ואזל[ו] ‚und sie ging[en]' entspricht in GI und GIII offenbar καὶ παρεγένοντο, während GII keine Wiedergabe hat. La1 bietet *et uenerunt*, La2 *et direxerunt*.

Z. 3: Der Eigenname רעואל ist in Tob 7,1 in GII Bestandteil von (εἰς τὸν οἶκον) Ῥαγουήλου, in GI von (εἰς τὴν οἰκίαν) Ῥαγουήλ, in GIII von (πρὸς) Ῥαγουήλ.[700] La1 hat keine Wiedergabe, La2 bietet abweichend *ad domum illius*. ואשכח[ו] entspricht in GII καὶ εὗρον bzw. *et inuenerunt* in La1. La2 bietet das pt. *et inuenientes*, GIII asyndetisches εὗρον. GI überliefert einen völlig anderen Text: Sara, Raguels Tochter, kommt ihm entgegen und begrüßt ihn (also nur eine Person), er begrüßt sie (pl.!), dann führt

---

697 Bisweilen gibt ψυχή in LXX offenbar לב ‚Herz' in MT wieder (vgl. 2 Kön 6,11; 1 Chr 12,39; 2 Chr 7,11; Spr 15,32; Jes 24,7; 42,25), obwohl καρδία als Wiedergabe für לב eindeutig dominiert.
698 Das Verb κολλᾶσθαι in Verbindung mit der Präposition εἰς ist auch in Ps 43,26 (44,26 MT); Klgl 2,2; Bar 1,20 belegt.
699 Codex B sowie die Minuskeln 670 und 319 überliefern in Tob 7,1 die 3. sg. Hanhart, Tobit 119, emendiert zur 3. pl. ἦλθον.
700 Zur Namensform Ῥαγουήλ vgl. Hanhart, Text 75.

Sara sie (pl.!) ins Haus.[701] קחב [ודרעתה} תרע קדם ןַחְתֵ] entspricht in GII das pt. καθήμενος παρὰ τὴν θύραν τῆς αὐλῆς, in GIII καθήμενος παρὰ τὴν αὔλαιαν θύραν.[702] Weder GII noch GIII bieten ein Äquivalent für das Pronominalsuffix.[703] La1 bietet *sedens in atrio circa ostium domus suae*, La2 *sedens in atrio prope hostium*. ושאלו שלמה ,und sie erkundigten sich nach seinem Wohl' ist in GII mit καὶ ἐχαιρέτισαν αὐτόν ,und sie begrüßten ihn' wiedergegeben, in La1 und La2 mit *et salutauerunt illum* bzw. *salutaberunt eum*, wobei in La2 das pt. *ingressi* ohne Äquivalent für *waw* vorausgeht. לקדמין ,als erste' entspricht in GII πρῶτοι bzw. *priores* in La1 und La2. GIII bietet zusammenfassend καὶ ἠσπάσαντο αὐτούς ,und sie begrüßten sich'. ואמר להון hat nur in GII eine vollständige Wiedergabe, GIII, La1 und La2 bieten kein Äquivalent für להון ,ihnen'.

Z. 4: Die zweiteilige Begrüßung לשלם אתיתון ועלו בשלום אחי ,zu Frieden seid ihr gekommen und tretet ein in Frieden, meine Brüder' in Tob 7,1 ist in GII mit χαίρετε πολλά (ἀδελφοί) καὶ καλῶς ἤλθατε ὑγιαίνοντες wiedergegeben, in La1 und La2 mit *bene ualeatis (fratres) intrate salui et sani*. In GIII lautet die Begrüßung dagegen ἐν εἰρήνῃ (ἀδελφοί) εἰσέλθετε. Der Vokativ wird in GII, GIII, La1 und La2 jeweils mit in die Begrüßung hineingenommen, während אחי im aramäischen Text nach der gesamten Begrüßung folgt. ואעל אנון לביתה entspricht in GII καὶ ἤγαγεν αὐτοὺς εἰς τὸν οἶκον αὐτοῦ, in La1 *et induxit illos in domum suam*. La2 bietet abweichend *et (hec dicens) introduxit in altiora domus sue*, GIII καὶ ἐγένετο ὅταν εἰσῆλθοσαν ,und es geschah als sie hineingingen'. GI hat mit καὶ εἰσήγαγεν αὐτοὺς εἰς τὴν οἰκίαν nur eine scheinbare Entsprechung, da abweichend vom aramäischen Text Raguels Tochter Sara das Subjekt ist. ואמר לעדנא אנתתה in Tob 7,2 ist in GI und GII übereinstimmend mit καὶ εἶπεν Ἔδνᾳ τῇ γυναικὶ αὐτοῦ wiedergegeben, GIII bietet mit εἶπε Ῥαγουὴλ πρὸς Ἔδναν τὴν γυναῖκα αὐτοῦ zusätzlich den Eigennamen Raguel. Während Raguels Frau עדנא in den griechischen Textformen übereinstimmend Ἔδνα, in La2 *Ethna* heißt, lautet ihr Name in La1 und Vg Anna. Der Vergleichspartikel כמא ,wie' entspricht in GI, GII und GIII ὡς bzw. *quam* in La1 und La2.

Z. 5: דמה in Tob 7,2 entspricht in GI, GII und GIII das Adjektiv ὅμοιος bzw. *similis* in La1 und La2, עלימא דן entspricht in GII ὁ νεανίσκος οὗτος

---

701 Hanhart, Tobit 119, emendiert folglich zum logisch richtigen Σάρρα δὲ ὑπήντησεν αὐτοῖς καὶ ἐχαιρέτισεν αὐτοὺς καὶ αὐτοὶ αὐτὴν καὶ εἰσήγαγεν αὐτοὺς εἰς τὴν οἰκίαν ,Sara aber kam ihnen entgegen und begrüßte sie, und sie (begrüßten) sie, und sie führte sie ins Haus'. Vgl. zum Ganzen Hanhart, Text 31.

702 Vgl. 2 Makk 14,41.

703 Nach Johannessohn, Präpositionen 370, wird bei lebendem und totem Besitz in LXX bisweilen das Possessivpronomen fortgelassen.

bzw. in La1 *hic iuuenis* und *hic iubenis* in La2. GI und GIII bieten ὁ νεανίσκος ohne Äquivalent für das Demonstrativum. לטובי entspricht in GI und GIII der unflektierte Eigenname Τωβείτ bzw. Τωβίτ, GII überliefert dagegen abweichend den Namen des Sohnes Τωβία.[704] בר דדי ‚der Sohn meines Onkels' ist in GII und GIII vom aramäischen Text abweichend mit ‚meinem Bruder' wiedergegeben.[705] GI verwendet ἀνεψιός ‚Vetter', La1 *consobrinus* und La2 *consubrinus* ‚Geschwisterkind, Vetter, Cousin'. ושאלת אנון עדנא ואמרת להון in Tob 7,3 hat in GII und GIII mit καὶ ἠρώτησεν αὐτοὺς Ἔδνα καὶ εἶπεν αὐτοῖς eine exakte Wiedergabe. La1 bietet *et interrogauit illos Anna dicens*, La2 *et (respiciens) Ethna ad illos interrogabit eos dicens*, wobei das die direkte Rede einleitende ואמרת להון jeweils einem pt. entspricht. In GI dagegen befragt Raguel seine Gäste, ואמרת להון hat keine Wiedergabe. Die Frage מנאן אנתון אחי ‚von wo (seid) ihr, meine Brüder?' hat in GIII keine Entsprechung. GI und GII bieten mit πόθεν ἐστέ ἀδελφοί bzw. mit *unde estis fratres* in La1 und *unde estis uos fratres* in La2 jeweils eine exakte Übersetzung.[706]

Z. 6: ואמרו לה entspricht in Tob 7,3 in GII und GIII καὶ εἶπαν αὐτῇ ‚und sie sagten zu ihr'. Da in GI Raguel die Frage stellt, lautet der Satz hier abweichend καὶ εἶπαν αὐτῷ ‚und sie sagten zu ihm'. La1 bietet *et illi dixerunt*, La2 *et illi responderunt*. Die Antwort מן בני נפתלי ‚von den Söhnen Naftalis' ist in GI mit ἐκ τῶν υἱῶν Νεφθαλεί, in GII mit ἐκ τῶν υἱῶν Νεφθαλείμ ἡμεῖς bzw. in La1 mit *ex filiis Nepthalim nos sumus* wiedergegeben. La2 bietet *ex tribu Neptalim nos sumus* ‚aus dem Stamm Naftali sind wir'.[707] שבין בנינוה entspricht in GI οἱ αἰχμάλωτοι ἐκ Νινευή, in GII οἱ αἰχμαλωτισθέντες ἐν Νινευή. La1 bietet *ex captiuis Niniue*, La2 *de*

---

704 Codex S überliefert in Tob 7,2 anstelle des Namens des Vaters, Tobit, den Namen des Sohnes, Tobija. Hanhart, Tobit 120, emendiert zum Dativ Τωβεῖ.

705 Vgl. Grelot, Noms de parenté 331. Grelot nimmt in Codex S an dieser Stelle die Verwendung von ‚Bruder' im weiten Sinne an, während die Codices B und A mit ἀνεψιός ‚Cousin' den Ausdruck „hellenisieren".

706 Zur Wiedergabe des Vokativs vgl. Anmerkung 254. La2 bietet in Tob 7,3 sowohl in der Frage als auch in der Antwort das betonte *uos* bzw. *nos*. Da die betonten Pronomina an dieser Stelle kaum in Abgrenzung zu einer anderen Gruppe verwendet sind, ist *uos* als Äquivalent für אנתון möglicherweise als Versuch einer Wiedergabe nach dem Prinzip der formalen Äquivalenz zu deuten. Dies wäre erstaunlich, da die altlateinische Überlieferung nach allgemeiner Überzeugung auf eine griechische Vorlage zurückgeht, die griechischen Textformen an dieser Stelle aber kein betontes Pronomen aufweisen. Da La2 insgesamt eine starke Tendenz zur Paraphrase zeigt, bleibt fraglich, ob La2 hier tatsächlich als Hinweis auf eine aramäischen Vorlage gewertet werden kann.

707 In GIII stellen Tobija und Asarja mit τὸν ἐκ τῶν υἱῶν Νεφθαλείμ Edna gewissermaßen eine Gegenfrage auf deren Frage, ob die beiden den Tobit kennen.

captiuis qui translati sunt in Ninniben. GIII hat keine Wiedergabe. In Tob 7,4 ist das pt. f. ואמרא להון in GI, GII und GIII übereinstimmend mit dem finiten Verb καὶ εἶπεν αὐτοῖς wiedergegeben. La1 bietet *tunc illa dixit*, La2 *et dixit Ethna*. Dem pt. ידעין אנתון לטובי אחונא] entspricht in GI und GII der Fragesatz γινώσκετε Τωβεὶτ (GI) / Τωβεὶν (GII) τὸν ἀδελφὸν ἡμῶν ‚kennt ihr Tobit, unseren Bruder'. In GIII lautet die Frage vom aramäischen Text abweichend γινώσκετε Τωβὶτ τὸν ἀδελφόν μου ‚kennnt ihr Tobit, meinen Bruder'.

Z. 7: Das pt. ואמרין לה entspricht in Tob 7,4 in GII καὶ εἶπαν αὐτῇ ‚und sie sagten zu ihr', GI hat keine Entsprechung. GIII bietet abweichend die 3. sg. καὶ εἶπεν ‚und er sagte' ohne Äquivalent für לה. Auch La1 und La2 bieten mit *et dixerunt* bzw. *et illi responderunt* jeweils kein Äquivalent für לה. Die Antwort ידעין אנ[ח]נא לה ist in GII mit γινώσκομεν ἡμεῖς αὐτόν ‚wir kennen ihn' mit dem betonten Personalpronomen der 1. Person wiedergegeben.[708] GIII bietet γινώσκομεν, La1 *nouimus* und La3 *nobimus*, GI hat keine Entsprechung. Während die nächste Frage im aramäischen Text unmittelbar anschließt, fügen GII, GIII, La1 und La2 in den Dialog zusätzlich καὶ εἶπεν αὐτοῖς (GII), καὶ εἶπεν (GIII), *et illa dixit* (La1) und *et dixit Ethna* (La2) ein. Der Frage השלם הוא ‚Ist er gesund?' entspricht in GII und GIII übereinstimmend ὑγιαίνει bzw. in La1 *fortis est*. La2 bietet breiter ausführend *indicate nobis rogo fratres si uibit et fortis est*. GI hat keine Entsprechung. Das die Antwort einleitende ואמרו לה in Tob 7,5 entspricht in GII καὶ εἶπαν αὐτῇ bzw. in La1 *et illi dixerunt* und in La2 *et illi responderunt* ‚und jene antworteten'. GI bietet οἱ δὲ εἶπαν.[709] Die Antwort שלן[ם ist in GII mit ὑγιαίνει (καὶ ζῇ) bzw. in La1 mit *fortis est (et uiuit)* wiedergegeben, während GI mit (καὶ ζῇ καὶ) ὑγιαίνει und La2 mit *(uibit et) fortis est* die Abfolge der Textelemente vertauschen. In GIII kommt Tobits Gesundheitszustand nicht zur Sprache. [ואמנ]ך [טן]ביה hat sowohl in GI, GII, GIII als auch in La1 und La2 eine Wiedergabe, wobei La1 zusätzlich *tunc* ‚dann' einfügt und La2 durch drei weitere pt. ausschmückt.

Z. 8: Tobijas Antwort די אבי הוא in Tob 7,5 lautet in GI und GIII πατήρ μού ἐστι(ν), in GII ὁ πατήρ μού ἐστιν, in La1 und La2 übereinstimmend *pater meus est*. Das folgende ושור רעואל ist in Tob 7,6 in GI und GII mit καὶ ἀνεπήδησεν Ῥαγουήλ wiedergegeben bzw. mit καὶ ἐπήδησε Ῥαγουήλ in

---

[708] Vgl. Anmerkung 220. Die Wortstellung sowie das eigentümlich betonte ἡμεῖς bilden die Struktur des aramäischen Textes genau ab, wobei dem aramäischen pt. aber ein finites Verb entspricht. La2 hat hier im Gegensatz zu Tob 7,3 kein betontes Personalpronomen.

[709] Vgl. Anmerkung 561.

GIII. La1 bietet *et exsiliit Raguhel*. נשקה ist sowohl in GI, GII und GIII als auch in La1 und La2 vom aramäischen Text abweichend mit ‚und' angeschlossen. GI, GII und GIII bieten καὶ κατεφίλησεν αὐτόν, La1 *et osculatus est illum lacrymans*, La2 *et lacrimans obsculatus est illum*. Durch die Verwendung des pt. ‚weinend' nehmen La1 und La2 die Wiedergabe des nächsten aramäischen Textelements schon vorweg. [ובכה] ist in GI, GII und GIII mit καὶ ἔκλαυσεν ‚und er weinte' wiedergegeben.

Z. 9: Dem Segenswunsch טבא עלי[ך] in Tob 7,7 entspricht in GII und GIII εὐλογία σοὶ γένοιτο ‚Segen sei dir' bzw. *benedictio tibi sit* in La1 und *benedictio sit tibi* in La2. GI schildert das Geschehen dagegen in der 3. Person und lässt ein die direkte Rede einleitendes καὶ εἶπεν αὐτῷ erst folgen. Tobijas Charakterisierung als [בר] גברא קשיטא ‚[Sohn] des aufrichti[gen] Mannes' hat in den Textformen unterschiedliche Wiedergaben. GI bietet ὁ τοῦ καλοῦ καὶ ἀγαθοῦ ἀνθρώπου ‚Sohn des edlen und guten <u>Menschen</u>', GII παιδίον ὁ τοῦ καλοῦ καὶ ἀγαθοῦ πατρός ‚Kind, Sohn eines edlen und guten <u>Vaters</u>', GIII υἱὲ ἀνδρὸς καλοῦ καὶ ἀγαθοῦ ‚Sohn eines edlen und guten <u>Mannes</u>'. La1 und La2 bieten den Kausalsatz *quoniam boni et optimi uiri filius es tu* bzw. *quoniam boni et obtimi uiri filius es*. Dem Adjektiv [קשיטא] entspricht in GI, GII und GIII offenbar das Begriffspaar καλὸς καὶ ἀγαθός ‚edel und gut' bzw. *bonus et optimus* in La1 und La2.[710]

Z. 10: צור טוביה in Tob 7,7 hat in GI keine Wiedergabe. GII bietet (ἐπὶ) τὸν τράχηλον Τωβεία ‚(um) den Hals Tobijas', La1 *(super) collum Thobiae*, La2 *(supra) collum Tobie*. GIII hat mit (ἐπὶ) τὸν τράχηλον αὐτοῦ keine Wiedergabe des Eigennamens.

Z. 11: דכר די ען ‚ein Widder aus Kleinvieh' in Tob 7,9 ist in GII mit κρειὸς ἐκ προβάτων wiedergegeben, in GI mit κριὸς προβάτων ohne Äquivalent für די.[711] GIII bietet nur ‚Widder', ebenso La1 und La2. Während GII die 3. sg. ἔθυσεν überliefert, haben GI und GIII mit ἔθυσαν sowie La1 und La2 mit *occiderunt* jeweils die 3. pl.[712]

---

710 In Tob 9,6 (GII) wird Tobija von Gabael als καλὲ καὶ ἀγαθέ ἀνδρὸς καλοῦ καὶ ἀγαθοῦ ‚Edler und Guter, Sohn eines edlen und guten Mannes' gepriesen. Die Verbindung ἀνὴρ καλὸς καὶ ἀγαθός ist in LXX auch in 2 Makk 15,12; 4 Makk 4,1 bezeugt. In 4 Makk 1,10; 13,25; 15,9 ist das Substantiv καλοκἀγαθία überliefert. Vgl. auch W. Grundmann, Art. καλὸς καὶ ἀγαθός. In: ThWNT 3 (1938) 540–542.
711 Vgl. Andrews, Translation 27–30.
712 Da der letzte Wurzelradikal sowie ein mögliches Suffix von [טב fehlen, sind grundsätzlich beide Möglichkeiten gegeben. Auffällig ist aber, dass GII hier gegen La1 und La2 den sg. bezeugt, obwohl La sonst häufig eine enge Verbindung mit GII aufweist.

Z. 12: Die beiden inf. למאכל ולמשתה ‚essen und trinken' sind in Tob 7,9 in La1 und La2 offenbar mit dem Gerundium *ad coenandum* bzw. *ad cenandum* sowie in GIII mit dem Substantiv εἰς τὸ δεῖπνον ‚für die Mahlzeit' wiedergegeben. GII bietet den inf. Aorist δειπνῆσαι ‚die Hauptmahlzeit einnehmen'. Das Begriffspaar ‚essen und trinken' wird in GII, GIII, La1 und La2 jeweils zu einem Begriff zusammengefasst. In GI ist dagegen lediglich vom Auftragen der Speisen die Rede, nicht aber von deren Verzehr.[713]

Z. 13: אחתי ‚meine Schwester' hat in GII, La1 und La2 eine exakte Wiedergabe, während GIII nur ‚sie' bietet und GI gar keine Entsprechung hat. In Tob 7,10 ist ושמע ‚und er hörte' in GII mit καὶ ἤκουσεν bzw. mit *et audiuit* in La1 und *ut audibit* in La2 wiedergegeben. GIII hat keine Wiedergabe. GI geht mit καὶ μετέδωκεν τὸν λόγον τῷ Ῥαγουήλ ‚und er teilte die Sache Raguel mit' an dieser Stelle wohl auf eine abweichende Vorlage zurück.

2.2.5 4Q197 Fragment 5: Tob 8,17–9,4

Text (PAM 43.181, 42.217)

```
1   [    ]   [(ולח(דוה)ן]
2   [    ]   [(י)[715] יטממון[714]
3   [    ]   [ (תור)ין ]
4   [    ]
5   [    ]
6   [    ]   [(י)[716]ל עמך לבית (א)[בוך ]
7   [    ]   [(ב)רי אנה אבוך ועדנא (א)]מך
8   [    ]   אל תן(ד)חל ברי spatium [ ]
9   [    ]   ל(ה) עזריה אחי דבר עמך מן תנא א(ר)]בעת
10  [    ]   [(ת)אתה[719] בי[718] (גב)]א[ל (וה)]ב לה כתב (וס)]ב[717]
```

---

713 Hanhart, Text 31, nimmt für καὶ παρέθηκαν ὄψα πλείονα in GI deshalb die Verwendung einer weiteren Vorlage von GI über GII hinaus an.

714 Beyer, ATTM.E 143, deutet den ersten Buchstaben nicht als präfigiertes jod, sondern als waw ‚und'.

715 Beyer, ATTM.E 143, liest an dieser Stelle statt jod ein alef.

716 Beyer, ATTM.E 143, liest waw und lamed und ergänzt zu [סב]ול.

717 Beyer, ATTM.E 143, liest ידה am Zeilenende.

718 Fitzmyer, Tobit (DJD) 54, emendiert hier zu בי<תה>, 4Q197 bietet an dieser Stelle aber eindeutig בי. Beyer, ATTM.E 143, emendiert <שאל> מן גבאל und entfernt sich damit noch weiter vom überlieferten Text des Fragments.

4Q197 = 4QTobit[b] ar

```
11    ] [       ] יו[ן(מ)]יא והן[720  ]ל(הו)[הו]ה721    [
12                                                   [ ]722
```

Übersetzung

Zeile 1   [ ] und zu Freude[723] [ ]
Zeile 2   [(18)] sie werden ausfülle[n[724]]
Zeile 3   [(19)] Rind[er]
Zeile 4   [ ]
Zeile 5   [ ]
Zeile 6   [(21)][725] mit dir zum Haus [deines] Va[ters]
Zeile 7   [ ] mein Sohn, ich (bin) dein Vater und Edna (ist) [deine] Mu[tter]
Zeile 8   [fü]rchte dich [nicht], mein Sohn *spatium* [9 (1)]
Zeile 9   [zu] ihm: (2) Asarja, mein Bruder, führe mit dir von hier[726] v[ier]
Zeile 10 [ ] du wirst kommen[727] in das Haus[728] Gaba[e]ls und gib[729] ihm eine Schrift und ni[mm fort]
Zeile 11 [ ] er wird sei[n[730] die Ta]ge und wenn [ ]
Zeile 12 [ ]

---

719   Beyer, ATTM.E 143, liest hier ein lamed, dann eine Lücke, gefolgt von ואתה.
720   Beyer, ATTM.E 143, liest nach והן noch אוחר.
721   Beyer, ATTM.E 143, liest an dieser Stelle ןח[י מנה להוא].
722   Fitzmyer, Tobit (DJD) 54, liest „possibly" מומת[ן], das Fragment ist aber zu verzogen und folglich unleserlich, um dies anhand der Micofiches zu verifizieren.
723   חדוה ,Freude' ist in Esr 6,16 ebenfalls mit finalem he bezeugt. In QA erscheint חדוה abgesehen von 4Q197 5,1 noch in 4Q534 1ii+2,18; 8,2; 4Q558 66,3; חדוא ist dagegen in 4Q541 24ii,5; 4Q542 1i,3.10; 4Q546 15ii,3; 11Q18 18,6 überliefert.
724   3. pl. m. ipf. pe. von טמם, (eine Öffnung) vollmachen, ausfüllen'.
725   Fitzmyer, Tobit (DJD) 54, ergänzt in Anlehnung an λάμβανε in GII bzw. λαβέ in GIII in Tob 8,21 zum imp. sg. m. af. von יבל ,bringen, führen, tragen'.
726   Vgl. Anmerkung 775.
727   2. sg. m. ipf. pe. Die Wz. אתה ,kommen' ist in BA in Dan 7,22 (III-he) und in Esr 5,3.16 (III-alef) überliefert. In QA scheint die Schreibweise mit III-he zu überwiegen, III-alef ist in 4Q209 7iii,5; 8,4; 4Q213 4,7; 4Q244 5ii,4; 4Q246 1i,4; 4Q537 1+2+3,4; 4Q542 1ii,2; 4Q547 1–2iii,4; 4Q555 3,2; 4Q571 3,1 belegt.
728   Fitzmyer, Tobit (DJD) 54, emendiert das überlieferte בי zu בית, da hier der cs. בית notwendig sei. In QA ist בי in 1Q20 XXI,6 überliefert. Vgl. auch B. Porten/J.A. Lund, Aramaic Documents from Egypt: A Key-Word-in-Context Concordance. Winona Lake 2002, 46.
729   Imp. sg. m. pe. von יהב ,geben, übergeben'.
730   Vgl. Anmerkung 634.

Anmerkungen

Z. 1: ולחדוה ‚und zu Freude' in Tob 8,17 ist offenbar Bestandteil von μετ' εὐφροσύνης καὶ ἐλέου in GII bzw. von μετὰ εὐφροσύνης καὶ ἐλέους in GI und μετὰ ἐλέους καὶ εὐφροσύνης in GIII. Das לחדוה vorausgehende ‚und' weist darauf hin, dass es sich bei ‚Freude' wohl um den zweiten Teil der Wendung handelt, dies entspricht GIII. La1 bietet *cum misericordia et laetitia*, La2 abweichend *cum letitia et gaudio*.

Z. 2: יטממון ‚sie werden ausfülle[n]' entspricht in Tob 8,18 in GI, GII und GIII dem inf. Aorist χῶσαι ‚zuschütten, ausfüllen' nach εἶπεν ‚er ordnete an' (GII, GIII) bzw. ἐκέλευσεν ‚er befahl' (GI). La1 bietet *(praecepit seruis suis) ut replerent*, La2 *(precepit seruis suis) ut operirent*.

Z. 3: תורין in Tob 8,19 entspricht in GII und GIII βόες bzw. *uaccae* in La1 und *baccae* in La2.[731] GI hat keine Entsprechung.

Z. 6: עמך hat in Tob 8,21 weder in GI, GII, GIII noch in La1 und La2 eine Wiedergabe. לבית אָבוּך ‚zum Haus [deines] Va[ters]' entspricht in GII und GIII πρὸς τὸν πατέρα σου ‚zu deinem Vater' bzw. *ad patrem tuum* in La1 und La2, jeweils ohne Äquivalent für ‚Haus'. GI hat mit πρὸς τὸν πατέρα ‚zum Vater' überdies kein Äquivalent für das Pronominalsuffix.[732]

Z. 7: Der Vokativ ברי ‚mein Sohn' hat in Tob 8,21 in GI keine Wiedergabe, GII bietet παιδίον, GIII τέκνον, La1 und La2 *fili* ‚Sohn'.[733] Auch der Nominalsatz אנה אבוך ועדנא אמך ‚ich (bin) dein Vater und Edna (ist) [deine] Mu[tter]' hat keine Wiedergabe in GI. GII bietet ἐγώ σου ὁ πατὴρ καὶ Ἔδνα ἡ μήτηρ σου, GIII ἐγὼ πατήρ σου καὶ Ἔδνα μήτηρ σου. Während das Personalpronomen der 1. Person in GII, GIII, La1 und La2 jeweils betont vorangestellt ist, formulieren GIII, La1 und La2 im Folgenden streng parallel, während GII das erste Possessivpronomen betont vor ὁ πατήρ stellt.

Z. 8: Der Prohibitiv [ואל תדחל ברי hat nur in GII mit dem imp. θάρσει παιδίον ‚sei getrost, Kind'[734] eine Wiedergabe am Kapitelende von Tob 8,21. GI hat keine Wiedergabe, während θάρσει τέκνον in GIII bzw. *forti animo esto fili* in La1 und *tu autem forti animo in omnibus esto fili* in La2 in der Textabfolge bereits vor der Aussage, dass Raguel und Edna sich als

---

731 In Esr 6,9 ist βοῦς in LXX als Wiedergabe von aramäisch תור belegt. Als Wiedergabe für das entsprechende hebräische Wort שור ist βοῦς in Gen 32,6; Ex 20,17; 23,4.12; Lev 7,23; Dtn 5,14.21; 25,4; Ijob 6,5; 21,10; 24,3; Spr 7,22; 14,4; Jes 1,3; 32,20 überliefert.

732 Vgl. Johannessohn, Präpositionen 369.

733 Vgl. Anmerkung 254.

734 Vgl. Anmerkung 868.

Tobijas Eltern verstehen, steht. GII dagegen wiederholt θάρσει παιδίον in Tob 8,21.

Z. 9: ה[ל] in Tob 9,1 hat in GI, GII, GIII und La1 ein Äquivalent, nicht aber in La2. Der Vokativ עזריה אחי ‚Asarja, mein Bruder' in Tob 9,2 hat dagegen sowohl in GI, GII, GIII als auch La1 und La2 eine Entsprechung.[735] Der imp. דבר עמך ‚führe mit dir' wird in GI und GIII mit dem imp. Präsens von λαμβάνειν, in GII mit dem imp. Präsens des Kompositums παραλαμβάνειν wiedergegeben.[736] La1 und La2 bieten den imp. von *adsumere*, wobei La2 und GIII jeweils keine Wiedergabe von עמך ‚mit dir' haben. מן תנא ‚von hier' hat dagegen keine Wiedergabe in GI und GII, während GIII ἐντεῦθεν und La1 und La2 *hinc* bieten. Der Zahl אר[בעת] entspricht in GII, La1 und La2 jeweils ‚vier (Sklaven)', GI hat abweichend ‚einen Knecht', GIII hat keine Wiedergabe und fährt gleich mit dem nächsten Textelement ‚zwei Kamele' fort.

Z. 10: תאתה ‚du wirst kommen' entspricht in Tob 9,2 in GI, GII und GIII möglicherweise der imp. sg. πορεύθητι ‚reise' bzw. *perueni* ‚gelange' in La1 und La2. Allerdings fügen GI, GII, GIII, La1 und La2 übereinstimmend ‚nach Rages' nach dem imp. ein, was nicht im aramäischen Text von 4Q197 überliefert ist. בי גבנא[ל] ist in GI mit παρὰ Γαβαήλ wiedergegeben, in GII mit παρὰ Γαβαήλῳ bzw. mit πρὸς Γαβαήλ in GIII. La1 bietet *ad Gabelum*, La2 *ad Gabielum*. בי hat also weder in GI, GII, GIII noch in La1 und La2 eine Wiedergabe.[737] והב לה כתב ‚und gib ihm eine Schrift' ist in GII mit καὶ δὸς αὐτῷ τὸ χειρόγραφον wiedergegeben. GI hat keine Entsprechung, GIII wechselt vom sg. ‚ihm' zum pl. ‚ihnen'. כתב ‚Schrift, Schriftstück' ist in GII und GIII übereinstimmend mit χειρόγραφον ‚Handschrift, Schuldbrief' wiedergegeben.[738] La 1 und La2 transliterieren zu *chirographum* bzw. *cirografum*, wobei abweichend vom aramäischen Text jeweils das Possessivpronomen der 3. sg. hinzugefügt wird. Der folgende imp. וסב] ‚und ni[mm]' entspricht in GIII καὶ λαβέ bzw. *et recipe* ‚und nimm zurück' in La1 und La2. GI bietet den imp. Aorist καὶ κόμισαι ‚und bringe', GII κόμισε ohne Äquivalent für *waw*.

---

735 Vgl. Anmerkung 254.
736 In 4Q197 4iii,2 (Tob 7,1) entspricht die Wz. דבר in GII ἀπάγειν ‚wegführen'.
737 Vgl. 4Q197 5,6 (Tob 8,21). Dort wird das präfigierte lamed in GI, GII und GIII übereinstimmend mit πρός bzw. in La1 und La2 mit *ad* wiedergegeben, wobei ein Äquivalent für ‚Haus' wie hier in 4Q197 5,10 fehlt. Während es sich bei בית in 4Q197 5,6 um den cs. handelt, ist בי in 4Q197 5,10 offenbar abs., obwohl der Name ‚Gabael' folgt.
738 Für Beispiele dieser Art von Schriftstück vgl. M.W. Stolper, Tobits in Reverse: More Babylonians in Ecbatana. In: AMI 23 (1990) 161–176.

Z. 11: לֶהֱוֵ֣ה ‚er wird sei[n]' ist in Tob 9,4 in GII und GIII mit dem Futur ἔσται plus dem pt. von ἀριθμεῖν ‚zählen' wiedergegeben. GI, La1 und La2 bieten dagegen das finite Verb ἀριθμεῖ bzw. *numerat* ‚er zählt', ohne die formale Struktur des aramäischen Textes abzubilden. Das Objekt וְיוֹמַיָּא] hat in GI, GII, La1 und La2 eine Wiedergabe, nicht aber in GIII. Die Konjunktion וְהֵן ‚und wenn' entspricht in GI, GII und GIII übereinstimmend καὶ ἐάν bzw. *et si* ‚und wenn' in La1 und La2.

2.2.6 4Q 197 Fragment 6: Tob?

Text (PAM 43.181, 42.217)

1 [ח](כ)די (מ)פינין   [
2 [   ] [(וה)]   [

Übersetzung
Zeile 1   [und] als sie[739] [ ]
Zeile 2   [ ] und [ ]

2.2.7 4Q 197 Fragment 7: Tob?

Text (PAM 43.181, 42.217)

1 [   ](כ)לה(ו)ן   [

Übersetzung
Zeile 1   [ ] alle von ihne[n]

Anmerkungen
Die beiden letzten Fragmente von 4Q197 lassen sich aufgrund ihrer geringen Größe nicht eindeutig in die griechischen bzw. lateinischen Textformen einordnen und können somit nicht sicher identifiziert werden.

---

739 Nach Fitzmyer, Tobit (DJD) 56, handelt es sich bei מפינין möglicherweise um das pt. af. von פונ ‚nachlassen'.

2.3 4Q198 = 4QTobit^c ar

2.3.1 4Q198 Fragment 1: Tob 14,2–6

Text (PAM 43.182)

[צדקה והוסף למדחל לאלהא ולהן	1
[(ב)נוהי ופקדה ואמר (ל)[ה	2
[אלהא די מלל	3
[נ(ינ)וה	4
[כלא יתעבד⁷⁴⁰ לזמניהון	5
[בכל די אמר אלה]א כל[א יתא ויתן]עבר⁷⁴¹	6
[יתבין בארע ישראל כל[הון⁷⁴²	7
[י[ש]ראל (צו)י]ה וש(מ)]רין	8
[(עד)נא די יתיב (ב)[	9
[ ] [(לא) בקדם [עדנא] [	10
[ ] לירושל(ם) בנ]קך [	11
[ ] מללו [נב](יא)⁷⁴³] [	12
[ ] וירמון (כל) אלי(ל)]ניהן [	13
[ ] [ ]ל[⁷⁴⁴	14

Übersetzung

Zeile 1 Gerechtigkeit, und er fürchtete weiterhin⁷⁴⁵ den Gott⁷⁴⁶ und zu [⁷⁴⁷ (3)]

---

740 Beyer, ATTM.E 147, deutet den letzten Buchstaben dieses Wortes als resch: יתעבר „es wird ablaufen". Das dalet ist deutlich in Schøyen ms. 5234 Zeile 4.
741 Fitzmyer, Tobit (DJD) 57, liest am Zeilenende: יתא]יןת. Vom letzten erhaltenen Buchstaben dieses Wortes sei nur der rechte Strich erkennbar, es könne sich um taw handeln, „but not even that is certain"; ebd. 58. Beyer, ATTM.E 147, nimmt eine andere Worttrennung vor und liest יתא ויתן]עבר „es wird kommen und ablaufen". Da יתא in QA auch in 4Q537 1+2+3,4 belegt ist, ist Beyers Ergänzung m.E. vorzuziehen.
742 Nach Fitzmyer, Tobit (DJD) 58, sind auf PAM 42.325 noch teilweise ein he sowie möglicherweise der Kopf eines waw erkennbar.
743 Bei den Spuren von Buchstaben nach der zweiten Lacuna kann es sich nach Fitzmyer, Tobit (DJD) 58, um jod und alef handeln. Beyer, ATTM.E 147, liest jod und he und ergänzt zu עלי]ה.
744 Nach Fitzmyer, Tobit (DJD) 58, ist in Zeile 13 möglicherweise ein zweites lamed zu erkennen. Auf den Microfiches ist dies nicht zu verifizieren.
745 3. sg. pf. haf. von יסף ‚hinzufügen' plus inf. pe. von דחל ‚fürchten'.
746 Vgl. Anmerkung 684.

Zeile 2   seinen Söhnen⁷⁴⁸, und er gab ihm Anordnungen⁷⁴⁹ und sagte zu [ihm (4)]
Zeile 3   der Gott, die⁷⁵⁰ er gesprochen [hat⁷⁵¹]
Zeile 4   Nini[ve]
Zeile 5   das Ganze wird gemacht werden⁷⁵² für [ihre] Zei[ten⁷⁵³]
Zeile 6   in allem, was gesagt hat [der] Gott. Das [Ganze] wird kommen und [gemacht] werden [ ]
Zeile 7   wohnend im Land Israel alle [ ]
Zeile 8   [I]srael trocken⁷⁵⁴ und Sama[ria]
Zeile 9   die Zeit. (5) Denn er wird zurückführen⁷⁵⁵ in [ ]
Zeile 10 [ ] nicht wie vo[r] der Zeit [ ]
Zeile 11 [ ] Jerusalem in Herr[lichkeit]
Zeile 12 es haben gesprochen⁷⁵⁶ die [Pro]ph[eten (6)]
Zeile 13 [ ] und sie werden wegwerfen all [ihre] Götze[n]

Anmerkungen
Z. 1: Der sg. צדקה ist in GI und GII in Tob 14,2 abweichend vom aramäischen Text mit dem pl. ἐλεημοσύναι ‚Mitleid, Almosen' bzw. in La1 und La2 mit dem transliterierten *eleemosynae* und *elemosinae* wiedergegeben.⁷⁵⁷ והוסף entspricht in GI und GII übereinstimmend καὶ

---

747 Es ist nahe liegend, dass sich an והוסף ein zweiter inf. anschloss. Fitzmyer, Tobit (DJD) 57, ergänzt waw, lamed und he in Anlehnung an καὶ ἐξομολογεῖσθαι in GII bzw. *et confiteri* in La1 zu ולה[ו]דיה.
748 Da der griechische Text an dieser Stelle ein direktes Objekt (nach einem Verb des Rufens) hat, ist in der Übersetzung der deutsche Akkusativ verwendet.
749 3. sg. m. pf. pe. plus Pronominalsuffix der 3. sg. m.
750 Die Relativpartikel די bezieht sich entweder direkt auf אלהא ‚der Gott, der gesprochen hat' oder – vorausgesetzt אלהא ist Teil einer cs.-Verbindung – auf das אלהא vorausgehende Wort. Letzteres liegt aufgrund von GII und La1 nahe. Denkbar, aber ohne Anhaltspunkt in den Textformen ist auch, די kausal wiederzugeben.
751 3. sg. m. pf. pa.
752 3. sg. m. ipf. hitp.
753 Fitzmyer, Tobit (DJD) 57, ergänzt in Anlehnung an GII τοῖς καιροῖς αὐτῶν in Tob 14,4 zum pl. לזמני[הון]. Beyer, ATTM.E 147, ergänzt zum sg. לזמנ[ה].
754 Das Adjektiv צוי ‚trocken' ist in BA und den aramäischen Dokumenten aus Ägypten nicht belegt, in QA nur hier in 4Q198 1,8.
755 3. sg. m. ipf. af.
756 3. pl. m. pf. pa.
757 Es scheint, dass ἐλεημοσύναι gegenüber צדקה eine Bedeutungsverschiebung und -verengung auf den sozialen Bereich hin bedeutet. Die Bedeutung ‚Wohltat, Almosen' für צדקתא ist aber in den Targumim belegt; vgl. Levy, Chaldäisches Wörterbuch II 316f.

προσέθετο ‚und er fügte hinzu', [758] in GII zusätzlich durch ἔτι erweitert. La1 bietet mit *et proposuit magis* eine offenbar an προστιθέναι in GI und GII angelehnte Übersetzung. Der inf. למדחל לאלהא ‚zu fürchten den Gott' ist in GI mit φοβεῖσθαι κύριον τὸν θεόν wiedergegeben, wobei κύριος in GI anscheinend zusätzlich eingefügt ist.[759] GII und La1 bieten εὐλογεῖν τὸν θεόν bzw. *deum colere*. La2 ist insgesamt freier *magis crescens in fide deum colit* ‚weiter wachsend im Glauben verehrte er Gott'.

Z. 2: בנוהי ‚seine Söhne' hat in Tob 14,3 in GI mit dem Akkusativobjekt τοὺς υἱοὺς αὐτοῦ bzw. *filios eius* in La1 und La2 eine Wiedergabe. GII hat dagegen kein Äquivalent, da hier nur Tobija an das Sterbebett seines Vaters gerufen wird. Das folgende ופקדה ואמר ל[הן] ‚und er befahl ihm und sagte zu [ihm]' in Tob 14,3 hat aber nur in GII eine exakte Wiedergabe mit καὶ ἐνετείλατο αὐτῷ λέγων, während La1 mit *et praecepit illis dicens* vom sg. zum pl. wechselt. GI und La2 haben mit καὶ εἶπεν αὐτῷ bzw. *et dixit eo* ‚und er sagte zu ihm' jeweils nur ein Verb.

Z. 3: Das determinierte Substantiv אלהא ‚der Gott' hat in Tob 14,4 in GI keine Entsprechung. In GII und La1 entspricht offenbar (τῷ ῥήματι) τοῦ θεοῦ bzw. *(uerbo) dei* dem aramäischen Text. Dies würde bedeuten, dass אלהא Bestandteil einer cs.-Verbindung ist. La2 bietet dagegen den Kausalsatz *quoniam confido in deo* ‚da ich auf Gott vertraue'. [די מ]לל entspricht in GII der Relativsatz ἃ ἐλάλησεν (Ναούμ), wobei sich das Relativpronomen auf das vorausgehende ‚Wort Gottes' bezieht.[760] GI bietet ὅσα ἐλάλησεν (Ἰωνᾶς ὁ προφήτης) ‚wie (der Prophet Jona) gesagt hat'. La1 bietet den Relativsatz *quod locutus est*, La2 *que minatur in ea deus*. Da das aramäische Fragment an dieser Stelle abbricht, kann nicht entschieden werden, ob es sich um die Prophetie des Jona (GI) oder des Nahum (GII) handelt.[761]

---

758 Nach Cook, Translated Tobit 160, handelt es sich bei dieser Wiedergabe eindeutig um einen „Semitismus".

759 4Q196 18,15 bietet in Tob 14,2 abweichend von 4Q198 1,1 an dieser Stelle allerdings das Tetrapunkton; vgl. Anmerkung 450.

760 Das Relativpronomen im n. pl. greift an dieser Stelle in einer Constructio ad sensum ῥῆμα ‚Wort' (n. sg.) auf.

761 Der Prophet Nahum aus Elkosch kündigte in seiner Prophetie die Zerstörung und den Untergang Ninives, der Hauptstadt des assyrischen Weltreichs, an. Nach Fitzmyer, Tobit (CEJL) 325, ist Nahum daher „certainly the more fitting allusion for Tobit to cite ..." Das Buch Jona schildert in einer Erzählung, wie der in 2 Kön 14,25 erwähnte Prophet Jona von Gott dazu aufgefordert wird, der Stadt Ninive das Strafgericht anzudrohen, das – nachdem die Bewohner Ninives gefastet und Bußgewänder angezogen hatten – nicht eintrifft.

Z. 4: Dem Ort [נינוה] entspricht in Tob 14,4 in GI περὶ Νινευή, in GII ἐπὶ Νινευή, wobei die Abfolge der Textelemente in GII gegenüber dem aramäischen Text geändert scheint.[762]

Z. 5: כלא יתעבד לזמניהון, ‚alles wird gemacht werden zu [ihren] Zei[ten]' in Tob 14,4 entspricht in GII πάντα συμβήσεται τοῖς καιροῖς αὐτῶν. La1 bietet *omnia contingent temporibus suis*, La2 *prouenient omnia in temporibus suis*. GI hat keine Entsprechung.

Z. 6: בכל די אמר אלה[נא], ‚in allem, das [der] Gott gesagt hat' in Tob 14,4 ist in GII mit dem Kausalsatz ὅτι πάντα ἃ εἶπεν ὁ θεός bzw. in La1 mit *quoniam omnia quae dixit dominus* wiedergegeben. Die Präposition ב wird also sowohl von GII als auch von La1 kausal gedeutet. Das folgende יתא ויתעבד[ן] ist in GII mit συντελεσθήσεται καὶ ἔσται bzw. mit *erunt et perficientur* in La1 wiedergegeben. La2 fasst zusammen zu *quod omnia erunt que dixit deus et perficientur uniuersa*. GI hat keine Entsprechung.

Z. 7: Dem pt. יתבין בארע ישראל in Tob 14,4 entspricht in GII ebenfalls das pt. οἱ κατοικοῦντες ἐν τῇ γῇ Ἰσραήλ, während La1 und La2 übereinstimmend einen Relativsatz bieten. Das folgende כל[הון], ‚alle' hat in GII, La1 und La2 eine Wiedergabe. GI hat keine Entsprechung.

Z. 8: [ו]ישראל צויה ושמרין in Tob 14,4 entspricht in GII Ἰσραὴλ ἔρημος καὶ Σαμαρία. La1 und La2 bieten dagegen mit *(et erit omnis terra) Israel deserta* bzw. *(et erit) Srahel in eremiam* kein Äquivalent für den zweiten Ort ‚Samaria'. GI hat insgesamt keine Wiedergabe.

Z. 9: עדנא ‚die Zeit' entspricht in GI und GII übereinstimmend (μέχρι) χρόνου bzw. *(usque in) tempus* in La1 und La2. Der folgende Vers Tob 14,5 beginnt aber sowohl in GI und GII als auch in La1 und La2 abweichend vom aramäischen Text von 4Q198 mit einer erneuten Zusage des Erbarmens Gottes. די יתיב in Tob 14,5 ist in GI und GII möglicherweise mit καὶ ἐπιστρέψει (αὐτούς) ‚und er wird (sie) zurückbringen' wiedergegeben.[763] Da die Partikel די sonst nicht mit einfachem ‚und' wiedergegeben wird, gehen GI und GII an dieser Stelle wohl auf einen von 4Q198 abweichenden Text zurück. La1 und La2 haben überhaupt keine Entsprechung.

Z. 10: לא כקדמ[ם], ‚nicht wie vo[r]' in Tob 14,5 entspricht in GI möglicherweise οὐχ οἷος ὁ πρότερος ‚nicht wie das frühere (Haus)' und in GII οὐχ

---

[762] ‚Ninive' wird in Tob 14,4 in GII auch innerhalb des Kausalsatzes ὅτι πάντα ἔσται καὶ ἀπαντήσει ἐπὶ Ἀθὴρ καὶ Νινευή genannt, so dass es sich an dieser Stelle möglicherweise auch um das zweite ‚Ninive' in GII handeln könnte. Auch La1 bietet ‚Ninive' in Tob 14,4 ein zweites Mal in der Verbindung ‚Assur und Ninive'.

[763] Fitzmyer, Tobit (DJD) 57, ergänzt das im aramäischen Text folgende ב zu ברחמין.

ὡς τὸν πρῶτον ‚nicht wie das erste (Haus)'. La bietet *sed non ut prius*, La2 *et non erit iam sicut pridem*. עדנא entspricht in GII möglicherweise ὁ χρόνος (τῶν καιρῶν) bzw. *tempus (maledictionum)* in La1 und La2. GI bietet dagegen καιροὶ τοῦ αἰῶνος.[764]

Z. 11: לירושלם in Tob 14,5 hat in GI und GII sowie La1 und La2 eine Wiedergabe.[765] ביקר ‚in Herr[lichkeit]' ist in GI und GII übereinstimmend mit dem Adverb ἐντίμως bzw. in La1 mit *honorifice* ‚ehrenvoll' und in La2 mit *in honore magno* ‚in großer Ehre' wiedergegeben.

Z. 12: מללו ונב[יא ‚es haben gesprochen die [Pro]ph[eten]' entspricht in Tob 14,5 in GI und GII übereinstimmend ἐλάλησαν (περὶ αὐτῆς) οἱ προφῆται. La1 bietet *locuti sunt (de illa omnes) prophetae*, La2 *locuti sunt (de ea omnes) prophete*. Beyers Lesart und Ergänzung zu על[יה] würde in GI und GII περὶ αὐτῆς bzw. in La1 *de illa* und in La2 *de ea* entsprechen.[766]

Z. 13: וירמון כל אליל[יהן ‚und sie werden wegwerfen all [ihre] Götze[n]' in Tob 14,6 ist in GI asyndetisch mit κατορύξουσιν τὰ εἴδωλα αὐτῶν ‚sie werden begraben ihre Götterbilder' ohne Äquivalent für ‚alle' wiedergegeben. GII bietet καὶ ἀφήσουσιν πάντες τὰ εἴδωλα αὐτῶν ‚und sie alle werden loslassen ihre Götterbilder', wobei vom aramäischen Text von 4Q198 abweichend πάντες in GII eindeutig auf das Subjekt bezogen ist.[767] La1 bietet *et relinquent omnia idola sua*, La2 *et relinquent omnia ydola sua* ‚und sie werden all ihre Götzenbilder verlassen'.

2.3.2 4Q198 Fragment 2: Tob 14,10 (?)

Die Identifikation dieses Textfragments mit Tob 14,10 ist unsicher. Nach Fitzmyer wurde diese Textpartie wahrscheinlich bereits in der Antike beschädigt.[768]

---

764 Vgl. Ego, Tobit 1001.
765 Vgl. Anmerkung 201.
766 Vgl. Anmerkung 743.
767 Die 3. pl. m. ‚sie alle' würde aramäisch כלהון entsprechen.
768 Vgl. Fitzmyer, Tobit (DJD) 60; ders., Fragments 658.

Text (PAM 43.182)

```
1    לא [ ]
2    אנפין ל[ ]
3    ו (ק) (א)[ ]⁷⁶⁹
4    נפל (ל)פח⁷⁷⁰ [ ]
5    (ל)[ ]
```

Übersetzung

Zeile 1 nicht [ ]
Zeile 2 Angesicht für/um zu [ ]
Zeile 3 und [ ]
Zeile 4 er ist gefallen in die Falle⁷⁷¹ [ ]
Zeile 5 für/um zu [ ]

Anmerkungen

Z. 1: Die Negation לא entspricht in Tob 14,10 in GII möglicherweise οὐχὶ (ζῶν) κατηνέχθη εἰς τὴν γῆν. GI, GII und La1 bieten in Tob 14,10 mit καὶ μηκέτι αὐλισθῆτε bzw. μὴ αὐλισθῇς und *noli manere* zwar einen Prohibitiv, dieser entspricht üblicherweise jedoch אל plus ipf. GII hat offenbar kein Äquivalent für die Negation.

Z. 2: אנפין ‚Angesicht' ist nicht determiniert. In GII erscheint κατὰ πόσωπον αὐτοῦ⁷⁷² bzw. *ante faciem ipsius* in La1 und *in caput illius* in La2. Die Possessivpronomina in GII, La1 und La2 lassen aber abweichend von 4Q198 auf ein Pronominalsuffix der 3. sg. schließen.

Z. 4: Ist tatsächlich נפל לפח ‚er ist in die Falle gefallen' zu lesen, dann entspricht in Tob 14,10 in GI ἐνέπεσεν εἰς τὴν παγίδα bzw. in GII ἔπεσεν εἰς τὴν πακίδα (τοῦ θανάτου) dem aramäischen Text.

---

769 Außer waw am Zeilenbeginn ist kein Buchstabe dieser Zeile mit Sicherheit zu erkennen.
770 Auch diese Zeile ist schlecht erhalten. Vgl. Fitzmyer, Tobit (DJD) 60: „The first word seems to be נפל. After that comes perhaps לפח." Beim letzten Buchstaben handelt es sich möglicherweise auch um ein alef.
771 Das Substantiv פח ist in QA nur an dieser Stelle belegt. Da פח nicht determiniert ist, legt sich Fitzmyers Ergänzung (Tobit (DJD) 59) zu לפח [מותא] in Anlehnung an πάγις τοῦ θανάτου in GII nahe.
772 Weeks/Gathercole/Stuckenbruck, Tobit 326, geben an dieser Stelle in Tob 14,10 die Lesart πόσωπον in GII an. Es handelt sich eindeutig um einen Schreibfehler für πρόσωπον.

2.4 4Q199 = 4Tobit^d ar

2.4.1 4Q199 Fragment 1: Tob 7,11

Text (PAM 43.182)

1   [טו](ב)יה די לא אכול תנא (ו)ל[א]
2   [ ] ל[ ]

Übersetzung

Zeile 1   [To]bija:[773] Nicht werde ich essen[774] hier[775] und ni[cht]
Zeile 2   [ ]

Anmerkungen

Z. 1: Der Eigenname ‚Tobija' in Tob 7,11 entspricht in GI und GIII Τωβίας, in GII Τωβείας, in La1 *Thobias* und in La2 *Tobia.* לא אכול תנא ולא[ ] ‚nicht werde ich essen hier und nicht' ist in GI mit οὐ γεύομαι οὐδὲν ὧδε ‚ich nehme gar nichts zu mir hier' mit betonter Verneinung wiedergegeben, wobei γεύεσθαι offenbar sowohl ‚essen' als auch ‚trinken' umfasst. GII bietet οὐ μὴ φάγω ἐντεῦθεν οὐδὲ μὴ πίω ‚weder esse ich von jetzt an noch trinke ich', GIII οὐ μὴ φάγω οὐδ' οὐ μὴ πίω ohne Äquivalent für ‚hier'. GI, GII und GIII haben jeweils die betonte Negation. La1 bietet *hic ego non edam quicquam neque bibam,* La2 nach einer Erweiterung *ego autem neque edam neque bibam.* Während GIII keine Wiedergabe für תנא hat, ist *hic* ‚hier' in La1 betont vorangestellt.

2.4.2 4Q199 Fragment 2: Tob 14,10

Von diesem Fragment gibt es keine PAM-Abbildung. Es wurde nach Fitzmyer im Jahre 1994 neu photographiert.[776]

---

773   Vgl. Anmerkung 686.
774   1. sg. ipf. pe. oder imp. sg. m. pe.
775   תנא ‚hier' ist in BA nicht bezeugt. In QA ist תנא in 4Q197 5,9; 4Q199 1,1; 4Q530 7ii,7; 4Q551 1,5; 11Q10 XXX,8 belegt, תנה in 1Q20 XXII,28; 4Q205 1xi,1. In den aramäischen Dokumenten aus Ägypten überwiegt die Schreibung mit finalem he, in TADD 1,11:1 ist aber auch תנא mit finalem alef überliefert.
776   Fitzmyer, Tobit (DJD) 62. Fitzmyers Umschrift konnte also nicht mit einer Photographie verglichen werden.

Text

[ ] ע[ו(ב)די נדן] 1

Übersetzung
Zeile 1   [die T]aten Nadins[777] [ ]

Anmerkungen
Z. 1: [ע[ו]בדי נדן, ‚[die T]aten Nadins' entspricht in Tob 14,10 in GI τί ἐποίησεν Ἀδάμ ‚was Adam getan hat'[778] bzw. ὅσα Ναδὰβ ἐποίησεν in GII.[779] La1 bietet *Nabad*, La2 *Nabat*. Der Eigenname Nadin ist also weder in GI und GII noch in La1 und La2 überliefert.

---

777   Der Eigenname נדן ist in QA nur hier in 4Q199 1,1 überliefert. In den aramäischen Dokumenten aus Ägypten ist der Name נדן in TADC 1.1:18 belegt. Zur Bedeutung des Namens Nadin vgl. Moore, Tobit 292.
778   Der Name Adam wird von Codex B, einer Reihe von Minuskeln sowie Sy⁰ und der armenischen Überlieferung bezeugt. Hanhart, Tobit 181, entscheidet sich für Ἀμάν als die ursprüngliche GI-Lesart. Haman, der Sohn des Hammedata, galt als der Feind Israels und Frevler schlechthin (vgl. Est 3,1–15). In Tob 11,18 heißt der Neffe Achikars in GI allerdings Ναοβάς. Nach Schmitt, Wende 178, handelt es sich bei ‚Haman' nicht um eine korrumpierte Lesart für ‚Adam', sondern es ist eher davon auszugehen, dass die Bösartigkeit des Neffen Achikars „zugespitzt und unübersehbar" durch die Identifikation mit einem Erzschurken dargestellt wird.
779   In Tob 14,10 wird Achikars Neffe in GII Ναδάβ genannt, in Tob 11,18 dagegen Ναβάδ. In GIII heißt Achikars Neffe in Tob 11,18 Ναβάς, in GI Ναοβάς.

2.5 Die hebräischen Tobit-Fragmente vom Toten Meer (4Q200 = 4QTobit^e)

2.5.1 4Q200 Fragment 1

2.5.1.1 Fragment 1i: Tob 3,6

Text (PAM 43.183)

[780] [ ]		1
ע[פר]		2
](ר) לחיות כי חרפות		3
[(רב)ה עמי אמור להרויח]		4
א[(ל)]		5

Übersetzung
Zeile 1 [ ]
Zeile 2 [S]taub
Zeile 3 [ ] zu leben[781], denn Schmähungen
Zeile 4 [ ] große mit mir. Sprich,[782] um Erleichterung zu bringen[783]
Zeile 5 [nich]t[784]

Anmerkungen
Z. 2: עפר ‚Staub' in Tob 3,6 entspricht in GI und GII γῆ ‚Erde'. Dies entspricht der geläufigen Wiedergabe der LXX. La1 und La2 haben keine Wiedergabe.
Z. 3: Das präfigierte ל hat keine Wiedergabe in GI und GII. Wahrscheinlich wurde ל über die Funktion eines Infinitiv-Indikators hinaus keine

---

780 Da der zweite Teil dieses Fragments (4Q200 1ii) am Anfang eine zusätzliche Zeile aufweist, dürfte auch 4Q200 1i ursprünglich eine Zeile vorausgegangen sein, die nicht erhalten ist. Sowohl 4Q200 1i als auch 4Q200 1ii lassen aber nicht erkennen, wie viele Zeilen eine Kolumne insgesamt umfasst.
781 Inf. cs. qal.
782 Inf. abs. in der Verwendung als imp.; vgl. Ex 13,3; Num 6,23; Jes 38,5. Vgl. R. Meyer, Hebräische Grammatik. Bd. 3. Berlin–New York ³1972, 63 (§103 3c).
783 Inf. abs. hif.
784 Fitzmyer, Tobit (DJD) 63, ergänzt zur Prohibitivpartikel אל. Auf dem Microfiche ist nur der Kopf eines lamed zu erkennen sowie die Spuren einiger weiterer, aber nicht lesbarer Buchstaben. Ob es sich, wie von Fitzmyer angenommen, um ein zweites lamed sowie תסתר handelt, muss offen bleiben.

eigene Bedeutung zugemessen.⁷⁸⁵ חרפות ‚Schmähungen' entspricht in GI und GII dem Akkusativobjekt ὀνειδισμούς ‚Beschimpfungen, Vorwürfe, Tadel'.

Z. 4: רבה kann einerseits 3. sg. m. pf. qal der Wurzel רבה I⁷⁸⁶ sein, also mit ‚etwas (m.) ist groß/viel/zahlreich geworden' übersetzt werden. Andererseits könnte רבה auch die feminine Form des Adjektivs רב bezeichnen und mit ‚etwas (f.) (ist) groß/viel' übersetzt werden. Dies entspricht genau der GII-Lesart λύπη πολλή. Andererseits ist aber auch die Wiedergabe in GI λύπη ἐστὶν πολλή, bei der das im hebräischen Nominalsatz fehlende Prädikat im Griechischen ergänzt wurde, als genaue Übersetzung denkbar. Sowohl die Wiedergabe von GII als auch die von GI entsprechen genau dem hebräischen Text. La1 bietet *et in magno sum taedio* ‚und ich bin in großem Überdruss', La2 *et quoangustata in tediis anxificabitur anima mea*. Beides sind freiere Wiedergaben.

Der Kausativ הרויח ist in der hebräischen Bibel nicht bezeugt. Die Wurzel רוח ist nur im Qal und im übertragenen Sinn ‚es wird jemandem weit/jemand fühlt sich erleichtert' belegt.⁷⁸⁷ Das Substantiv רוח bezeichnet sowohl räumlich ‚Weite, Abstand' als auch psychologisch ‚Befreiung' (Est 4,14). Hier handelt es sich offenbar um das Hiphil der Wurzel רוח und bedeutet soviel wie ‚Befreiung veranlassen/befreien'.⁷⁸⁸ GI und GII haben beide passive Formen des Verbs ἀπολύειν, wodurch möglicherweise die besondere Hilfsbedürftigkeit zum Ausdruck kommt.⁷⁸⁹ עמי ‚mit mir' ist in GII exakt mit μετ' ἐμοῦ wiedergegeben, während bei ἐν ἐμοί in GI wohl eher eine Wiedergabe der Präposition ב anzusetzen wäre.

---

785 Vgl. P. Joüon/T. Muraoka, A Grammar of Biblical Hebrew. SubBi 14/II. Rom 2000, 436 (§124l).

786 Vgl. KBL³ 1097ff., hier: 1097.

787 Vgl. 1 Sam 16,23; Ijob 32,20; Jer 22,14 (pt. pu.). רוח in der Bedeutung ‚riechen' ist in der hebräischen Bibel im Hifil zwar gut belegt (vgl. Gen 8,21; 27,27; Ex 30,38; Lev 26,31; Dtn 4,28; Ri 16,9; 1 Sam 26,19; Ijob 39,25; Ps 115,6; Jes 11,3; Am 5,21), passt hier aber offensichtlich nicht.

788 Vgl. Morgenstern, Language 138.

789 Das Verb ἀπολύειν als Äquivalent für eine Form der Wz. רוח ist in LXX sonst nicht überliefert bzw. es steht kein semitischer Text zum Vergleich zur Verfügung. Abgesehen von Tob 3,6 (zweimal in GI und GII) finden sich Formen von ἀπολυθῆναι in Tob 3,13 (nur in GII) sowie in 1 Makk 10,43; 2 Makk 6,22.30; 12,45.

2.5.1.2 Fragment 1ii: Tob 3,10–11

Text (PAM 43.183)

[ ] יחרפו (א)[ת][^790]	1
[ ] חיה[^791] ל(כה) (בת)	2
[ ] עלי אין כשר (לה)	3
[ ] (א)שמע ולוא ישמ(ע)	4
[ ] [הח]לון ו(ת)[ת]חנן	5

Übersetzung

Zeile 1   sie werden schmähen d[en]
Zeile 2   lebend[^792] (ist) dir eine Tochter [ ]
Zeile 3   für mich[^793] gibt es nichts[^794] Angemessenes[^795] zu[^796] [ ]
Zeile 4   ich werde hören, und nicht wird er hören [(11)]
Zeile 5   [das Fe]nster, und sie [erfle]hte sich Gunst [ ]

Anmerkungen

Z. 1: Saras Befürchtung, ihr Vater könne ihretwegen zum Ziel von Schmähungen oder Spott werden, kommt in GI erst nach der Aussage, dass sie die einzige Tochter ihres Vaters ist. GII folgt offenbar streng der Sequenz des hebräischen Textes. Während in GI die Schmähung Raguels als Folge des Suizids Saras lediglich konstatiert wird: ὄνειδος αὐτῷ ἔσται[^797] ‚Schande wird es für ihn sein', kommt in GII, La1, La2 und La3 derselbe Vorwurf direkt aus dem Munde der ‚Schmäher' (3. pl. m.):

[^790]: Es sind nur Spuren eines Buchstabens erkennbar, nach Fitzmyer, Tobit (DJD) 64, handelt es sich um alef, das er zum Akkusativ-Exponenten את ergänzt. Denkbar wäre auch, dass sich אבי ‚meinen Vater' als direktes Objekt anschließt.
[^791]: Beyer, ATTM.E 137, liest, GI und GII entsprechend, היה.
[^792]: Adjektiv f.
[^793]: Die Präposition על ist wohl im Sinne eines dativus incommodi verwendet; vgl. Joüon/Muraoka, Grammar 489f. (§133f). In späteren hebräischen Texten kann על auch im Sinne eines einfachen Dativs verwendet werden, vgl. Est 1,19; 3,9.
[^794]: A. Schmitt deutet אין hier als Negation im Sinne von לא und übersetzt mit „für mich ist es nicht gerecht"; vgl. ders., Die hebräischen Textfunde zum Buch Tobit aus Qumran. 4Tob^e (4Q200). In: ZAW 113 (2001) 566–582, hier: 576.
[^795]: Die Wz. כשר ist in der hebräischen Bibel in Est 8,5; Koh 10,10; 11,6 belegt. Das pt. ist in der hebräischen Bibel dagegen nicht bezeugt. In QH ist כושר in 4Q417 1i,11; 2i,2; 4Q418 77,2 überliefert.
[^796]: Präfigiertes lamed in Verbindung mit he legt nahe, dass an dieser Stelle der inf. des Kausativs folgt.
[^797]: Codex B, Ms. 71, die sahidische Übersetzung sowie die Sixtina bieten an dieser Stelle das Futur. Hanhart, Tobit 83, nimmt ἐστιν als die ‚originale' Lesart von GI an.

Raguels Schande bestehe darin, dass sich seine einzige geliebte Tochter das Leben nimmt. Ob Sara nur die einzige (GI, La2) oder darüber hinaus noch die geliebte Tochter (GII, La1) genannt wurde, geht aus dem Vergleich mit dem hebräischen Text nicht hervor. Der Prohibitiv in GII (μήποτε) ὀνειδίσωσιν entspricht genau dem hebräischen יחרפו ‚sie werden schmähen', wobei die Negation hebräisch aber nicht erhalten ist.

Z. 2: Die direkt an Raguel gerichtete Rede der ‚Schmäher' des hebräischen Textes hat ihre Entsprechung in GII. Dies geht aus (μήποτε) ὀνειδίσωσιν ‚(niemals) sollen schmähen' als Einleitung und aus לכה (2. sg. m.) und seinem Äquivalent σοι hervor. Allerdings scheint der Übersetzer von GII ebenso wie die Übersetzer von La1, La2 und La3 חיה als eine Form von היה ‚es gibt' gelesen zu haben, was er mit ὑπῆρχεν (ipf.) übersetzte.⁷⁹⁸ Von היה hätte die entsprechende Form (3. sg. f. qal) aber היתה lauten müssen, da die Tochter unzweifelhaft eine feminine Verbform verlangt. GI weicht durch die Rede in der 1. Person (Sprecherin ist Sara) vom hebräischen Text ab.

Z. 3: Diese Zeile fehlt ganz in GI. GII hat mit μοι zwar ein Äquivalent für עלי, übersetzt aber komparativisch, was im Hebräischen möglicherweise auf eine Konstruktion mit מן hinweist. Die Übersetzung von La3 *non est mihi hoc bonum* entspricht am genauesten dem hebräischen Text, wobei das Demonstrativum *hoc* aber offenbar keine Entsprechung im hebräischen Fragment hat.⁷⁹⁹

Z. 4: Auch diese Zeile findet sich nicht in GI. אשמע ‚ich werde hören' in Tob 3,10 hat zwar eine exakte griechische Wiedergabe in GII ἀκούσω, die Weiterführung des Satzes aber ולוא ישמע ‚und nicht wird er hören' bietet nur La3 mit *et non audiat* ‚und nicht soll er hören'.⁸⁰⁰ Das Subjekt von ישמע ist im hebräischen Textfragment nicht erhalten, die Ergänzung Fitzmyers אבי ‚mein Vater'⁸⁰¹ aber durch den Beleg in La1, La2 und La3 *pater meus* und den Personenwechsel beim Verb sehr wahrscheinlich.

Z. 5: Der Beginn der Zeile ist schlecht erhalten, es muss offen bleiben, ob hier wirklich וה[ח]לון ‚Wandloch für Luft und Licht (Fensteröffnung)'

---

798 Das ipf. ὑπῆρχεν als Wiedergabe der Wz. היה ist in LXX in Jos 5,12; 2 Chr 26,10; Ez 16,49 verwendet, das Präsens ὑπάρχει in Tob 4,8 (zweimal in GI, einmal in Ms. 319).
799 Auch La1 *non est utile* muss von der Auslassung einer Wiedergabe für עלי abgesehen als genaue Wiedergabe des hebräischen Textes gewertet werden. La2 dagegen weicht durch den Anschluss *et ideo* an dieser Stelle weiter vom hebräischen Text ab.
800 La3 bietet andererseits keine Wiedergabe von אשמע ‚ich werde hören'. La1 und La2 schließen ohne Prädikat an und bieten einen durch die Anapher *neque – neque* verbundenen Vergleich von Sara und Raguel.
801 Vgl. Fitzmyer, Tobit (DJD) 64.

stand. GI und GII bieten in Tob 3,11 beide das Äquivalent θυρίς ‚kleine Tür, Fensterchen'.[802] La1, La2 und La3 bieten *fenestra* ‚Maueröffnung, Fenster'. Die Fortsetzung des hebräischen Textes mit ותת[ח]נן ‚und sie [erfle]hte sich Gunst' entspricht in GI καὶ ἐδεήθη. Allerdings folgt ‚das Fenster' in GI im Unterschied zum hebräischen Text erst jetzt als Angabe der Gebetsrichtung Saras πρὸς τῇ θυρίδι ‚zum Fenster hin'.[803] GII dagegen folgt offenbar der Reihenfolge des hebräischen Textes, indem an eine erste Handlung in Richtung auf das Fenster hin, die Hebräisch nicht erhalten ist, Saras Flehen als zweite Handlung angeschlossen wird. Das Flehen Saras wird in GII allerdings nicht parataktisch mit καί an das Vorhergehende angeschlossen, sondern folgt als Prädikat dem pt. διαπετάσασα. GII hat zwar die Reihenfolge des hebräischen Textes beibehalten, sich aber im Einzelnen weiter vom hebräischen Text entfernt. GI hat dagegen zwei Handlungen zu einer zusammengefasst. La3 bietet mit *(aperuit manus) ad fenestram et orauit* eine exakte Wiedergabe.

2.5.2 4Q200 Fragment 2: Tob 4,3–9

Text (PAM 43.183)

[ ]ת[[804]]	1
[ ] ו[ס]בול אותכה במ(וע)ה [ ]	2
[ ]ה(י)[805] לאלהים {בני}[806] וכול ימיכה spatium	3
[ ] (ח) ימי כ[ו]ל] אמת הי(ה)[807] spatium מ[אמר(ו)]	4

---

802 Das Substantiv חלון wird in LXX konsequent mit θυρίς wiedergegeben; vgl. Gen 8,6; 26,8; Jos 2,15.18; Ri 5,28; 1 Sam 19,12; 2 Sam 6,16; 1 Kön 6,4; 2 Kön 9,30.32; 13,17; 1 Chr 15,29; Spr 7,6; Hld 2,9; Jes 24,18; Jer 9,20; 22,14; Ez 40,16.22.25.29.33.36; 41,16.26; Joël 2,9.

803 Zum Motiv des Gebets am Fenster in Richtung Jerusalem vgl. Dan 6,11 und seine Auslegungsgeschichte.

804 Fitzmyer, Tobit (DJD) 65, liest vor taw die Prohibitivpartikel אל sowie [רצונ]ה am Zeilenbeginn, wobei er aber darauf hinweist, dass von Letzterem nur die Füße der Buchstaben erkennbar seien. Beyer, ATTM.E 137, liest ואל [ר]צונה. Anhand der Microfiches konnten beide Lesarten nicht verifiziert werden. Wenn mit Fitzmyer in Anlehnung an GI und GII der Prohibitiv אל zu lesen ist, dann handelt es sich bei taw um das Präfix der 2. sg. m. ipf.

805 Beyer, ATTM.E 138, liest זוכר הווה, Fitzmyer, Tobit (DJD) 65, זכור היה. Anhand der Microfiches konnte beides nicht verifiziert werden.

806 Der Vokativ בני wurde, wahrscheinlich vom Schreiber selbst, oberhalb von ימיכה als Korrektur nachgetragen.

807 Beyer, ATTM.E 138, liest wieder הוה anstelle von היה; vgl. Anmerkung 805.

142 Der Vergleich der Textformen

5 [ ] [ ]י)ⁿ⁸⁰⁹ שקר כי בעשות ⁸⁰⁸[יה](י)ה עמך [ ]
6 [ ] ⁸¹¹[כאר]ך ידכה בני היה⁸¹⁰ [ ] (צד)קות ואל תסתר [ ]
7 [ ] ע](נ)ו אף (ממכה)⁸¹² לוא י(ס)[ ] [(ם) אם יהיה לכה בני [ ]
8 [ ] עוש](ה) (ממנו) (צד)[קוח]ת⁸¹³ [ ] אם יהיה לך מעט כמע(ט) [ ] [ ]
9 [ ] בעש](ותך) צדק(ה) שימה (טובה) [ ] [ ]

Übersetzung

Zeile 1   [(4)]
Zeile 2   [ ] und sie hat dich getragen⁸¹⁴ in [ihrem] L[eib]
Zeile 3   *spatium* (5) Und all deine Tage, {mein Sohn,} an Gott [se]i⁸¹⁵ [ ]
Zeile 4   [ ] sein Befehl. *spatium* Zuverlässigkeit sei [a]lle Tage [ ]

---

808 Fitzmyer, Tobit (DJD) 65, liest vor der Lacuna ein he, das er als Artikel des zu ergänzenden אמת deutet. Beyer, ATTM.E 138, liest alef und ergänzt zu [א]מת.

809 Auf PAM 43.183 ist nur jod als letzter Buchstabe eines Wortes erkennbar. Die Ergänzung Fitzmyers, Tobit (DJD) 65, zu דרכי ‚die Wege' (cs. pl.) in Anlehnung an GI und GII ist sehr wahrscheinlich.

810 Beyer, ATTM.E 138, liest wieder הוה.

811 Fitzmyer, Tobit (DJD) 66, gibt an, dass vor kaf der Kopf eines weiteren Buchstaben, „probably" waw erkennbar sei. Auf PAM 43.183 ist dies nicht zu sehen.

812 Das Fragment ist hier sehr zerstört. Es sind nur die Köpfchen von Buchstaben erkennbar. Fitzmyer, Tobit (DJD) 65, deutet ממכה.

813 Der Beginn dieser Zeile ist sehr schlecht erhalten, von den ersten vier (?) Buchstaben sind jeweils nur die Köpfchen erhalten. Fitzmyer, Tobit (DJD) 65f., rekonstruiert ועושה ממנו צד[קוח]ת „[giv]e al[m]s from it."

814 Nach Fitzmyer, Tobit (DJD) 66, handelt es sich bei וסבול um den mit ו angeschlossenen inf. abs. in der Funktion als finites Verb; vgl. Joüon/Muraoka, Grammar 430f. (§123x); W. Gesenius/E. Kautzsch, Hebräische Grammatik. Leipzig ²⁸1909, 359f. (§113z); Quimron, Hebrew 48 (§310,14).

815 Auf PAM 43.183 ist an dieser Stelle nur ein he deutlich, jod annäherungsweise lesbar. Fitzmyer, Tobit (DJD) 65, gibt an, dass auf Fr. 2c die Spuren von kaf und resch zu erkennen sind, die er zu [כ]ר ergänzt. Dies ist durch die griechischen Textformen GI und GII bestätigt, die in Tob 4,5 μνημονεύειν bieten, sowie durch *in mente habere* in La1, La2 und La3. Auf den Microfiches sind kaf und resch allerdings nicht zu erkennen. Grundsätzlich ist die Annahme von היה plus pt. hier wahrscheinlich, da die griechische Überlieferung in diesem Textstück imp. aufweist, die Wiedergaben von hebräischem היה plus pt. sein können; vgl. Schmitt, Textfunde 577, Anm. 51. Allerdings wird זכר eher selten mit der Präposition ל verbunden (vgl. Ex 32,13; Dtn 9,27; 2 Chr 6,42; Ps 132,1; 137,7). Die Wendung הוי דכיר plus Präposition ל ‚sei eingedenk des/der' findet sich im Midrasch Tehillim (S. Buber, Midraš Tehillim genannt ‚šoher Tob'. Wilna 1891 (ND Jerusalem 1966), S. 437) sowie im Midrasch yalqut šimᶜōnī. Teil 2. Jerusalem 1960, S. 950b).

Zeile 5   [ ] der Lüge. (6) Denn im Tun der/des [se]in mit dir [(7)]
Zeile 6   [ ] wie die Länge deiner Hand, mein Sohn, sei[816] [ ] gerechte Taten, und nicht ver[stecke]
Zeile 7   [ein A]rmer. Auch von [ ][817] nicht [ ]. (8) Wenn dir sein wird, [mein] Sohn, [ ]
Zeile 8   [mach]end von ihm gerech[te Taten]. Wenn dir sein wird Weniges wie Weniges [ ]
Zeile 9   dein[818] [ ] gerechte Taten. (9) Ein guter Schatz[819] [ ]

Anmerkungen

Z. 2: וסבול als inf. abs. in Stellvertretung der finiten Verbform der Wurzel סבל ‚eine Last tragen, schleppen', also von סבלה ‚sie hat getragen, geschleppt', nimmt in Tob 4,4 konkret auf die Schwangerschaft Bezug. Sowohl in GI und GII als auch in La2 und La3 ist dagegen umschreibend davon die Rede, dass ‚sie (die Mutter) viele Gefahren gesehen hat wegen dir', πολλοὺς κινδύνους (GI) // κινδύνους πολλοὺς (GII) ἑώρακεν ἐπὶ σοί bzw. *quanta pericula uiderit in enixione tua* (La2) und *multa pericula uidit ex te in utero suo* (La3). Während GI und GII durch die Umschreibung umfassender sowohl auf Schwangerschaft als auch Geburt Bezug nehmen, wird in La2 mit *in enixione tua* ‚bei deiner Geburt' nur auf die Gefahren bei der Geburt selbst verwiesen. [במעיך] entspricht in GI ἐν τῇ κοιλίᾳ, in GII ἐν τῇ κοιλίᾳ αὐτῆς und in La3 *in utero suo*. Möglicherweise stellt ἑώρακεν ‚sie hat gesehen, sie war konfrontiert mit' eine freie Wiedergabe von סבול dar, allerdings schließen GI, GII und La3 abweichend vom hebräischen Text mit begründendem ὅτι bzw. *quoniam* an. La1 umschreibt ebenfalls mit *quanta pericula passa sit* ‚wie viele Gefahren sie erduldet hat', gleichzeitig ist

---

816 היה plus pt. anstelle des imp. (vgl. 4Q200 2,3.4.6). Vgl. auch J.C. Greenfield, The ‚Periphrastic Imperative' in Aramaic and Hebrew. In: IEJ 19 (1969) 199–210; Muraoka, Genesis Apocryphon 34.

817 Auf PAM 43.183 sind nur der erste (mem) sowie der letzte (he) Buchstabe eines Wortes annäherungsweise lesbar. Fitzmyer, Tobit (DJD) 65, ergänzt in Anlehnung an ἀπὸ σοῦ in GI und Ms. 319 zu מ(מכ)ה. Diese Annahme ist zwar sehr wahrscheinlich, die beiden mittleren Buchstaben sind aber dennoch klar ergänzt und nicht, wie von Fitzmyer an dieser Stelle notiert, teilweise erhalten.

818 Das Suffix der 2. sg. m. ist eindeutig, Fitzmyers Ergänzung zur Präposition ב plus inf. cs. von עשה aufgrund von ἐν τῷ ποιεῖν σε in Ms. 319 ist sehr wahrscheinlich; vgl. ders., Tobit (DJD) 65.

819 שימה ‚Schatz' ist in der hebräischen Bibel nicht belegt. In QH ist שימה in 4Q504 7,9 bezeugt, in QA in 4Q213 1i,20; 4Q213 1ii+2,3. Morgenstern, Language 138, weist auf die Ähnlichkeit zu Spr 10,2 hin.

passa sit als Form von *pati* ‚leiden, er*tragen*' als genaue Wiedergabe von סבל zu werten.

Z. 3: In Tob 4,5 vertritt היה wohl in Verbindung mit dem pt. eines (hier nicht erhaltenen) Verbs den imp.[820] GI bietet zwar ein Äquivalent für אלהים ‚Gott', allerdings nur in der Erweiterung ‚der Herr unser Gott', womit einerseits ‚Gott' bei seinem Namen JHWH (griechisch κύριος) genannt, andererseits der Bezug zur Gruppe ‚uns' hergestellt wird. GII hat dagegen kein Äquivalent für אלהים, sondern bietet nur ‚der Herr'. La1 hat ‚Gott', La2 und La3 übereinstimmend ‚deinen Gott'. Da der Gottesname יהוה im hebräischen Text anscheinend fehlt, können weder GI noch GII als genaue Wiedergabe des hebräischen Textes gewertet werden. Der Vokativ בני hat in GI, GII, La1, La2 und La3 eine Wiedergabe.[821]

Z. 4: [מ]אמרו[822] ‚sein Befehl'(sg.) in Tob 4,5 ist sowohl in GI als auch in GII mit dem Akkusativ pl. τὰς ἐντολὰς αὐτοῦ wiedergegeben, ebenso in La1 und La3 mit *praecepta* bzw. in La2 mit *precepta*. אמת ‚Zuverlässigkeit, Treue, Wahrheit' (sg.) entspricht in GI der sg. δικαιοσύνη ‚Gerechtigkeit', in La1, La2 und La3 *iustitia*, während GII den pl. δικαιοσύναι ‚Gerechtigkeitserweise' bietet. In der Regel werden die Begriffe δικαιοσύνη bzw. δικαιοσύναι aber als Äquivalente von צדקה bzw. צדקות verwendet.[823] Es liegt hier also entweder eine ungenaue Übersetzung vor (wie offenbar auch in Dan 8,12) oder eine von 4Q200 2,4 abweichende Vorlage von GI und GII.

---

820 Vgl. Schmitt, Textfunde 577 Anmerkung 51. Fitzmyer, Tobit (DJD) 65, ergänzt זכר in Anlehnung an GI und GII, die beide den imp. μνημόνευε haben.

821 Wie schon bei den aramäischen Fragmenten von 4Q196–199 zeigt sich, dass das Pronominalsuffix beim Vokativ keine Wiedergabe in den griechischen Textformen hat; vgl. Anmerkung 254.

822 מאמר ist in MT in Esra 6,9; Est 1,15; 2,20; 9,32; Dan 4,14 bezeugt. In QH ist מאמר neben 4Q200 2,4 nur noch in 4Q271 3,14 überliefert. In QA ist es dagegen häufiger bezeugt (u.a. 4Q534 1ii+2,17; 4Q536 2ii,12; 4Q541 7,5; 4Q541 9i,3; 11Q10 XXVIII,9; XXXIII,8).

823 In LXX wird אמת meist mit ἀλήθεια oder davon abgeleitetem Adjektiv bzw. Adverb wiedergegeben. Nur in Verbindung mit dem Gerichtsbereich wird אמת offenbar mit anderen Begriffen übersetzt: אנשי אמת in Ex 18,21 mit ἄνδρες δίκαιοι, עד אמת in Spr 14,25 mit μάρτυς πιστός bzw. mit μάρτυς δίκαιος in Jer 42,5 (Jer 49,5 LXX). משפט אמת in Sach 7,9 entspricht κρίμα δίκαιον in LXX. Als Äquivalent für אמת ist δικαιοσύνη in Dan 8,12 überliefert.

Z. 5: שקר ‚Lüge, Täuschung' wird in Tob 4,5 in GI und GII jeweils mit dem Genetiv sg. τῆς ἀδικίας ‚des Unrechts' wiedergegeben.[824] Das begründende כי in Tob 4,6 entspricht in GI und GII jeweils διότι ‚weil' bzw. *quoniam* in La1 und La3. Die Verbindung der Präposition ב mit dem inf. cs. (ohne Suffix!) ist in GI mit dem Genetivus absolutus der 2. sg. wiedergegeben, was dem weiteren hebräischen Text mit seiner Wendung zur 2. sg. m. in עמך gewissermaßen vorgreift. GII entfernt sich dagegen mit dem pt. der 3. pl. vom hebräischen Text und weicht auch im Folgenden durch die 3. pl. Futur Passiv ab. ויה[יה] entspricht in La1, La2 und La3 *erit* ‚es wird sein', während GI mit ἔσονται einen Wechsel vom sg. zum pl. vornimmt. עמך ‚mit dir' ist in keiner der Textformen exakt wiedergegeben.

Z. 6: ארך ידכה ‚die Länge/Geduld deiner Hand' in Tob 4,7 entspricht in GI offenbar ἐκ τῶν ὑπαρχόντων σοι bzw. καὶ τὰ ὑπάρχοντά σου in Ms. 319.[825] La1 und La2 bieten *ex substantia tua* bzw. *de substantia tua* ‚aus deinem Vermögen'. Während der hebräische Text einen Vergleich mit כ ‚wie' einführt, verbinden GI, La1 und La2 ‚Vermögen' mit der Präposition ἐκ bzw. *ex* und *de*. Ms. 319 schließt dagegen abweichend vom hebräischen Fragment mit καί an. Die Anrede בני ‚mein Sohn' hat nur in La1 und La3 eine Wiedergabe, nicht aber in GI, Ms. 319 und La2. Der pl. צדקות[826] ist in GI und Ms. 319 vom hebräischen Text abweichend mit dem sg. ἐλεημοσύνη wiedergegeben. Auch La1 und La3 bieten mit *eleemosyna* die Transliteration des sg., ebenso La2 mit *elemosina*. Die Weiterführung des Themas ‚Almosen' καὶ μὴ ... ἐλεημοσύνην in GI ist weder in Ms. 319 noch in La1, La2 und La3 oder Vg enthalten und hatte anscheinend keine Entsprechung im hebräischen Text von 4Q200.[827] Der Prohibitiv ואל תסתר[ן] ‚und nicht ver[stecke]' entspricht in GI und

---

[824] Vgl. Ex 23,7; Dtn 19,18; 2 Sam 18,13; 2 Kön 9,12; Ijob 13,4; Ps 27(26),12; Spr 6,17.19: ἄδικος; Ps 35(34),19; 38(37),20; 119(118),78.86: ἀδίκως; Ps 52(51),5; 119(118),29.69; 144(143),8.11: ἀδικία.

[825] Codex S weist von Tob 4,7–19b eine Lacuna auf, die mit Hilfe von Ms. 319 ergänzt werden kann. Die lateinischen Textformen als der Textform GII nahe stehende Übersetzung sind hier von besonderer Wichtigkeit.

[826] Obwohl die ersten Buchstaben nicht eindeutig zu erkennen sind, handelt es sich sicher um einen pl. Die Ergänzung zu צדקות in Anlehnung an GI, Ms. 319, La1, La2 und La3 (jeweils sg.!) liegt nahe (vgl. Ps 103,6). צדקות ist in QH neben 4Q200 2,6.8 in 1QS I,21; X,23; XI,3; 1QH^a IV,17; XV,17; 4Q260 V,5; 4Q521 7+5ii,7; 11Q5 XIX,5.7.11; 11Q6 4–5,7 bezeugt.

[827] Obwohl das Fragment an dieser Stelle abbricht, ist aufgrund der geringen Größe der Lücke davon auszugehen, dass dieser Teil von GI keine Entsprechung im hebräischen Text von 4Q200 hatte. Es könnte sich hier also um eine Erweiterung der „Kurzform" GI handeln.

Ms. 319 καὶ μὴ ἀποστρέψῃς ‚und nicht wende ab'[828] bzw. *et noli auertere* in La1 und La3 sowie *nec auertas* in La2.

Z. 7: [ענו] in Tob 4,7 ist in GI und Ms. 319 mit πτωχός ‚arm' wiedergegeben.[829] אף ‚und, auch' entspricht in GI und Ms. 319 die Konjunktion καί bzw. in La1 und La3 *et* und *enim* in La2. Die folgende Negation hat wohl in GI, Ms. 319, La1, La2 und La3 ein Äquivalent, der hebräische Text ist an dieser Stelle aber zu fragmentarisch für einen Vergleich. In Tob 4,8 bietet Ms. 319 eine vollständige Wiedergabe des hebräischen Textes samt der Anrede בני.[830] GI und La2 lassen dagegen die Anrede aus. GI ὡς kann ebenso wie Ms. 319 καθώς als korrekte Wiedergabe von hebräisch אם gelten, so dass keine Unterscheidung hinsichtlich einer „genaueren" Wiedergabe möglich ist. Sowohl in GI als auch in Ms. 319 entspricht das Präsens σοὶ ὑπάρχει dem Imperfekt יהיה לך.

Z. 8: Diese Zeile ist sehr schlecht erhalten und kann nur unter starkem Rückgriff auf die griechischen Textformen annäherungsweise erschlossen werden. Der Vergleich eines derart rekonstruierten Textstücks mit den zu seiner Rekonstruktion herangezogenen Texten ist wenig sinnvoll und verbietet sich aufgrund methodischer Überlegungen. Ob imp. Aorist (GI) oder imp. Präsens (Ms. 319) von ποιεῖν zur Wiedergabe einer Form von עשה verwendet wurde und ob es sich dabei um das pt. m. עושה handelte, kann nicht sicher entschieden werden. Im Folgenden wird die Formulierung der vorhergehenden Zeile אם יהיה לך im hebräischen Text völlig parallel aufgegriffen.[831] Sowohl GI als auch Ms. 319 entfernen sich bei der Übersetzung vom hebräischen Text. Anscheinend hat אם יהיה לך מעט in Ms. 319 eine exakte Wiedergabe bis in die Wortstellung hinein, während die Fortsetzung in GI mit κατὰ τὸ ὀλίγον folgt, Ms. 319 mit καθώς dagegen anders fortfährt.

Z. 9: צדקה ist sowohl in GI als auch in Ms. 319 mit dem sg. ἐλεημοσύνη wiedergegeben. שימה טובה in Tob 4,9 entspricht in GI und Ms. 319 θέμα

---

828 Hanhart, Tobit 89, korrigiert das in Ms. 319 überlieferte ἀποστρέψεις zum Konjunktiv (μὴ) ἀποστρέψῃς.

829 Das Adjektiv ענו ‚sich unterwerfend, demütig' hat die übertragene Bedeutung ‚gedrückt, gebeugt', was es in die Nähe von עני ‚gedrückt, elend, arm' rückt; vgl. KBL³ 809. Fitzmyer, Tobit (DJD) 66, schlägt mit Blick auf ἀπὸ παντὸς πτωχοῦ in GI und Ms. 319 vor, an dieser Stelle das üblichere עני zu lesen. Da πτωχός als Äquivalent für ענו aber in Ps 69(68),33; Jes 29,19; 61,1; Am 8,4 belegt ist, erscheint diese Emendation unnötig.

830 Das Pronominalsuffix der 1. sg. ist an dieser Stelle zwar nicht erhalten, aber sehr wahrscheinlich; vgl. Anmerkung 254.

831 Auffällig ist die Graphik: Während in Zeile 7 ‚für dich' mit schwerem Suffix לכה geschrieben ist, hat Zeile 8 לך mit leichtem Suffix. Vgl. dazu Tov, Scribal Practices 267.

ἀγαθόν ‚ein guter Schatz', wobei GI zusätzlich mit begründendem γάρ anschließt. La1 und La3 bieten *praemium bonum*, La2 *premium bonum* ‚eine gute Belohnung'.

2.5.3 4Q200 Fragment 3: Tob 5,2

Text (PAM 43.184)

[832] [ ]	1
[ ]א(י)ן והוא	2
[ ] והאמין	3
[ ] ללכת[ן	4

Übersetzung
Zeile 1   [ ]
Zeile 2   und er hat nicht [ ]
Zeile 3   und er hat geglaubt[833] [ ]
Zeile 4   um zu gehe[n]

Anmerkungen
Z. 2: GI hat keine Wiedergabe dieser Zeile. In GII entspricht in Tob 5,2 offenbar καὶ αὐτὸς οὐ dem hebräischen Text. La1 und La2 verwenden übereinstimmend die Anapher *neque – neque* und entfernen sich damit von der Wortstellung des hebräischen Fragments, ebenso La3 mit *ille nescit me et ego nescio illum*.
Z. 3: והאמין ‚und er hat geglaubt' entspricht in GII dem Konjunktiv Aorist der 3. sg. m. von πιστεύειν. GI hat keine Wiedergabe.
Z. 4: Auch diese Zeile ist nur in GII belegt, nicht aber in GI. Der inf. cs. ללכת[ן entspricht in GII dem inf. Aorist πορευθῆναι. La1 und La2 bieten das Substantiv *uiae regionis illius*, La3 *uiae quae ducunt in Mediam*.

---

832 Da dieses Fragment oberhalb der ersten überlieferten Zeile noch einen Streifen an Leder hat, ist es möglich, dass eine oder mehrere Zeilen vorausgingen. Fitzmyer, Tobit (DJD) 67, geht von einer weiteren Zeile aus.
833 3. sg. m. pf. hif.

2.5.4 4Q200 Fragment 4: Tob 10,7–9

Text (PAM 43.184)

] [ ]שלמו להמה ארב(ע)[ה] עשר ימי [ ]	1
] א[שר (נ)שבע רעואל לעשות לשרה בתו בא [ ]	2
] טוב[(י)ה]834 ואמור לו שלחני כבר אני יודע אש(ר)[ ]	3
] [א]ף אמי איננה מאמנת אשר תר(אנ)[י] (ע)[וד] {ועתה}835 מבקש	4
] [ס]ה אבי אשר תשלחנ[ך] (וה)לכתי אל אבי כבר	5
(ס)פרתי (ל)ך אנ[ח](כה)836 (עז)[ב]תים ויומר רעואל לטוביה בני	6
[ ]ח]ך אתי ואני אשל(ח) מלאכים אל טובי אבנ[כ](ה) ו(ה)[נ]מה837 [	7
[ ](ל)[ ](ל)[ ]	8

Übersetzung

Zeile 1   [ ] es waren vollendet[838] für sie die vie[r]zehn Tage [ ]
Zeile 2   [d]ie Raguel geschworen hatte zu machen für Sara, seine Tochter. Er ging hinein [ ]
Zeile 3   [Tobi]ja und sprach[839] zu ihm: Laß mich ziehen, längst weiß ich, dass [ ]
Zeile 4   [ ] auch meine Mutter, sie glaubt nicht[840], dass sie [mich] noch sehen wird. {Und nun} suchend[841] [ ]
Zeile 5   [ ] dich, mein Vater, dass du mich ziehen lassen wirst, und ich zu meinem Vater gehe. Längst

---

834 Der Beginn von Zeile 3 ist nur schlecht erhalten. Nach den Microfiches ist der erste eindeutige Buchstabe ein he, vor diesem steht möglicherweise ein jod. Beyer, ATTM.E 144, notiert nur das he von Tobija als belegt. Fitzmyer, Tobit (DJD) 68, erkennt am Zeilenbeginn noch die Spuren von tet und waw.

835 ועתה ist supralinear als Korrektur über מבקש nachgetragen.

836 In 4Q200 4,6 sind vom dritten Wort bzw. vom Anfang des vierten Wortes nur die Köpfchen von insgesamt 5 (?) Buchstaben erkennbar.

837 Beyer, ATTM.E 144, liest an dieser Stelle waw und samech und ergänzt zu וסןפרן.

838 Die Wz. שלם ist hier wie in 1 Kön 7,51; 2 Chr 5,1; Neh 6,15; Jes 60,20 im Qal verwendet. In MT ist sonst eher Piel gebräuchlich. Nach Morgenstern, Language 138f., ist die Verwendung von einfachem pf. ohne waw an dieser Stelle auffällig, da dies in vormischnischem Hebräisch sehr selten, in Aramäisch dagegen die Regel sei.

839 Inf. abs.

840 Durch das Pronominalsuffix der 3. sg. f. plus pt. f. ist deutlich nur auf Tobijas Mutter Bezug genommen. Fitzmyer, Tobit (DJD) 67, ergänzt die entsprechende Aussage für den Vater.

841 Pt. m. sg. pi. Da also nicht mehr von Tobijas Mutter die Rede sein kann, scheint Tobija nach ועתה ‚und nun' von sich selbst zu sprechen. Fitzmyer, Tobit (DJD) 68, ergänzt das Personalpronomen אני und fährt transitiv mit אות[כה] fort. Denkbar ist auch die Fortsetzung mit מן plus Pronominalsuffix (vgl. Dan 1,8).

Zeile 6 habe ich dir erzählt, wie[842] ich sie verlassen habe. (8) Und es sagte[843] Raguel zu Tobija: Mein Sohn,
Zeile 7 warte[844] bei mir, und ich werde Boten schicken zu Tobi, [dein]em Va[ter][845] und [ ]
Zeile 8 [(9)]

Anmerkungen
Z. 1: Da die Zeile unmittelbar mit שלמו ‚sie waren vollendet' beginnt, ist es unmöglich zu entscheiden, ob in Tob 10,7 ἕως οὗ in GI, καὶ ὅτε in GII, ὡς in GIII bzw. *et ut* in La1 dem hebräischen Text von 4Q200 entspricht. GIII bietet καὶ ἐγένετο ὡς, was auf ויהי in der Vorlage hinweist. שלמו ist in GI, GII und GIII übereinstimmend mit dem Passiv συνετελέσθησαν wiedergegeben. Die Zeitangabe von 14 Tagen für die Hochzeitsfeierlichkeiten ist in GI, GII, GIII, La1 und La2 identisch, keine der Textformen bietet aber ein Äquivalent für להמה ‚für sie', wohl bezogen auf die Feiernden.
Z. 2: GII bietet mit dem Relativsatz ἃς ὤμοσεν Ῥαγουὴλ ποιῆσαι τῇ θυγατρὶ αὐτοῦ eine exakte Wiedergabe des hebräischen Textes, mit Ausnahme des Eigennamens Sara. In GI wird Raguels Tochter zugunsten der Ortsangabe ἐκεῖ ‚dort' ausgelassen.[846] Worauf sich αὐτόν in GI bezieht, ist nicht eindeutig. Wahrscheinlich ist ὀμνύναι ‚schwören' aber mit AcI verbunden, so dass αὐτόν Raguel benennt. In GIII ist nur davon die Rede, dass die Hochzeit stattfand, καθὼς ὤμοσε Ῥαγουήλ ‚wie Raguel geschworen hatte'. Für ab ‚er ging hinein' bietet GII das Äquivalent εἰσῆλθεν, während GI und GIII keine Wiedergabe haben. Auffällig ist, dass dem griechischen Verb εἰσελθεῖν ‚hineingehen' in GII

---

842 Vgl. Est 8,6; Hld 5,3 (zweimal); Sir 10,31 (zweimal). In 4Q200 6,3 ist innerhalb der hebräischen Tobit-Rolle auch die Form איכה belegt.
843 Bei ויומר scheint es sich um eine phonetische Schreibweise des Narrativs von אמר zu handeln, bei der alef ausgelassen wurde. Die 3. pl. ויומרו ist in 1QpHab VIII,7 überliefert. Vgl. auch 1QS VI,13; 4Q176 1–2i,5; 4Q252 II,6; III,8; 4Q286 7ii,1; 4Q365 32,4; 4Q418 8,11; 145,2.
844 Bei חכ(ה) handelt es sich anscheinend um den imp. sg. m. pi. der Wz. חכה ‚warten'. In Hab 2,3 lautet der imp. sg. m. pi. dieser Wz. allerdings חכה.
845 Das Pronominalsuffix der 2. sg. m. ist nach GI, GII, GIII und La1 ergänzt.
846 Das an dieser Stelle verwendete Verb שבע nif., das in GI und GII mit ὀμνύναι wiedergegeben ist, bedeutet soviel wie ‚unter Eid/Anrufung Gottes/Einsatz eines Gutes eine Aussage oder Zusage machen'. Ob es möglicherweise als anstößig empfunden wurde, dass Raguel seiner Tochter derart förmlich versprochen hatte, ihr eine aufwendige Hochzeit auszurichten, und in GI diese Aussage deshalb „entschärft" wurde? Es ist aber ebenso möglich, dass GI an dieser Stelle eine andere Vorlage hatte oder eher frei übersetzte.

in La1 und La2 offenbar der Oppositionsbegriff *exire* ‚hinausgehen' gegenübersteht.

Z. 3: Der Eigenname Tobija in Tob 10,7 ist in GI, GII, GIII, La1 und La2 genannt. Während Τωβείας bzw. Τωβίας in GI und GIII als Subjekt zu εἶπε(ν) an dieser Stelle gewissermaßen „nachgeholt" wird, wurde er in GII und La1 schon vorher als Subjekt zu εἰσῆλθεν bzw. *exiit* genannt. In La2 steht *Tobias autem* betont am Satzbeginn. Dem durch *waw* angeschlossenen inf. abs. אמור anstelle der finiten Verbform[847] entspricht in GII καὶ εἶπεν, in GI εἶπεν δὲ Τωβείας[848], während GIII asyndetisches εἶπε Τωβίας bietet. לו ‚zu ihm' hat nur in La1 und La2 mit *illi* eine Wiedergabe, GI hat τῷ Ῥαγουήλ ‚zu Raguel'. שלחני kann sowohl imp. Qal als auch Piel sein, es entspricht in GI und GII jeweils dem imp. Aorist von ἐξαποστέλλειν bzw. in La1 und La2 dem imp. von *dimittere*. In GIII fordert Tobija Raguel dagegen nicht dazu auf, ihn ziehen zu lassen, sondern teilt diesem durch πορεύσομαι ‚ich werde reisen' seine Reisepläne lediglich mit. Die Begründung für Tobijas Wunsch, nach Hause zurückzukehren, ist im hebräischen Text mit כבר ‚längst'[849] eingeführt, in GII mit der begründenden Konjunktion γάρ, in La1 mit *enim* ‚denn'. La2 bietet dagegen *iam* ‚schon'. Das Wissen Tobijas um die Sorge seiner Eltern כבר אני יודע אשר ‚längst weiß[850] ich, dass' hat nur in GII und La2 eine Wiedergabe, während GI und GIII mit begründendem ὅτι direkt den Grund anfügen, warum Raguel Tobija fortschicken sollte.

Z. 4: Das hebräische Textfragment lässt erkennen, dass der Zweifel Tobits und Hannas an der Rückkehr ihres Sohnes anscheinend jeweils einzeln genannt wurde, und zwar parallel in der Konstruktion von אין ‚es gibt nicht' plus Pronominalsuffix plus pt.[851] Erhalten ist dieser Passus zwar nur für Hanna, durch den Anschluss mit אף ‚auch' sowie die Tatsache, dass es unwahrscheinlich ist, dass auf beide – Tobit und Hanna – allein durch die femininen Formen מאמנת, איננה (pt. sg. f.) sowie תראנף (3. sg. f.) Bezug genommen wird, ist anzunehmen, dass der hebräische Text einen ähnlichen Passus auch für Tobit enthielt. GI, GII, GIII, La1 und La2 nennen zwar ‚meinen Vater und meine Mutter',

---

847 Vgl. 4Q200 2,2.
848 Vgl. Anmerkung 561.
849 Als Nomen im adverbiellen Akkusativ ist כבר in der hebräischen Bibel ausschließlich bei Kohelet belegt (Koh 1,10; 2,12.16; 3,15 (zweimal); 4,2; 6,10; 9,6–7 (zweimal)).
850 Nach Morgenstern ist die Verwendung des pt. in כבר אני יודע אשר äußerst ungewöhnlich, da in MT in solchen Fällen das pf. bevorzugt wird. Die Konstruktion mutet ihn an dieser Stelle folglich „very much Aramaic" an; ders., Language 139.
851 Vgl. Fitzmyer, Tobit (DJD) 67.

fassen die beiden aber sämtlich mit einem Verb in der 3. pl. zusammen. GII, La1 und La2 haben πιστεύειν bzw. *credere* ‚glauben' als Äquivalent für die Wz. אמן, GI dagegen ἐλπίζειν ‚hoffen', das in LXX sonst nicht als Äquivalent für אמן verwendet wird. GIII bietet ἀγωνιᾶν ‚sich ängstigen', das hebräisch ירא entsprechen würde.[852] Im Folgenden ist die 3. sg. f. תראנן in GII abweichend mit der 3. pl. ὄψονταί με ‚sie werden mich sehen' wiedergegeben. GI bietet den inf. ὄψεσθαί με nach ἐλπίζουσιν, GIII bietet die 3. pl. ὄψονται τὸ πρόσωπόν μου. [עוד] ‚noch' hat nur in GII und GIII mit ἔτι eine Wiedergabe. Das supralinear nachgetragene ועתה ‚und nun' sowie das pt. m. sg. מבקש ist in GII mit καὶ νῦν ἀξιῶ bzw. in La1 mit *nunc itaque peto* wiedergegeben, das pt. also jeweils zu einer finiten Verbform umgewandelt.[853] GI, GIII und La2 haben keine Wiedergabe.

Z. 5: Diese Zeile hat in GI und GIII keine Entsprechung, während La2 eine weitschweifige Paraphrase bietet. Die Anrede אבי ‚mein Vater' hat in Tob 10,7 in GII mit πάτηρ bzw. *pater* in La1 eine Entsprechung.[854] Das den Nebensatz einleitende אשר entspricht in GII ὅπως ‚dass', in La1 *et*.[855] Die Wz. שלח ist wie in 4Q200 4,3 mit ἐξαποστέλλειν wiedergegeben. Dem folgenden והלכתי אל אבי entspricht in GII καὶ πορευθῶ πρὸς τὸν πατέρα μου, in La1 der Konsekutivsatz *ut eam ad patrem meum*. כבר ‚längst' ist in GII an dieser Stelle mit ἤδη ‚schon', in La1 mit *iam* wiedergegeben.[856]

Z. 6: Auch diese Zeile ist nur in GII und La1 überliefert. ספרתי לך ‚ich habe dir erzählt' entspricht in GII ὑπέδειξά σοι bzw. *tibi indicaui* in La1. Während Tobija im hebräischen Text von 4Q200 aber davon spricht, dass er sie (3. pl. m.) – also seine Eltern – verlassen habe, sagt Tobija in GII und La1, dass er ‚ihn' (3. sg. m.) – also nur seinen Vater – verlassen habe. In Tob 10,8 ist ויומר רעואל טוביה ‚und es sagte Raguel zu Tobija' in GII mit καὶ εἶπεν Ῥαγουὴλ τῷ Τωβείᾳ bzw. in La1 mit *et dixit Raguhel Thobiae* wiedergegeben. La2 erweitert zusätzlich durch das pt. *hec audiens*. GI verwendet dagegen die nachgestellte Partikel δέ[857] und ersetzt den Eigennamen Raguel mit ὁ πενθερός ‚der Schwiegervater'

---

852 Vgl. Dan 1,10.
853 Sowohl ἀξιῶν in GII als auch *petere* in La1 spiegeln die Verwendung der Wz. בקש im Sinne von ‚bitten' wider. בקש ‚suchen, fordern, aufsuchen, befragen' ist erst in der jüngeren Literatur der hebräischen Bibel auch in der Bedeutung ‚bitten' belegt; vgl. Est 2,15; 4,8; 7,7; Esr 8,21.23; Neh 5,12; Dan 1,8 bzw. בקשה ‚Verlangen, Wunsch, Bitte' in Est 5,3.6.7.8; 7,2.3; 9,12; Esr 7,6.
854 Vgl. Anmerkung 254.
855 Wahrscheinlich handelt es sich an dieser Stelle um einen Schreibfehler für (*petere*) *ut*.
856 In 4Q200 4,3 ist כבר in GII dagegen mit γάρ ‚nämlich', in La1 mit *enim* wiedergegeben.
857 Vgl. Anmerkung 223.

sowie Tobija durch das Personalpronomen. GIII bietet nur καὶ εἶπε Ῥαγουήλ. Der Vokativ בני ‚mein Sohn' hat ausschließlich in GII eine Wiedergabe, Tobija wird von Raguel aber mit der Koseform παιδίον ‚Kind' angeredet.[858]
Z. 7: חך ‚warte' ist in GI und GII mit μεῖνον bzw. in La1 mit *remane* wiedergegeben. Die Präposition את plus Pronominalsuffix der 1. sg. entspricht in GI παρά plus Dativ, in GII μετά plus Genetiv, in La1 *penes me* ‚bei mir'. GIII dagegen holt mit σὺ δὲ μεῖνον ἔτι ὀλίγας ἡμέρας ‚du aber bleibe noch einige Tage' Raguels Aufforderung erst nach dessen Ankündigung, Boten zu Tobijas Vater zu schicken, nach. Diese Ankündigung ואני אשלח מלאכים אל טובי אבניכה ist in GII mit καὶ ἐγὼ ἀποστέλλω ἀγγέλους πρὸς Τωβειν τὸν πατέρα σου wiedergegeben, wobei dem ipf. אשלח das Präsens ἀποστέλλω entspricht. GI bietet dagegen das Futur κἀγὼ ἐξαποστελῶ πρὸς τὸν πατέρα σου, allerdings ohne Äquivalent für ‚Boten' sowie den Eigennamen des Vaters. GIII bietet asyndetisches ἐγὼ ἐξαποστελλῶ ἀγγέλους πρὸς Τωβὴτ τὸν πατέρα σου. Während GI und GIII wie in 4Q200 5,3.5 ἐξαποστέλλειν als Äquivalent für שלח verwenden, hat GII hier ἀποστέλλειν. Der Name von Tobijas Vater, טובי ‚Tobi', hat in GI, La1 und La2 keine Entsprechung.

2.5.5 4Q200 Fragment 5: Tob 11,10–14

Text (PAM 43.184)

[ ]	[ ]בנו עד [ ](קר)ת[859]	1
[ ]	[ ]ומר[ורת הדג בידו ונפוץ	2
[ ]	[ ]לו אל תירא אבי [ ]	3
[ ]	[ ]ע[ינ](ל)[860] עיניו וחרוק [ ]	4
[ ]	[ ](ת)[861] עינ(י)ו וירא א(ת)[ ]	5
	[ ] (בני) [ ]	6

---

[858] Vgl. Anmerkung 254.
[859] Fitzmyer, Tobit (DJD) 69, ergänzt am Zeilenbeginn zu ולקרת] „[to] meet his son". Beyer, ATTM.E 144, notiert לקרת insgesamt als belegt.
[860] Am Zeilenbeginn ist ein Punkt erkennbar, der aufgrund seiner Höhe möglicherweise dem Kopf eines lamed entspricht.
[861] Der Buchstabe taw am Zeilenbeginn ist nicht sicher zu lesen.

Übersetzung
Zeile 1   [zu] treffen[862] seinen Sohn bis [   ]
Zeile 2   [(11) und die Ga]lle[863] des Fisches in seiner Hand, und er zerstreute[864] [   ]
Zeile 3   [   ] ihm, fürchte dich nicht, mein Vater [   ]
Zeile 4   [au]f seine Augen, und es knirschte[865] [   ]
Zeile 5   [(13)] seiner Augen.[866] Und er sah [   ]
Zeile 6   [(14)] mein Sohn [   ]

Anmerkungen
Z. 1: ול[קרת בנו עד] in Tob 11,10 weist darauf hin, dass im hebräischen Text von 4Q200 anscheinend der blinde Tobit seinem zurückkehrenden Sohn entgegengeht. In den griechischen Textformen GI, GII, GIII sowie in La1 und La2 kommt dagegen umgekehrt und logisch einleuchtend Tobija seinem blinden Vater entgegen. Andererseits lässt sich nicht ausschließen, dass בנו möglicherweise das Subjekt des mutmaßlichen inf. ול[קרת] ist. In GI lautet das Subjekt ὁ δὲ υἱός (ohne Possessivpronomen), GII, GIII, La1 und La2 verwenden dagegen jeweils den Eigennamen Tobija. Die Präposition עד entspricht in GII offenbar πρός, während in GI und GIII πρός mit dem Verb zum Kompositum προσέδραμε(ν) ‚er eilte entgegen' verbunden ist. La1 und La2 bieten *occurrere* ‚entgegenlaufen'.
Z. 2: In Tob 11,11 bietet GII mit καὶ ἡ χολὴ τοῦ ἰχθύος ἐν τῇ χειρὶ αὐτοῦ eine präzise Wiedergabe des hebräischen Textes. La1 bietet das pt. *ferens fel piscis in manibus suis*, La2 *gestans in manibus puluerem fellis*. In GI und GIII dagegen fehlt der Hinweis, dass Tobija die Fischgalle in

---

862 Die Wz. קרה ‚treffen' ist in QH in 4Q179 1i,3; 4Q397 14–21,12, קרא in 1QM VII,9; 4Q158 1–2,14; 4Q509 5–6ii,3; 11Q5 XXVIII,9 bezeugt. In 4Q481a 2,4 ist auch der inf. לקרת überliefert.
863 Vgl. מוררים in 4Q266 3iv,2.
864 Es handelt sich anscheinend um eine Form (3. sg. m. pf. nif.) der Wz. פוץ ‚sich zerstreuen, ausbreiten', die indirekt-kausativ auch ‚eine Masse zerstreuen' bedeuten kann; vgl. KBL³ 868f., hier: 868. Auch Abegg/Bowley/Cook, Dead Sea Scrolls Concordance 609, führen ונפוץ in 4Q200 5,2 auf die Wz. פוץ zurück. Nach Fitzmyer, Tobit (DJD) 70, handelt es sich dagegen „undoubtedly" um den inf. abs. von נפץ, den er mit „and he scattered" übersetzt; vgl. ebd. 69. Auch Wagner, Tobit-Synopse 227, führt diese Form auf נפץ zurück.
865 Die Wz. חרק ist in MT in Ijob 16,9; Ps 35,16; 37,12; 112,10; Klgl 2,16 belegt. Es könnte sich bei וחרוק um ein Nomen oder den inf. abs. handeln. Fitzmyer, Tobit (DJD) 70, nimmt Letzteres an. In QH ist חרק abgesehen von 4Q200 5,4 noch in 1QHᵃ IX,39; X,11; 4Q171 1–10ii,12 belegt.
866 Das taw vor עיניו ‚seine Augen' ist wohl Hinweis auf den cs. pl. f.

seiner Hand hält. ונפוץ ist in GII mit καὶ ἐνεφύσησεν bzw. in La1 mit *et insufflauit* wiedergegeben. GI bietet καὶ προσέπασεν τὴν χολήν, GIII καὶ ἔπεσε ... τὴν χολήν. Während GII und La1 also ἐμφυσᾶν ‚anblasen'[867] bzw. *insufflare* ‚hineinblasen' verwenden, hat GI das LXX-Hapax legomenon προσπάσσειν ‚benetzen mit', GIII πάσσειν ‚streuen (von heilenden Substanzen)' und La2 *spargere* ‚besprengen'.

Z. 3: לו ‚zu ihm' hat nur in La1 mit *illi* eine Entsprechung. Der Prohibitiv אל תירא אבי ‚fürchte dich nicht, Vater' ist in GI und GII mit dem imp. θάρσει πάτερ ‚sei mutig/stark, Vater' bzw. in La1 und La2 mit *forti animo esto pater* wiedergegeben.[868] GIII dagegen schildert abweichend vom hebräischen Text eine Frage Tobits sowie die Antwort Tobijas.

Z. 4: [על] עיניו ‚[au]f seine Augen' in Tob 11,12 entspricht in GI offenbar (διέτριψε) τοὺς ὀφθαλμοὺς αὐτοῦ bzw. *(iniecit medicamentum) in oculis eius* in La1. GII schildert dagegen, dass Tobija das Heilmittel ἐπ' αὐτόν ‚auf ihn' legt, in GIII wird die Wirkung des Heilmittels ohne Rekurs auf ‚Augen' konstatiert. Der Effekt der Fischgalle וחרוק ‚und es knirschte' entspricht in La1 offenbar *et morsum illi praebebat* ‚und es brachte ihm Schmerz', in GI möglicherweise ὡς δὲ συνεδήχθησαν. Dies würde allerdings bedeuten, dass die Abfolge der Textelemente in GI hier von der des hebräischen Textes abweicht. GII bietet καὶ ἐπέδωκεν[869] von ἐπιδιδόναι, das intransitiv ‚zunehmen, Fortschritte machen, wachsen, gedeihen' bedeutet.

Z. 5: עיניו in Tob 11,13 ist in GI und GII Bestandteil von (ἀπὸ τῶν κανθῶν) τῶν ὀφθαλμῶν αὐτοῦ ‚(von) seinen Augen(winkeln)'. GIII bietet abweichend τὰ λευκώματα ‚die weißen Flecken' als Bezeichnung der Augenkrankheit Tobits ohne ein Äquivalent für ‚seine Augen'. Dem folgenden וירא entspricht in GIII καὶ εἶδε bzw. in La1 *et uidit* ‚und er sah', während GI mit καὶ ἰδών und La2 mit *uidens* jeweils ein pt. haben. GII hat keine Wiedergabe. Da das Fragment an dieser Stelle abbricht, ist die Entscheidung, ob Tobit nur seinen Sohn (GI, La1 und La2) oder das Licht und seinen Sohn (GIII) erblickt, nicht möglich.

Z. 6: בני ‚mein Sohn' in Tob 11,14 entspricht in GII und GIII τέκνον ‚Kind' bzw. *fili* ‚Sohn' in La1 und La2.[870] GI hat keine Wiedergabe.

---

867 Vgl. Gen 2,7; 1 Kön 17,21; Ez, 37,9; Weish 15,11. In Nah 2,2 ist ἐμφυσᾶν als Wiedergabe einer Form der Wz. פוץ in LXX überliefert.
868 Vgl. Gen 35,17; Ex 14,13; 20,20; 1 Kön 17,13; Joël 2,21; 2,22; Zef 3,16; Hag 2,5; Sach 8,13; 8,15.
869 Hanhart, Tobit 150, nimmt an dieser Stelle in Codex S einen Schreibfehler an und schlägt die Emendation ἐπεδάκη ‚es biss' vor.
870 Vgl. Anmerkung 254.

2.5.6 4Q200 Fragment 6: Tob 12,20–13,4

Bei diesem Textfragment ist der obere Rand der Textkolumne erhalten.

Text (PAM 43.184)

[ ] המעשה הזה והעלהו *spatium* [ ]	1
[(א)נ]חתו והיו המה חומהים[871 מברכים (ו)[ ]	2
[ ] מוע(ש)ו הגדול ותומהים איכ(ה)872 (נ)רא(ה) [ ]	3
[ ] בכן דבר טובי וכתוב תהלה בתשבו(חת)]873[	4
[(ה)] (ח)י אשר לכול העולמים היאה מלכותו אשר הוא(ה) [ ]	5
[ ](ה)875 מרחם מוריד עד שאולה874 תחתיה והואה מעלה	6
מת(הו)ם [ ]	
[ ](ל)876[ ] ומה אשר יפצה מידו הודו לו בני ישר[א]ל [	7
[אשר את(מ)ם נדחים בהמה ושמה ספ(ר)[ו]	8
[כו(ל) חי כיא הוא אד(ו){נ}ני(כ)[מ]ה877 (ו)הוא אלה[נ]יכמה [ ]	9
[ ](ל)[ ]	10

Übersetzung

Zeile 1 [ ] diese Tat, und er brachte ihn hinauf[878] *spatium* [(21)]
Zeile 2 [ ] i[h]n. (22) Und sie waren ~~Staunende~~ Preisende und [ ]

---

871 Dieses Wort wurde im hebräischen Text durch einen waagrechten Strich getilgt. Da der Text direkt weiterläuft, ist anzunehmen, dass die Korrektur vom Schreiber selbst beim Abschreiben vorgenommen wurde. Wahrscheinlich handelt es sich um eine Aberratio oculi zu ותומהים in der darunter liegenden Zeile. Allerdings scheint das gestrichene Wort nicht mit einem waw zu beginnen; anders Fitzmyer, Tobit (DJD) 70.

872 Beyer, ATTM.E 144, liest wie in 4Q200 4,6 איכנה.

873 Fitzmyer, Tobit (DJD) 70, liest vor der Lacuna noch waw und alef, die er zu ואנ]מור[ergänzt. Beyer, ATTM.E 145, liest nur alef und ergänzt zu א]להים[. Beides lässt sich anhand der Microfiches nicht verifizieren.

874 Nach Fitzmyer, Tobit (DJD) 71, wurde das he-locale von שאולה von einem ersten Schreiber zwar geschrieben, später aber ausgestrichen, so dass das he jetzt einem alef gleiche. Beyer, ATTM.E 145, liest nur שאול.

875 Beyer, ATTM.E 145, liest alef und ergänzt zu]והא.

876 Am Zeilenbeginn sind der Kopf eines lamed sowie am oberen Rand die Reste von einem oder zwei Buchstaben erkennbar. Fitzmyer, Tobit (DJD) 70, ergänzt zu נ]דולה[.

877 Das waw ist supralinear nachgetragen, offenbar vom Schreiber selbst, da kein signifikanter Unterschied im Schriftbild erkennbar ist. Beyer, ATTM.E 145, liest מראכון.

878 3. sg. m. pf. hif. von עלה plus Pronominalsuffix der 3. sg. m.

Zeile 3	[ ] seine große [Ta]t[879], und Staunende, wie[880] sich sehen ließ[881] [ ]
Zeile 4	[**13** (1)] Hierauf[882] sprach Tobi und schrieb[883] einen Lobpreis in Lobliedern und [ ]
Zeile 5	[ ] lebendig, denn für alle Ewigkeiten ist sie seine Königsherrschaft[884]. (2) Denn er [ ]
Zeile 6	[er] erbarmt sich[885], er lässt hinabsteigen[886] bis zur tiefsten Unterwelt, und er lässt hinaufsteigen[887] von der Urf[lut]
Zeile 7	[ ] und was (gibt es), das wegreißen[888] wird aus seiner Hand? (3) Lobt[889] ihn, Söhne Isra[els,]
Zeile 8	[ ] denn ihr (seid) die Verstoßenen[890] unter sie. (4) Und da selbst erzä[hlt[891]]
Zeile 9	[all]es[892] Lebendigen. Denn er (ist) e[uer] H[e]rr, und er ist [euer] Go[tt]

---

879 Fitzmyer, Tobit (DJD) 70, ergänzt zu מע[שו]. In den „comments" zu seiner Übersetzung gibt Fitzmyer an, dass man vielleicht zu ו<ה>מע[שו] ergänzen sollte; vgl. ebd. 71. מעשו ist in QH auch in 1QS VI,17; 1QSa I,18.22; 4Q216 V,3; 4Q261 1a–b,3; 4Q299 3c,6 belegt.

880 Vgl. Anmerkung 842.

881 3. sg. m. pf. nif.

882 Vgl. Koh 8,10; Est 4,16; Sir 13,7.

883 Inf. abs. anstelle der finiten Verbform; vgl. Anmerkung 814.

884 Zur Verwendung des Denominativums מלכות in der hebräischen Bibel vgl. Schmitt, Textfunde 577.

885 Pt. m. sg. pi.

886 Pt. m. sg. hif.

887 Pt. m. sg. hif.

888 3. sg. m. ipf. qal. Fitzmyer, Tobit (DJD) 72, gibt an, dass יפצה möglicherweise als nif. gelesen werden sollte. In GI, GII und GIII ist mediales Futur, in La1 und La2 jeweils Aktiv bezeugt. Morgenstern, Language 139, schlägt die Übersetzung mit ‚save/be saved' vor.

889 Imp. pl. m. hif.

890 Pt. m. pl. nif. von נדח I; vgl. D.J.A. Clines (Hg.), The Dictionary of Classical Hebrew. Bd. 5 (m-n). Sheffield 2001, 624f., hier: 624. Vgl. Jes 16,3; 27,13; 11Q5 XVIII,6; 11Q19 LXIV,14.

891 Fitzmyers (Tobit (DJD) 70) Ergänzung zu einer Form der Wz. ספר ‚erzählen, berichten' ist aufgrund der griechischen Überlieferung mit ὑποδεικνύναι wahrscheinlich. Ob allerdings ein imp. pl. (GI, GIII, La1) oder eine Aussage über das Handeln Gottes in der 3. sg. (GII) vorliegt, kann nicht entschieden werden.

892 Fitzmyers (Tobit (DJD) 70) Ergänzung zu כחל] ‚alles' ist aufgrund des durchgängigen Belegs in GI, GII, La1 und La2 sehr sicher.

Anmerkungen

Z. 1: הזה המעשה in Tob 12,20 entspricht in GII offenbar ταῦτα τὰ συμβάντα ‚diese Widerfahrnisse, Ereignisse', wobei ὑμῖν ‚euch' anscheinend keine Entsprechung im hebräischen Text hat. Möglicherweise handelt es sich um eine deutende Hinzufügung aufgrund von τὰ συμβάντα, da συμβαίνει im Sinne von ‚es wird zuteil/widerfährt' häufig mit dem Dativ verbunden ist.[893] Auch La1 und La2 bieten mit *(omnia) quae contigerunt uobis* bzw. *(omnia) que contigerunt uobis* den Dativ ‚euch'. GI bietet τὰ συντελεσθέντα ‚das gänzlich Vollendete', GIII das Demonstrativum ταῦτα. Sowohl in GI, GII und GIII als auch in La1 und La2 wird der hebräische sg. durch den pl. n. wiedergegeben. והעלהו ist *waw*-Perfekt hif. plus Pronominalsuffix der 3. sg. m. von עלה ‚und er brachte ihn hinauf'. Unklar ist, wer an dieser Stelle das Subjekt und wer mit ‚ihn' gemeint ist.[894] In GII entspricht והעלהו offenbar der Wurzelaorist καὶ ἀνέβη ‚und er stieg hinauf', in La1 und La2 *et ascendit* ‚und er stieg hinauf'. GI und GIII haben keine Entsprechung.

Z. 2: או[ת]ו in Tob 12,21 entspricht in GI, GII und GIII das Akkusativobjekt αὐτόν bzw. *illum* in La1 und *eum* in La2. In Tob 12,22 ist ויהי המה מברכים in GII und GIII sowie La1 durch das finite Verb wiedergegeben. Sowohl durch καὶ ηὐλόγουν in GII und GIII als auch durch *et benedicebant* in La1 wird durch das Imperfekt der durativ-iterative Aspekt des Preisens betont. ברך ist in GII und GIII übereinstimmend mit εὐλογεῖν ‚loben' wiedergegeben. Bei καὶ ἐξομολογοῦντο ‚und sie priesen' in GI handelt es sich offenbar bereits um die Wiedergabe des nächsten hebräischen Textelements, einem weiteren mit *waw* angeschlossenen pt. La2 bietet *et illi (adinpleti letitia et omni gaudio) benedicentes ymnizabant*.

Z. 3: Der sg. הגדול [מעש]ו ‚seine große Tat' in Tob 12,22 ist sowohl in GI, GII und GIII als auch in La1 und La2 mit dem pl. τὰ ἔργα bzw. *opera* wiedergegeben. GI bietet τὰ ἔργα τὰ μεγάλα (καὶ θαυμαστὰ) αὐτοῦ[895] als direktes Objekt nach ἐξομολογοῦντο. GII bietet ἐπὶ τὰ ἔργα αὐτοῦ τὰ μεγάλα ταῦτα, GIII ἐπὶ τὰ ἔργα αὐτοῦ ἃ ἐποίησεν αὐτοῖς. La1 bietet *in omnibus operibus magnis illius*, La2 *in omnibus magnis operibus illius*. Das

---

[893] Vgl. in LXX Gen 42,4.29; 44,29; Ex 1,10; 3,16; Lev 10,19; Jos 2,23; Est 6,13; Ijob 1,22; 2,10; 42,11.

[894] Fitzmyer, Tobit (DJD) 71, nimmt einen reflexiven Sinn des Pronominalsuffixes an und übersetzt mit „and he ascended ...". Vgl. auch Joüon/Muraoka, Grammar 545f (§146k).

[895] Codex B, Ms. 46, die syrische (Sy⁰) sowie die sahidische Übersetzung überliefern in Tob 12,22 αὐτοῦ. Hanhart, Tobit 164, emendiert nach den Codices A und V sowie den Minuskeln zu τοῦ θεοῦ.

Pronominalsuffix hat also in GI, GII, GIII, La1 und La2 eine Wiedergabe, während הגדול in GIII ohne Entsprechung ist. Das folgende pt. ותומהים ist wohl Fortführung von ויהיו plus pt. in Zeile 2, wobei das *waw* am Ende von Zeile 2 möglicherweise auf ein weiteres, nicht erhaltenes pt. hinweist. GI ordnet den Taten mit καὶ θαυμαστά ein zweites Attribut zu.[896] איכה נראה ,wie sich sehen ließ, sich zeigte' entspricht in GI und GII das Passiv ὡς ὤφθη bzw. in La1 und La2 der Kausalsatz *quia apparuit* bzw. *propter quod apparuerat*. GIII hat keine Wiedergabe.

Z. 4: בכן ,hierauf' in Tob 13,1 hat nur in La1 mit *tunc* bzw. in La2 mit *et tunc* eine Wiedergabe, während GI, GII und GIII abweichend parataktisch mit καί anschließen. Der Eigenname טובי hat in GI mit Τωβείτ, in GIII mit Τωβίτ, in La1 mit *Thobis* und in La2 mit *Tobi* eine Wiedergabe, nicht aber in GII. Im Folgenden ist in den Textformen offenbar die Reihenfolge der Textelemente des hebräischen Textes geändert. Während Tobit in GI, GIII und La2 zuerst schreibt und dann spricht, entspricht in La1 *tunc locutus est Thobis et scripsit* exakt dem hebräischen Text. In GII ist eine schriftliche Fixierung überhaupt nicht erwähnt. דבר ,er sprach' ist in GI, GII und GIII mit εἶπε(ν) bzw. in La1 mit *locutus est* und mit *dixit* in La2 wiedergegeben, der inf. abs. וכתוב ist in GI mit καὶ ἔγραψεν, in GIII mit καὶ ἔγραψε wiedergegeben bzw. mit *et scripsit* in La1 und dem pt. *scribens* in La2. Die Verbindung zweier Substantive mit Präposition תהלה בתשבוחת ,ein Lobpreis in Lobliedern'[897] entspricht in GI und GIII προσευχὴ εἰς ἀγαλλίασιν,[898] in GIII mit zusätzlichem Demonstrativum. La1 bietet *oratio in laetitia*, La2 eine Paraphrase.

Z. 5: Das Adjektiv חי ,lebendig' in Tob 13,1 ist in GI, GII und GIII mit ζῶν ,lebend' wiedergegeben. La1 formuliert den Lobpreis als Anrede Gottes in der 2. Person, חי wird dabei zu *vivis* ,du lebst'. La2 hat keine Wiedergabe. Der begründende Nominalsatz אשר לכול העולמים היאה מלכותו ,denn für alle Ewigkeiten ist sie seine Königsherrschaft' ist in

---

896 Das Adjektiv θαυμαστός ,wunderbar, erstaunlich' weist zwar in dieselbe Richtung wie die Wz. תמה ,staunen', die Wiedergabe von GI kann aber dennoch nicht als exakte Übersetzung gewertet werden, da das pt. pl. ותומהים eher eine Tätigkeit als eine Eigenschaft zu bezeichnen scheint. Nach Fitzmyer, Tobit (DJD) 72, ist ותומהים als „coordinate substantive" zu betrachten. Er übersetzt mit „and the amazing fact that"; ebd. 71.

897 Während MT תהלה ,Lobpreis' öfter bezeugt, ist תשבוחה in der hebräischen Bibel nicht überliefert. Fitzmyer, Tobit (DJD) 72, gibt an, dass es sich bei תשבוחת möglicherweise um einen Aramaismus handelt. Abgesehen von 4Q200 6,4 ist תשבוחת in QH in 1QM IV,8; 4Q511 2i,8 bezeugt.

898 Das Substantiv ἀγαλλίασις ,Frohlocken, Jubel' wird hier wie an den übrigen Belegstellen in LXX und NT im sg. verwendet; vgl. u.a. Ps 30(29),6; 42(41),5; 45(44),8.16; 47(46),2; 51(50),10.14; 63(62),6; 65(64),13; 100(99),2; Jes 51,11.

GIII mit dem Kausalsatz ὅτι εἰς πάντας τοὺς αἰῶνας ἡ βασιλεία αὐτοῦ bzw. in La1 mit *quoniam in omnia saecula regnum est illius* und in La2 mit *quoniam in omnia secula regnum illius est* wiedergegeben. Dies entspricht einer genauen Übersetzung bis in die Wortstellung hinein. GI bietet abweichend ὁ ζῶν εἰς τοὺς αἰῶνας, GII ὁ ζῶν εἰς τὸν αἰῶνα, beide fahren mit καὶ ἡ βασιλεία αὐτοῦ fort. In Tob 13,2 entspricht das begründende אשר הואה ‚denn er' in GI, GII und GIII ὅτι αὐτός bzw. in La1 *quia ipse* und in La2 *et quia ipse*.

Z. 6: Die drei pt. des hebräischen Textes in Tob 13,2 werden in GI, GII und GIII sowie La1 und La2 jeweils mit finiten Verbformen wiedergegeben. Dem pt. pi. מרחם entspricht in GI, GII und GIII übereinstimmend ἐλεᾷ ‚er erbarmt sich' bzw. *miseretur* in La1 und La2.[899] Dem pt. hif. מוריד ‚hinabsteigen machend' entspricht in GI, GII und GIII übereinstimmend κατάγει ‚er führt hinab' bzw. *deducet* in La1 und La2. עד שאולה תחתיה ‚bis zur tiefsten Unterwelt'[900] ist in GI mit εἰς ᾅδην ‚in die Unterwelt' bzw. in La2 mit *ad inferos* ‚zu den Unterirdischen' wiedergegeben, in GIII mit zusätzlichem Adverb εἰς ᾅδην κάτω ‚in die Unterwelt hinab'. GII verwendet mit ἕως ᾅδου κατωτάτω τῆς γῆς ‚bis in die Unterwelt ganz unterhalb der Erde' den Superlativ des Lokaladverbs. La1 bietet *ad inferos deorsum* ‚zu den Unterirdischen hinunter'. Das pt. מעלה ‚hinaufsteigen machend' entspricht in GI, GII und GIII übereinstimmend ἀνάγει, so dass im griechischen Text das Wortpaar κατάγειν – ἀνάγειν vorliegt. La1 bietet das Wortpaar *deducere – reducere* ‚hinabführen – zurückführen', während La2 *deducere – reuocare* ‚hinabführen – zurückrufen' verwendet. Das betonte והואה als Verbindung des zweiten und dritten pt. hat nur in GII und GIII[901] mit καὶ αὐτός bzw. in La2 mit *et ipse* eine Wiedergabe. מתהנם ‚von der Urflut' ist in GII und GIII mit ἐκ τῆς ἀπωλείας ‚aus dem Verderben'[902] wiedergegeben bzw.

---

[899] Im Unterschied zum hebräischen Text schließen die Textformen hier mit καί bzw. *et* an. Fitzmyer, Tobit (DJD) 70, ergänzt das he am Zeilenanfang zu והואה]. Dies würde den Anschluss mit καί in GI, GII und GIII sowie mit *et* in La1 und *et ipse* in La2 erklären.

[900] Vgl. E. König, Hebräisches und aramäisches Wörterbuch zum Alten Testament mit Einschaltung und Analyse aller schwer erkennbaren Formen, Deutung der Eigennamen sowie der massoretischen Randbemerkungen und einem deutsch-hebräischen Wortregister. Leipzig 1922, 542. Die Wendung ‚tiefste Unterwelt' ist auch in Dtn 32,22; Ps 86,13; Sir 51,6 belegt.

[901] Wagner, Tobit-Synopse 148, lässt in Hs. 106 καί aus und gibt nur das Demonstrativpronomen αὐτός an.

[902] Der Begriff ἀπώλεια ist in LXX sonst offenbar nicht als Wiedergabe für תהום verwendet, sondern ἄβυσσος (vgl. Gen 1,2; 7,11; 8,2; Dtn 8,7; 33,13; Ijob 28,14; 38,16.30; 41,24; Ps 33(32),7; 36(35),7; 42(41),8; 71(70),20; 77(76),17; 78(77),15; 104(103),6;

mit *a perditione* in La1 und La2. GI hat keine Wiedergabe. Da das hebräische Fragment an dieser Stelle abbricht, kann nicht entschieden werden, ob der Text mit ‚aus dem großen Verderben' (GII) oder ‚in seiner Größe' (GIII, La2) oder ‚durch seine Größe' (La1) fortfährt.

Z. 7: In Tob 13,2 entspricht dem Fragesatz ומה אשר יפצה מידו ‚und was (gibt es), das wegreißen[903] wird aus seiner Hand?' sowohl in GI, GII und GIII als auch in La1 und La2 ein Aussagesatz. GI und GIII bieten καὶ οὐκ ἔστιν ὃς ἐκφεύξεται τὴν χεῖρα αὐτοῦ ‚und keinen gibt es, der seiner Hand entfliehen wird'. GII betont die Negation mit οὐκ ἔστιν οὐδέν ὃ ἐκφεύξεται τὴν χεῖρα αὐτοῦ. Während GI und GIII durch das Relativpronomen der 3. sg. m. auf eine Person abheben, gibt GII durch das Relativpronomen der 3. sg. n. מה ‚was' genauer wieder. Auch La1 und La2 heben mit *et non est qui effugiat manum eius* bzw. *et non est qui effugat manum illius* auf eine Person ab. Dem imp. הודו לו ‚lobt ihn' in Tob 13,3 entspricht in GI, GII und GIII ἐξομολογεῖσθε αὐτῷ bzw. *confitemini illi* in La1 und La2. Während im Folgenden aber GI, GII, La1 und La2 eine genaue Übersetzung von בני ישר[אל] ‚die Söhne Isra[els]'[904] bieten, hat GIII an dieser Stelle ‚die Söhne Gottes', was entweder als Hinweis auf eine andere Vorlage von GIII, eine Gleichsetzung von ‚Söhne Israels' mit ‚Söhne Gottes' oder als Erweiterung (oder Eingrenzung?) des Kreises der Angesprochenen gedeutet werden kann.[905]

Z. 8: אשר in Tob 13,3 entspricht in GI, GII und GIII kausales ὅτι bzw. *quia* in La1 und *quoniam* in La2.[906] Während das pt. nif. נדחים בהמה den Blick aber auf die „Opfer" lenkt, ohne den Urheber des Verstoßes zu nennen, wird dieser in GI, GII und GIII sowie La1 und La2 durch das betont vorangestellte Demonstrativum αὐτός bzw. *ipse* sowie das Aktiv διέσπειρε(ν) ἐν αὐτοῖς bzw. *dispersit in illis* (La1) und *disparsit in illis* (La2) hervorgehoben. Im hebräischen Text von 4Q200 handelt es sich bei den Verstoßenen um die 2. pl. ‚euch', von GII und La1 exakt wiedergegeben, GI, GIII und La2 bieten dagegen abweichend die 1. pl. ‚uns'. In Tob 13,4 ist ושמה ‚und dort' in GII mit καὶ ἐκεῖ bzw. mit *et ibi* in La2

106(105),9; 107(106),26; 135(134),6; 148,7; Spr 3,20; 8,24; Jes 51,10; 63,13; Ez 26,19; 31,4.15; Am 7,4; Jona 2,6; Hab 3,10).

903 Die Wz. פצה in der Bedeutung ‚wegreißen' ist in MT in Ps 144,7.11 belegt. Sie wird an dieser Stelle in LXX offenbar nicht mit ἐκφεύγειν wiedergegeben. Nach Fitzmyer, Tobit (DJD) 72, sollte יפצה in 4Q200 6,7 möglicherweise als Nifal gelesen werden.

904 Zur Bezeichnung οἱ υἱοὶ Ἰσραήλ vgl. Fitzmyer, Tobit (CEJL) 308.

905 Da es sich bei GIII wohl um eine Bearbeitung von GI und GII handelt (vgl. Anmerkung 50), ist die Annahme einer anderen Vorlage eher unwahrscheinlich.

906 Vgl. 4Q200 6,5 (zweimal).8; 7ii,3.

wiedergegeben. GI bietet asyndetisches ἐκεῖ, La2 *ibidem* innerhalb eines Finalsatzes. GIII hat keine Wiedergabe.

Z. 9: Das Adjektiv חי ‚lebendig' in Tob 13,4 ist in GI, GII und GIII Bestandteil von (ἐνώπιον παντὸς) ζῶντος bzw. von *(coram omni) uiuente* in La1 und *(coram omnem) uibentem* in La2. Das begründende כיא הוא [907] ist in GI und GII mit καθότι αὐτός bzw. in GIII mit διότι αὐτός wiedergegeben, in La1 mit *quoniam ipse* und in La2 mit *quod ipse*. Da es sich beim letzten erhaltenen Buchstaben von ‚Herr' wohl um ein *kaf* handelt, legt sich die Ergänzung zum Pronominalsuffix der 2. pl. m. ‚euer Herr' nahe, während GI, GII, GIII und La1 abweichend die 1. pl. ‚unser Herr' überliefern. GI bietet κύριος ἡμῶν καὶ θεὸς αὐτὸς πατὴρ ἡμῶν, GII ἡμῶν κύριός ἐστιν καὶ αὐτὸς θεὸς ἡμῶν καὶ αὐτὸς πατὴρ ἡμῶν καὶ αὐτὸς θεός, GIII κύριος καὶ θεὸς ἡμῶν καὶ πατὴρ ἡμῶν καὶ αὐτὸς θεός. La1 bietet *dominus deus noster et ipse pater noster et deus*, La2 *deus et rex*.

2.5.7 4Q200 Fragment 7

2.5.7.1 Fragment 7i: Tob 13,13–14

Text (PAM 43.184)

](א)ז שמחי וד(ו)צי [	]	1
](ו)ב(ר)ך[908] את	]	2
כ(ו)ל [	]	3
](ך)	]	4

Übersetzung

Zeile 1 [ ] dann freue dich[909] und spring[910]
Zeile 2 [ ] und segne[911]

---

907 Bei der auffälligen Schreibweise von כיא mit finalem alef scheint es sich um die in Qumran übliche Schreibweise zu handeln. Vgl. M.H. Goshen-Gottstein, Text and Language in Bible and Qumran. Jerusalem–Tel Aviv 1960, 109; Qimron, Hebrew 21.

908 Fitzmyer, Tobit (DJD) 73, weist darauf hin, dass einige lose „flakes of skin" entfernt wurden, die das Entziffern von PAM 43.184 erschwert hatten, so dass nun der sg. ברך im Gegensatz zum pl. der Versionen eindeutig sei.

909 Imp. sg. f.

910 Imp. sg. f.

911 Es könnte sich einmal um den imp. sg. m. handeln, der an dieser Stelle aber nicht passt, da anzunehmen ist, dass die an die Stadt Jerusalem gerichteten Befehle im imp. f. fortgeführt werden. Fitzmyer, Tobit (DJD) 72, nimmt folglich an, dass es sich

Zeile 3   [(14)] alle
Zeile 4   [ ] dein

Anmerkungen

Z. 1: אז ‚dann' in Tob 13,13 ist in GII mit τότε bzw. in La1 und La2 mit *tunc* wiedergegeben, GI hat keine Wiedergabe. Die beiden folgenden imp. sg. f. richten sich an die Stadt Jerusalem. Dem ersten imp. שמחי ‚freue dich' entspricht in GI χάρητι bzw. *gaude* in La1 und La2. GII bietet dagegen abweichend den imp. Aorist πορεύθητι ‚reise'.[912] Dem zweiten imp. ודוצי ‚und spring'[913] entspricht in GI und GII καὶ ἀγαλλίασαι ‚und juble' bzw. *et laetare* in La1 und *et letare* in La2.

Z. 2: וברך את ‚und segne' (plus direktes Objekt) in Tob 13,13 ist in GI, GII und La1 offenbar mit der 3. pl. καὶ εὐλογήσουσιν (τὸν κύριον) bzw. in La1 mit *benedicent (domino)* wiedergegeben. La2 bietet *omnes benedicentur*. An dieser Stelle weichen sowohl GI und GII als auch La1 und La2 vom hebräischen Text von 4Q200 ab.

Z. 3: כול ‚alle' in Tob 13,14 entspricht in GII entweder πάντες οἱ ἄνθρωποι ‚alle Menschen' oder ἐπὶ πάσαις ταῖς μάστιξίν σου ‚über all deine Plagen' oder aber das Akkusativobjekt πᾶσαν τὴν χαράν σου ‚all deine Freude'. Auch La1 hat drei mögliche Wiedergaben von כול mit *beati omnes homines qui contristabuntur in omnibus flagellis tuis ... et uidebunt omne gaudium tuum*. GI bietet dagegen nur das Akkusativobjekt πᾶσαν τὴν δόξαν σου ‚all deine Herrlichkeit', La2 das Subjekt *omnes* ‚alle'. Es ist unmöglich, sicher zu entscheiden, um welches ‚alle' es sich hier handelt.

Z. 4: In dieser Zeile ist ein finales *kaf*, möglicherweise das Pronominalsuffix der 2. sg. m. erhalten. Es kann nicht sicher in den griechischen Text eingeordnet werden.

---

    um den inf. cs. in der Verwendung als inf. abs. handelt; vgl. Joüon/Muraoka, Grammar 154 (§52c).

912 Vgl. Busto Saiz, Algunas aportaciones 65. Nach Moore, Tobit 281, haben an dieser Stelle sowohl Codex S als auch G[I] jeweils nur die Hälfte ihrer semitischen Vorlage erhalten.

913 Die Wz. דוץ ‚springen, tanzen, hüpfen' ist Hapax legomenon in MT und nur in Ijob 41,14 belegt. In Ijob 41,14 ist תדוץ (3. sg. f. ipf. qal) in LXX offenbar mit τρέχει wiedergegeben, was in dieselbe Richtung zu weisen scheint wie πορεύεσθαι in GII. In QH ist דוץ nur in 4Q200 7i,1 überliefert. In den Targumim ist דוץ ‚fröhlich, freudig sein' dagegen gut bezeugt; vgl. Levy, Chaldäisches Wörterbuch I 165.

2.5.7.2 Fragment 7ii: Tob 13,18–14,2

Text (PAM 43.184)

[ ](הלת)ת(914) ירושלים	1
[ר(ש)א האלהים	2
[(ל)הק[ד]וש אשר	3
[(בן)915] בשלום וימ[ת](ות) ות(מ)[נ]ו	4
[ש[מ](ש)ים וחמ ושמונה בן (א)[והו]	5
[בע](אר) אחר[(א)] [ ]916(ראה)[נ]מ	6

Übersetzung

1   Jerusalem[917] den Lobgesang [ ]
2   der Gott, de[r]
3   welcher [der Hei]ligkeit für
4   **14** (1) Und es waren vollende[t[918] , und er st]arb[919] in Frieden im Alter von
5   [(2) und e]r (war) achtundfün[zig]
6   [das Se]hen[920] [ ] nach vi[er[921]]

Anmerkungen

Z. 1: ירושלים ‚Jerusalem' hat in Tob 13,18 nur in GII als Bestandteil von (αἱ θύραι) Ἰερουσαλήμ eine Wiedergabe. GI und La1 verweisen dagegen durch αὐτῆς bzw. *illius* auf das in Tob 13,17 vorausgehende ‚Jerusalem' zurück. Dem cs. תהלת ‚Lobgesang' entspricht in GII der Akkusativ ᾠδὰς ἀγαλλιάματος ‚Lieder des Jubels' und in La1 *canticum laetitiae* ‚Gesang der Freude'. La2 bietet *et cantabitur in te canticum letitie* ‚und es wird gesungen werden in dir ein Gesang der Freude'. GI hat keine Entsprechung.

Z. 2: האלהים ‚der Gott' plus Relativpartikel אשר ist in Tob 13,18 in GI Bestandteil von εὐλογητὸς ὁ θεός ὅς bzw. in La2 *benedictus deus qui* und

---

914 Die drei letzten Buchstaben sind auf den Microfiches nicht eindeutig zu erkennen.
915 Die beiden letzten Buchstaben sind nicht sicher zu identifizieren.
916 Beyer, ATTM.E 147, liest nur alef und he am Wortende und ergänzt zu המר]אה.
917 Zur Plenschreibung von ‚Jerusalem' vgl. Schmitt, Textfunde 575.
918 Fitzmyer, Tobit (DJD) 73, ergänzt in Anlehnung an GII und La1 zur 3. pl. m. pf. qal. Die erhaltenen Buchstaben bilden die 3. sg. m.
919 Fitzmyer, Tobit (DJD) 73, ergänzt zum waw-Imperfekt וימ[נ]ות.
920 Fitzmyer, Tobit (DJD) 73, ergänzt in Tob 14,2 in Anlehnung an τὸ ἀναβλέψαι in GII zu מ[ר]אה, ‚[das S]ehen'.
921 Fitzmyer, Tobit (DJD) 73, ergänzt zu ארבע וחמישים ‚54 Jahre'.

in La1 *benedictus dominus qui*. GII bietet dagegen vom hebräischen Text abweichend ὁ θεὸς τοῦ Ἰσραήλ ‚der Gott Israels'.

Z. 3: Der Partikel אשר entspricht in La1 und La2 kausales *quoniam* ‚weil'.⁹²² GI und GII haben keine Wiedergabe. [והק]דוש ‚[der Hei]ligkeit' ist in GII sowie La1 und La2 mit dem Adjektiv ἅγιος bzw. *sanctus* ‚heilig' wiedergegeben. Das präfigierte ל entspricht in GII εἰς (τὸν αἰῶνα καὶ ἔτι) bzw. in La1 *in aeternum* und in La2 *in seculum seculi*.

Z. 4: In Tob 14,1 ist [ותמ]ון ‚und es waren vollendet' in GII mit καὶ συνετελέσθησαν οἱ λόγοι wiedergegeben, in La1 mit *et ut consummati sunt sermones*. GI und La2 bieten mit καὶ ἐπαύσατο ἐξομολογούμενος bzw. *(hec dicens) consummabit sermones* dagegen jeweils die 3. sg.⁹²³ וימ[ת בשלום] entspricht in GII καὶ ἀπέθανεν ἐν εἰρήνῃ ‚und er starb in Frieden', in La1 und La2 *mortuus est in pace* und *mortuus est (autem) in pace*. GI hat keine Wiedergabe. Die Altersangabe בן ist in GII und La1 und La2 jeweils mit dem Genetiv pl. ἐτῶ(ν) ἑκατὸν δώδεκα bzw. *annorum centum duodecim* wiedergegeben.

Z. 5: Der Nominalsatz [והו]א בן שמונה וחמשי[ם] in Tob 14,2 hat in GI, La1 und La2 eine genaue Wiedergabe, wobei GI parataktisch mit καί, La1 adversativ mit *autem* ‚aber' und La2 kausal mit *nam* ‚denn' anschließen. In GII beträgt das Alter Tobits bei seiner Erblindung abweichend vom hebräischen Text von 4Q200 62 Jahre.

Z. 6: אחר אר[בע] ‚nach vi[er]' entspricht offenbar nur in La1 und La2 ‚54 Jahren' als die Zeit, die Tobit nach seiner Heilung noch lebt.⁹²⁴

2.5.8 4Q200 Fragment 8: ?

Text (PAM 43.184)

```
[      ] [ ]ך היומן[     ]    1
[  ] [ ](נ) נפל ה(ר)[      ]    2
[      ] [ ]כה(וביד)[     ]    3
[      ]   [ ](ל)[ ]         4
```

---

922 Eine kausale Deutung von אשר liegt in 4Q200 6,5 (zweimal); 6,8; 7ii,3 vor. In der hebräischen Bibel ist אשר in Est 3,4; 4,11; Koh 8,12 kausal verwendet.

923 Vgl. Anmerkung 918.

924 In GII wird Tobit 112 Jahre alt und verliert mit 62 Jahren sein Augenlicht. Wann er von seinem Sohn durch die Fischgalle geheilt wird, ist nicht geschildert. In GI ist Tobit bei seiner Erblindung dagegen 58 Jahre alt und wird nach acht Jahren, also im Alter von 66 Jahren, von Tobija geheilt. Da er nach Tob 14,11 im Alter von 158 Jahren stirbt, beträgt die restliche Lebenszeit Tobits nach seiner Heilung in GI also 82 Jahre.

Übersetzung
Zeile 1   [ ] dein[925] [ ] heute [ ]
Zeile 2   [ ] er ist gefallen [ ]
Zeile 3   [ ] und in deiner Hand [ ]
Zeile 4   [ ]

2.5.9   4Q200 Fragment 9: Tob 3,3–4 (?)

Text (PAM 43.184)

[ ]ואל[תשפ(ט)[ ]   1
[   ]ותתר לש(ל ל()[2
[   ](ל)[ ]   3

Übersetzung
Zeile 1   [und nicht] wirst du richten [ ]
Zeile 2   [ ] und du hast bewahrt [ ]
Zeile 3   [ ]

Anmerkung
Die beiden letzten Fragmente von 4Q200 können den griechischen und lateinischen Textformen nicht sicher zugeordnet werden.

---

925 Pronominalsuffix der 2. sg. m.

3 Der Text des Buches Tobit

3.1 Besonderheiten der Tobit-Schriftrollen vom Toten Meer: Orthographie, Morphologie und Abschrift

Die Fragmente der Schriftrollen der Bibliothek von Qumran stellen das größte Korpus nicht-inschriftlicher Texte dar, das Aufschluss über die Überlieferung biblischer und nicht-biblischer Texte im frühen Israel gibt. Dies gilt sowohl für die Schreiber und deren Hintergrund als auch für Schreibmaterialien, technische und praktische Aspekte des Schreibens, die verwendeten Schriftarten, Korrekturen, das „Layout" usw.[926] Eine Gruppe von Texten innerhalb dieses Korpus zeigt nach Tov besondere Charakteristika bezüglich Orthographie und Morphologie sowie der Art und Weise ihrer Abschrift. Da praktisch alle Schriften, die die in Qumran lebende Gruppe selbst verfasste, diese Merkmale aufweisen, liegt der Schluss nahe, dass diese Schriftrollen auch von Schreibern dieser Gruppe selbst (ab)geschrieben wurden. Andere Texte, die diese Merkmale nicht aufweisen, wurden dagegen vermutlich von außen nach Qumran gebracht.[927] Tov schreibt diese besonderen Merkmale einer „Qumran scribal school" bzw. „Qumran scribal practice" zu.[928]

Die in Qumran gefundenen Tobit-Fragmente weisen einige Charakteristika der „Qumran scribal practice" auf. In 4Q196 17i,5; 18,15 fällt beispielsweise die Verwendung des Tetrapunktons anstelle des Tetra-

---

926 Vgl. Tov, Texts 403–429.
927 Vgl. E. Tov, Further Evidence for the Existence of a Qumran Scribal School. In: L.H. Schiffman/Ders./J.C. Vanderkam (Hg.), The Dead Sea Scrolls. Fifty Years after their Discovery. Proceedings of the Jerusalem Congress (July 20–25, 1997). Jerusalem 2000, 199–216, hier: 199ff.216.
928 Vgl. Tov, Further Evidence 201–216. Nach Tov legt der Begriff „Schule" eine organisatorische Struktur nahe, die es in dieser frühen Zeit wahrscheinlich nicht gab. Er schlägt deshalb auch die Bezeichnung „common scribal practice" vor; vgl. ders., Scribal Practices 261.

gramms auf, d.h. die Buchstaben des Gottesnamens JHWH werden durch vier Punkte ersetzt.⁹²⁹ In den beiden Schriftrollen 4Q196 und 4Q200 sind außerdem einzelne Buchstaben oder auch ganze Wörter durch einen senkrechten bzw. waagrechten Strich getilgt. Nach Tov ist dies charakteristisch für das Korrektursystem der „Qumran scribal practice".⁹³⁰ Da die Schriftrollen von Qumran nicht vokalisiert sind, weisen die Texte der besseren Lesbarkeit wegen viele *matres lectionis* bzw. *plene*-Schreibungen auf: Die Laute *ō* und *ū* sind fast immer durch *waw* repräsentiert, z.B. sogar im Eigennamen מושה Mose, *ī* wird durch *jod*, *a* am Wortende oft durch finales *he* oder *alef* repräsentiert.⁹³¹ Cross nennt Orthographie und Morphologie dieser Texte daher auch „baroque style".⁹³² Allerdings zeigen die Textrollen, dass die Schreiber bei ihren Abschriften nicht immer konsequent vorgingen. In 4Q200 wird z.B. die kausale Konjunktion ‚denn' zweimal כי, einmal aber auch כיא geschrieben.⁹³³ Das Pronominalsuffix der 2. sg. m. lautet 5-mal ך, 7-mal dagegen כה.⁹³⁴ Das Personalpronomen der 3. sg. m. ist dreimal in der „üblichen" Form הוא, einmal aber auch mit הואה belegt.⁹³⁵ Die Negation לוא sowie das Indefinitum כול sind in 4Q200 durchgängig in dieser Graphik überliefert.⁹³⁶

Da das Buch Tobit aber nur einige der Merkmale der „Qumran scribal practice" aufweist und es keine weiteren Hinweise gibt, dass dieses Buch in Qumran entstanden ist, dürften diese Merkmale hier

---

929 Die Verbindung zu der in Qumran lebenden Gruppe ist nach Tov eindeutig, da nach 1QS VI,27–VII,1 das Aussprechen des Gottesnamens verboten war und sogar mit dem Ausschluss aus der Gemeinschaft geahndet wurde; vgl. ders., Further Evidence 206. Auch althebräische Schriftzeichen wurden zur Hervorhebung von „JHWH" oder „El" im Text verwendet; vgl. Tov, Scribal Practices 265; D. Green, Divine Names: Rabbinic and Qumran Scribal Techniques. In: L.H. Schiffman/E. Tov/J.C. Vanderkam (Hg.), The Dead Sea Scrolls. Fifty Years after their Discovery. Proceedings of the Jerusalem Congress (July 20–25, 1997). Jerusalem 2000, 497–511.
930 Vgl. Tov, Further Evidence 203f. Streichungen liegen in 4Q196 2,2;13,1; 4Q200 6,2.6, supralineare Korrekturen in 4Q196 2,1; 6,8; 17ii,15.16; 4Q200 2,3; 4,4; 6,6 vor.
931 Vgl. Tov, Scribal Practices 266ff.; Qimron, Hebrew 17f.
932 Vgl. F.M. Cross, The Ancient Library of Qumran. Minneapolis ³1995, 174–177.
933 Vgl. Tov, Scribal Practices 269. כי ist in 4Q200 1i,3; 2,5 bezeugt, כיא dagegen in 4Q200 6,9.
934 Das Suffix ך ist in 4Q200 2,5.8.9; 4,6; 7i,4 bezeugt, כה in 4Q200 1ii,2; 2,2.3.6.7 (zweimal); 8,3.
935 הוא ist in 4Q200 3,2; 6,9 (zweimal) belegt, הואה dagegen in 4Q200 6,6. Das Personalpronomen der 3. sg. f. ist in Tobit nur in der „verlängerten" Form היאה bezeugt (4Q200 6,5), ebenso die 2. pl. m. אתמה (4Q200 6,8) und die 3. pl. m. המה (4Q200 6,2).
936 לוא ist in 4Q200 1ii,4; 2,7 belegt, כול in 4Q200 2,3; 6,5.

wohl als Hinweis auf eine auch an anderen Orten in Palästina übliche Praxis gedeutet werden.[937] Dennoch war die Tobiterzählung in der Bibliothek am Toten Meer in fünf Exemplaren vorhanden, und die Fragmente dieser Schriftrollen stellen den/die ältesten uns heute zugänglichen Text/e des Buches Tobit dar. Ihre Abschriften werden auf ca. 100 v.Chr. bis 20 n.Chr. datiert.[938]

3.2 Das Aramäische der Tobit-Texte 4Q196–199

Die frühesten aramäischen Textbelege überhaupt stammen aus dem 10. Jh. v.Chr., bestimmte neuaramäische Dialekte werden heute noch an einigen Orten des „Nahen Ostens" gesprochen.[939] Dieser lange Zeitraum brachte natürlich enorme Veränderungen und Entwicklungen mit sich, da sich die Sprache jeweils den historischen, politischen und wirtschaftlich-kulturellen Wandlungen anpassen musste.

Fitzmyer unterscheidet fünf Phasen des Aramäischen:[940]
1. Old Aramaic (ca. 925 bis 700 v.Chr.)[941]
2. Official Aramaic (ca. 700 bis 200 v.Chr.)[942]

---

937 Vgl. Tov, Further Evidence 212. Ferner I. Fröhlich, Tobit against the Background of the Dead Sea Scrolls. In: G.G. Xeravits/J. Zsengellér (Hg.), The Book of Tobit. Text, Tradition, Theology. Papers of the First International Conference on the Deuterocanonical Books, Pápa, Hungary (20–21 May, 2004). JSJSup 98. Leiden–Boston 2005, 55–70.

938 Vgl. die Abschnitte 1.3.3.1 und 1.3.3.2 dieser Arbeit. Die Datierung mittels Radiocarbon, die bei einigen Qumran-Schriften zur Anwendung kam und in der Regel mit der paläographischen Datierung weitgehend übereinstimmte, wurde bei 4Q196–200 nicht angewendet. Vgl. I. Carmi, Radiocarbon Dating of the Dead Sea Scrolls. In: L.H. Schiffman/E. Tov/J.C. Vanderkam (Hg.), The Dead Sea Scrolls. Fifty Years after their Discovery. Proceedings of the Jerusalem Congress (July 20–25, 1997). Jerusalem 2000, 881–888.

939 Vgl. U. Gleßmer, Einleitung in die Targume zum Pentateuch. TSAJ 48. Tübingen 1995, 17.

940 Vgl. J.A. Fitzmyer, The Phases of the Aramaic Language. In: Ders., A Wandering Aramean. Collected Aramaic Essays. SBL.MS 25. Missoula 1979, 57–84, hier: 60–63. Diese Einteilung scheint sich inzwischen gegenüber der „klassischen" Einteilung in Alt-, Mittel- und Spätaramäisch durchzusetzen. Fitzmyers Unterteilung beruht dabei teils auf chronologischen, teils auf dialektologischen Gründen; vgl. Cook, Aramaic 361.

941 Vgl. Gleßmer, Einleitung 20.

3. Middle Aramaic (ca. 200 v.Chr. bis 200 n.Chr.)[943]
4. Late Aramaic (ca. 200 bis 700 n.Chr.)[944]
5. Modern Aramaic[945]

Die Textfragmente aramäischer Schriftrollen aus Qumran leisten einen wichtigen Beitrag zur Erforschung der aramäischen Dialekte. Neben den Tobit-Texten 4Q196–199 gehören zu den umfangreichsten und bedeutendsten aramäischen Funden zum einen das Genesis Apokryphon[946], zum anderen der Ijob-Targum aus der Höhle XI, die Henoch Literatur (4Q201–212, 530–533, 1Q23, 2Q26, 6Q8)[947], die Texte über das Himmlische Jerusalem (1Q32, 2Q24, 5Q15, 4Q554–555, 11Q18), die Abschiedsrede Amrams (4Q543–548) sowie das Testament Levis (1Q21, 4Q213–214).[948] Diese Schriftrollen sind dem Mittel-Aramäischen zuzurechnen, d.h. der Übergangsphase vom „Official Aramaic" des Persischen Großreiches hin zu den späteren klar abgrenzbaren örtlichen Dialekten.[949]

---

942 Zur Zeit des Persischen Weltreichs wurde Aramäisch immer mehr die bevorzugte Amtssprache. In dieser Phase war „Reichs-Aramäisch", „Imperial Aramaic" oder „Standard Aramaic" nicht nur relativ standardisiert, sondern auch weit verbreitet; vgl. J. Margain, L'Araméen d'empire. In: E.-M. Laperrousaz/A. Lemaire (Hg.), La Palestine à l'époque perse. Paris 1994, 225–243.

943 Vgl. Fitzmyer, Phases 61f.; Gleßmer, Einleitung 26ff. Vgl. auch J.C. Greenfield, Standard Literary Aramaic. In: A. Caquot/D. Cohen (Hg.), Actes du premier congrès international de linguistique sémitique et chamito-sémitique (Paris 16–19 juillet 1969). Paris 1974, 280–289, hier: 286f.

944 Das Spät-Aramäische zerfällt in die beiden Hauptgruppen des westlichen und des östlichen Spät-Aramäischen, wobei Ersteres das Jüdisch-Palästinische, das Christlich-Palästinische und das Samaritanisch-Palästinische Aramäisch umfasst, Letzteres das Jüdisch-Babylonische-Aramäisch, das Syrische, Mandäische sowie die Sprache der aramäischen Zauberschalen; vgl. Gleßmer, Einleitung 29ff.; Fitzmyer, Phases 62.

945 Vgl. Gleßmer, Einleitung 31.

946 Vgl. E.Y. Kutscher, The Language of the ‚Genesis Apocryphon'. A Preliminary Study. In: C. Rabin/Y. Yadin (Hg.), Aspects of the Dead Sea Scrolls. ScrHie IV. Jerusalem 1958, 1–35. Kutscher bezeichnet das Aramäisch von 1QapGen als „in transition from ‚Reichsaramäisch' to Middle Aramaic"; ebd. 6. J.E. Miller nimmt eine direkte Verbindung zwischen Tobit und 1QapGen an; vgl. ders., The Redaction of Tobit and the Genesis Apocryphon. In: JSPE 8 (1991) 53–61, hier: 58.

947 Zum Verhältnis des Buches Tobit und Henoch vgl. G.W.E. Nickelsburg, The Search for Tobit's Mixed Ancestry. In: RdQ 17 (1996) 339–349, hier: 343f.

948 Vgl. Cook, Aramaic 359.

949 Vgl. E.M. Cook, Qumran Aramaic and Aramaic Dialectology. In: T. Muraoka (Hg.), Studies in Qumran Aramaic. Abr-n.S 3 (1992) 1–21, hier: 1f.

Bei den aramäischen Tobit-Texten aus Qumran fällt ebenfalls die in Abschnitt 3.1 dieser Arbeit dargestellte *plene*-Schreibung auf: In 4Q197 4ii,6 ist z.B. sogar der Eigenname מושה Mose mit *waw* geschrieben. In 4Q196 14ii,8 und 4Q197 4iii,4 ist כמא ‚wie' mit finalem *alef* bezeugt,[950] insgesamt scheint in der Schriftrolle 4Q197 die Schreibung von finalem *a* mit *alef* bevorzugt,[951] während in 4Q196 dazu eher *he* verwendet wird. Als Kausativ-Form kommt in 4Q196 und 4Q198 sowohl Afel als auch Hafel vor[952], während in 4Q197 ausschließlich Afel bezeugt ist.[953] Grundsätzlich scheint die Verwendung des Afel in den aramäischen Qumran-Texten zwar zu überwiegen,[954] nach Cook zeigt sich die Verwendung von Afel oder Hafel aber von „the whim of the scribe"[955] abhängig. Die Relativpartikel די ist nur in Tobit nur einmal (4Q196 18,11) direkt mit einem anderen Wort verbunden.[956] Das direkte Objekt ist grundsätzlich durch präfigiertes ל und nicht durch ית gekennzeichnet.[957]

3.3 Der hebräische Tobit-Text 4Q200

Das Hebräische gehört wie das Aramäische dem nordwestsemitischen Sprachzweig an. Seit dem 8. Jh. v.Chr., als das Aramäische zur „lingua franca" (vgl. 2 Kön 18,26) im Persischen Weltreich wurde, kam es zu ständigen Interferenzen zwischen beiden Sprachen, wobei ihre „Sym-

---

950 Vgl. aber Anmerkung 366.
951 Vgl. die Substantive אנתא ‚Frau' (4Q197 4i,13.19), ברא ‚Tochter' (4Q197 4i,17; 4ii,1), אחא ‚Schwester' (4Q197 4ii,19), das Adjektiv שפירא ‚schön' (4Q197 4i,17 (Anmerkung 516); 4ii,1), das pt. f. אמרא (4Q197 4iii,6) oder תנא ‚hier' (4Q197 5,9). Der Eigenname Edna ist in 4Q197 4iii,4.5; 5,7 jeweils mit finalem alef bezeugt.
952 Afel ist in 4Q196 2,5.8.10.11; 6,8 verwendet, Hafel dagegen in 4Q196 2,1.12; 12,2; 14ii,6; 17ii,3. In 4Q198 ist das Afel in 1,9 überliefert, das Hafel in 1,1.
953 Vgl. 4Q197 4i,8; 4ii,3; 4iii,4. Auch in 1QapGen ist Afel die Kausativ-Form; vgl. Kutscher, Language 4.
954 Vgl. Cook, Aramaic Dialectology 13f.
955 Cook, Aramaic 373. Eine andere mögliche Erklärung wäre, dass die Hafel-Formen in einem Übergangsstadium in Anlehnung an das BA weiter verwendet wurden, als ha bereits zu 'a geworden war.
956 Vgl. Anmerkung 465. Zur Verwendung von די in Tobit insgesamt vgl. Cook, Translated Tobit 157.
957 Vgl. Fitzmyer, Fragments 666.

biose" nach Schattner-Rieser bis zum Ende des zweiten nachchristlichen Jahrhunderts bestand.[958]

Fünf Phasen des Hebräischen können unterschieden werden:
1. Vorexilisches Hebräisch (vom 10. bis zum 6. Jh. v.Chr.)
2. Postexilisches Hebräisch (vom 6. bis zum 2. Jh. v.Chr.)
3. Mischnisches Hebräisch (vom 2. Jh. v.Chr. bis zum 11. Jh. n.Chr.)[959]
4. Rabbinisches Hebräisch (vom 11. bis zum Ende des 19. Jh. n.Chr.)
5. Neuhebräisch – „Ivrit" (ab dem Ende des 19. Jh.)

Der hebräische Tobit-Text 4Q200 ist nach Fitzmyer eindeutig als spätes postexilisches Hebräisch einzuordnen, wie es auch einige Bücher der hebräischen Bibel bezeugen.[960] Als Beispiele führt Fitzmyer an: die Verwendung des inf. abs. anstelle der finiten Verbform[961], die Verwendung von היה plus pt. anstelle des Imperativs[962] sowie die Verwendung von אשר in einem dem aramäischen די analogen Sinne als Konjunktion zur Einführung eines Objekt- oder Kausalsatzes.[963]

---

958 Vgl. U. Schattner-Rieser, L'hébreu postexilique. In: E.-M. Laperrousaz/A. Lemaire (Hg.), La Palestine à l'époque perse. Paris 1994, 189–224, hier: 190.
959 Vgl. ebd. 190f.
960 Vgl. Fitzmyer, Fragments 669. Vgl. die Darstellung bezüglich Orthographie, Morphologie, Wortschatz und Syntax bei Schattner-Rieser, Hébreu postexilique 193–222. Für einen Überblick über das in Qumran verwendete Hebräische vgl. M.G. Abegg, The Hebrew of the Dead Sea Scrolls. In: P.W. Flint/J.C. Vanderkam (Hg.), The Dead Sea Scrolls after Fifty Years. A Comprehensive Assessment. Bd. 1. Leiden–Boston–Köln 1998, 325–357.
961 Vgl. 4Q200 2,2; 4,3; 7i,2. Vgl. Schattner-Rieser, Hébreu postexilique 215f.
962 Vgl. 4Q200 2,3.4.6. W.T. van Peursen bietet im Rahmen seiner Untersuchung von היה plus pt. in Sir auch eine Übersicht über das Vorkommen dieser Konstruktion in der hebräischen Bibel, der Mischna sowie im Aramäischen; vgl. ders., Periphrastic Tenses in Ben Sira. In: T. Muraoka/J.F. Elwolde (Hg.), The Hebrew of the Dead Sea Scrolls and Ben Sira. Proceedings of a Symposium Held at Leiden University 11–14 December 1995. StTDJ 26. Leiden–New York–Köln 1997.
963 In 4Q200 ist אשר sowohl als Relativum verwendet (4Q200 4,2; 6,7; 7ii,2.3) als auch zur Einführung eines Objektsatzes (4Q200 4,3.5) oder Kausalsatzes (4Q200 6,5 (zweimal). 6,8; 7ii,3). Vgl. Joüon/Muraoka, Grammar 638 (§170e); Schattner-Rieser, Hébreu postexilique 198.

3.4 Die aramäischen und die aramäisch-hebräischen Parallelüberlieferungen innerhalb von 4Q196–200

Einige Passagen des Buches Tobit überschneiden sich innerhalb der in Qumran gefundenen Textfragmente. Es gibt sowohl Textsegmente, die von zwei aramäischen Schriftrollen – 4Q196 // 4Q197 und 4Q196[964] // 4Q198 – überliefert sind, als auch solche, die von einer aramäischen sowie der hebräischen Schriftrolle – 4Q196 // 4Q200 und 4Q197 // 4Q200 – parallel überliefert sind. Tob 14,2 ist sogar in drei Schriftrollen bezeugt: in den aramäischen Schriftrollen 4Q196 und 4Q198 und der hebräischen Schriftrolle 4Q200.

3.4.1 Parallelüberlieferungen in den aramäischen Tobit-Texten

Zwischen 4Q196 und 4Q197 gibt es insgesamt vier Überschneidungen:
1. Tob 4,21–5,1 ist von 4Q196 11,1–2 sowie 4Q197 2,1–2 bezeugt. Obwohl beide Textfragmente zweifellos denselben Textabschnitt überliefern, gibt es keine tatsächliche Überschneidung von Textsegmenten. Da beide Textfragmente außerdem jeweils aus dem mittleren Stück einer Kolumne stammen, sind auch keine weiteren Rückschlüsse beispielsweise aus der Zeilenlänge möglich.
2. Tob 6,6–8 ist von 4Q196 13,1–4 und 4Q197 4i,10–14 überliefert. Beide Texte weisen eine Gliederung in Spatien auf, auch wenn kein gemeinsames Spatium erhalten ist. Der erste Buchstabe von 4Q196 13,1 ל entspricht dem letzten Buchstaben von ואכל in 4Q197 4i,10. Beide Texte fahren mit ואף fort, dann bricht 4Q197 4i,10 ab. In den nächsten Zeilen 4Q196 13,2 und 4Q197 4i,11 gibt es keine Überschneidungen.[965] Bei der Aufzählung der Organe des Fisches wiederholt 4Q196 13,3 die Präposition ב vor וכבדה ‚und seine Leber' nicht, während 4Q197 4i,12 mit בלבב נונא ובכ[בדה] ‚in dem Herz des Fisches und in [seiner] Le[ber]' die Präposition ב zweimal

---

964 Ms. 5234 der Schøyen-Sammlung hat keine Bezeichnung nach dem üblichen System zur Bezeichnung der Qumran-Fragmente, da es erst später identifiziert wurde. Aufgrund von Übereinstimmungen im Schriftbild sowie der Tatsache, dass es sich um ein Fragment aus Papyrus und bei 4Q196 um den einzigen Tobit-Text auf Papyrus handelt, ist die Zuordnung zu 4Q196 sicher.

965 Morgenstern vermutet, dass hier ein Teilstück nicht korrekt platziert ist (vgl. Anmerkung 184).

überliefert.⁹⁶⁶ יסחרון ohne finales *nun* ist in 4Q196 13,4 bezeugt, das präfigierte *jod* fehlt dagegen in 4Q197 4i,14.
3. Die Passage Tob 6,13–18 ist sowohl in 4Q196 14i,6 als auch in 4Q197 4ii,10 überliefert. Während 4Q197 4ii,10 die Präposition ל in Tob 6,15 aber wiederholt⁹⁶⁷, ist in 4Q196 14i,6 mit אבי ואמי keine Präposition bezeugt. 4Q196 14i,8 und 4Q197 4ii,12 überliefern beide den Relativsatz די פקדך, sonst gibt es keine weiteren Überschneidungen von Textsegmenten.
4. Eine Parallelüberlieferung von Tob 6,18–7,6 liegt auch in 4Q196 14ii und 4Q197 4iii vor. Da 4Q196 14ii aber nur ein sehr schmaler Papyrus-Streifen ist, existieren nicht viele tatsächliche Überschneidungen von Textsegmenten. In Tob 6,18 ergänzen sich in 4Q196 14ii,4 שגיא רחמה] und [ש]גיא רחמה in 4Q197 4iii,1 gegenseitig. In Tob 7,1 ist der Eigenname Asarja sowohl in 4Q196 14ii,5 als auch 4Q197 4iii,2 überliefert. Tob 7,1 ermöglicht auch den Vergleich der Kausativ-Formen: 4Q196 14ii,6 bietet das Hafel וה[ש]כחו, ,und sie fanden', 4Q197 4iii,3 dagegen das Afel ואשכח[ן. In Tob 7,1 kann die Begrüßung von 4Q196 14ii,7 und 4Q197 4iii,3–4 zu להון לשלם אתיתון ועלו בשלם vervollständigt werden.

Zwischen 4Q196 bzw. Schøyen Ms. 5234 und 4Q198 liegen zwei Überschneidungen von Textelementen vor:
1. In Tob 14,2 hat 4Q196 18,15 [•]••• ,ולהודיה רבותה], ,[J]HWH und zu rühmen [seine] Größ[e]', 4Q198 1,1 bietet dagegen למדחל לאלהא [ולהןודיה, ,zu fürchten Gott und zu r[ühmen]'. In Tob 14,3 bezeugt 4Q196 18,16 das auffällige ובקדה, das nur mit Hilfe der Parallelüberlieferung in 4Q198 1,2 ופקדה, ,und er gab ihm Anordnungen' gedeutet und korrigiert werden kann.⁹⁶⁸
2. In Tob 14,3 stimmt Schøyen Ms. 5234 Zeile 1 ואמר ל, ,und er sagte zu' mit 4Q198 1,2 überein. In der nächsten Zeile zeigt sich, dass Schøyen Ms. 5234 eindeutig das pt. די ממלל, 4Q198 1,3 dagegen das finite Verb מלל] די überliefert. In Schøyen Ms. 5234 Zeile 4–7 und 4Q198 1,5–8 gibt es jeweils wörtliche Übereinstimmungen. Beide Schriftrollen erscheinen annähernd im selben „Layout" ge-

---

966 Da 4Q196 13,3 direkt mit לבב beginnt, ist auch dort keine Präposition vor ,Herz des Fisches' bezeugt.
967 Strenggenommen ist bei [לאבי ולאמי in 4Q197 4ii,10 natürlich nur ein präfigiertes ל erhalten. Es ist aber wenig wahrscheinlich, dass bei der Verbindung zweier Substantive die beide bestimmende Präposition erst bzw. nur vor dem zweiten Substantiv genannt wird.
968 Vgl. Anmerkung 467.

schrieben, da der Vergleich der Textfragmente, die beide den rechten Rand einer Kolumne bieten, keine größeren Abweichungen in diesem Textabschnitt erkennen lassen.

Insgesamt zeigt sich, dass es nur wenige und vor allem wenig aussagekräftige Überschneidungen von Textsegmenten innerhalb der aramäischen Überlieferung des Buches Tobit gibt. Allerdings lassen selbst diese wenigen Überschneidungen deutlich werden, dass offensichtlich – wenn auch im Detail sehr kleine – Unterschiede in der aramäischen Überlieferung der Tobiterzählung bestanden.

3.4.2 Aramäisch-hebräische Parallelüberlieferungen

Einige Textpartien des Buches Tobit sind zwar parallel aramäisch und hebräisch bei den Qumran-Fragmenten überliefert, es gibt aber keine Überschneidungen von Textsegmenten, daher ist kein direkter Vergleich möglich.[969] Tob 4,7 lässt erkennen, dass der hebräische Text von 4Q200 2,6 nach ידכה בני ,deine Hand, mein Sohn' mit periphrastischem היה plus pt. anschließt, während im aramäischen Text von 4Q196 10,1 nach ידך ברי offenbar direkt ein mit *ayin* beginnendes Verb folgt, wohl עבד]ן. In Tob 13,4 entspricht ותמן ,und da' in 4Q196 17i,13 im hebräischen Text von 4Q200 6,8 ושמה ,und da selbst', im selben Vers überliefern 4Q196 17i,14 und 4Q200 6,9 beide das Demonstrativum והוא.

Während in Tob 13,13 das Wortpaar des aramäischen Textes (4Q196 18,2) חדי ובועי ,freue dich und jauchze' lautet, überliefert der hebräische Text (4Q200 7i,1) שמחי ודוצי ,freue dich und spring'.

In Tob 14,1 schließlich ist das Sterben Tobits in 4Q196 18,12 mit ומית בשלם בן] und parallel in 4Q200 7ii,4 mit [וימ]ת בשלום בן bezeugt. Auch das Alter Tobits bei seiner Erblindung stimmt im aramäischen Text 4Q196 18,13 mit dem hebräischen Text 4Q200 7ii,5 überein: 58 Jahre.[970]

---

969 Es handelt sich hierbei um Tob 3,6 (4Q197 1,1 // 4Q200 1i,4–5), Tob 3,10.11 (4Q196 6,2–7 // 4Q200 1ii,1–5), Tob 4,5 (4Q196 9 // 4Q200 2,3–5) und Tob 13,18 (4Q196 18,11 // 4Q200 7ii,1–3). In Tob 12,21–22 bieten 4Q196 17i,4 und 4Q200 6,2 jeweils das Pronominalsuffix der 3. sg. m., gefolgt von והו im aramäischen Text von 4Q196 bzw. והיו im hebräischen Text von 4Q200. Da 4Q196 17i aber nur ein schmaler Streifen ist, der den linken Rand einer Kolumne bezeugt, kommen keine weiteren Überschneidungen vor.

970 Diese Zahl wird in Tob 14,2 auch von GI, La1 und La2 überliefert. In der Textform GII ist Tobit dagegen 62 Jahre alt, als er sein Augenlicht verliert, nach Vg 56 Jahre.

3.5 In welcher Sprache war das Buch Tobit ursprünglich verfasst?

Mit vier aramäischen Schriftrollen gegenüber nur einer hebräischen Schriftrolle des Buches Tobit spricht das Zahlenverhältnis eindeutig zugunsten des Aramäischen.[971] Unter den aramäischen Textfragmenten zeigen sich zwar kleinere Divergenzen,[972] der Vergleich der aramäischen und der hebräischen Textfragmente[973] kann aber aufgrund der Überlieferungslage (wenige und wenig aussagekräftige Parallelüberlieferungen) zu keinem Ergebnis bezüglich der Abfassung in Aramäisch oder Hebräisch führen.[974] Die Abfassung in griechischer Sprache erscheint vor dem Hintergrund der Qumran-Funde allerdings sehr unwahrscheinlich.[975]

Wise argumentiert, dass 4Q200, z.B. in der Verwendung des inf. abs. anstelle der finiten Verbformen, ein sehr idiomatisches Hebräisch zeige. Da der inf. abs. in QH insgesamt aber selten vorkomme, wäre dies seines Erachtens in „Übersetzungshebräisch" überraschend.[976] Wise scheint also von einer Abfassung des Buches Tobit in hebräischer Sprache auszugehen, wobei er aber eher Gründe gegen eine Abfassung in Aramäisch als positive Gründe für eine Abfassung in Hebräisch anführt.

---

971 Vgl. Fitzmyer, Significance 420: „... the multiple copies of the Aramaic might suggest that it was read more often in Aramaic than in Hebrew."
972 Vgl. Abschnitt 3.4.1 dieser Arbeit.
973 Vgl. Abschnitt 3.4.2 dieser Arbeit.
974 Der Fund von Schriften in beiden Sprachen kann zumindest darauf hinweisen, dass es sich bei der Gruppe in Qumran offenbar um eine zweisprachige Gemeinschaft handelte; vgl. S.E. Fassberg, Hebraisms in the Aramaic Documents from Qumran. In: T. Muraoka (Hg.), Studies in Qumran Aramaic. Abr-n.S 3 (1992) 48–69, hier: 48.
975 Für eine griechische Abfassung traten u.a. ein: O.F. Fritzsche, Die Bücher Tobi und Judith. KEH zu den Apokryphen des Alten Testamentes 2. Leipzig 1853, 8; F. Hitzig, Zur Kritik der apokryphischen Bücher des Alten Testament. In: ZWTh 3 (1860) 240–273, hier: 251f.; T. Nöldeke, Die Texte des Buches Tobit. In: Monatsbericht der königlich preussischen Akademie der Wissenschaften zu Berlin aus dem Jahr 1879. Berlin 1880, 45–69, hier: 60f.; O. Zöckler, Die Apokryphen des Alten Testaments nebst einem Anhang über die Pseudepigraphenliteratur. KK 9. München 1891, 162–184, hier: 165f.; M. Rosenmann, Studien zum Buche Tobit. Berlin 1894, 28ff.; M. Löhr, Das Buch Tobit. In: E. Kautzsch (Hg.), APAT 1. Darmstadt ²1962, 135–147, hier: 136; E.J. Goodspeed, The Story of the Apocrypha. Chicago–London ⁷1967, 13; Deselaers, Studien 19.
976 Vgl. Wise, Note 569. Vgl. dazu Morgenstern, Language 139f.

Auch Beyer geht von einem hebräischen, näherhin mittelhebräischen Original des Buches Tobit aus.⁹⁷⁷ Beim aramäischen Tobit-Text handle es sich um das „wegen der großen Beliebtheit dieser Geschichte weiter verbreitete aramäische Targum".⁹⁷⁸ Als Gründe führt er zum einen das seiner Meinung nach „unaramäische הא אנה ‚hier bin ich'" in Tob 6,11 an, zum anderen das Vorkommen hebräischer Wörter im aramäischen Text sowie die Verwendung des Tetrapunktons in 4Q196 17i,5; 18,15.⁹⁷⁹ Im griechischen Text deuten nach Beyer in Tob 4,4 ἑώρακεν in GI und GII als Verlesung יסכיל anstelle des korrekten וסבול und in Tob 13,13 πορεύθητι in GII als Verlesung רוצי anstelle von דוצי auf eine hebräische Vorlage hin.⁹⁸⁰ Allerdings zeigen aramäische Texte aus Qumran nach Cook häufig „Anleihen" bezüglich des Vokabulars bei hebräischen Texten, ohne dass es sich deswegen immer um Übersetzungen hebräischer Texte handeln muss.⁹⁸¹ Das Vorkommen hebräischer Wörter in den aramäischen Tobit-Texten ist folglich nicht zwingend Indiz für eine Übersetzung aus dem Hebräischen, sondern beweist vielmehr die Vertrautheit des Lesers mit dem hebräischen Bibeltext.⁹⁸² Cook scheint von

---

977 Vgl. Beyer, ATTM.E 134. Für ein hebräisches Original sprachen sich aus: G. Bickell, Rez. zu E. Gutberlet, Das Buch Tobias. In: ZKTh 2 (1878) 378–385, hier: 380; Graetz, Tobias 386f.; I. Lévi, La langue originale de Tobit. In: REJ 44 (1902) 288–291, hier: 291; P. Vetter, Das Buch Tobias und die Achikar-Sage. In: ThQ 86 (1904) 321–364.512–539, hier: 526f.; P. Joüon, Quelques hébraïsmes du Codex Sinaiticus de Tobie. In: Bib. 4 (1923) 168–174, hier: 173f.; P. Saydon, Some Mistranslations in the Codex Sinaiticus of the Book of Tobit. In: Bib. 33 (1952) 363–365, hier: 363; W.O.E. Oesterley, An Introduction to the Books of the Apocrypha. London ⁴1958, 161.

978 Beyer, ATTM 299. Ego, Tobit (Suppl.) 126, weist aber darauf hin, dass die „geradezu als sebstverständlich angenommene ‚Übersetzungsrichtung' vom Hebräischen zum Aramäischen, wie sie für die Targumliteratur gilt, ... keineswegs für alle Texte verallgemeinert werden [kann]". Bei der Henoch-Literatur geht man inzwischen z.B. von einem aramäischen Original aus.

979 Vgl. Beyer, ATTM.E 134. Bei den hebräischen Wörtern handelt es sich um אליל ‚Götzenbild' (Tob 14,6), ארור ‚verflucht' (Tob 13,4), תהלים ‚Psalmen' (Tob 13,1), den imp. קרא ‚rufe' (Tob 5,9) sowie משפחה ‚Familie' (Tob 1,22). Vgl. dazu im Einzelnen die Diskussion bei Fitzmyer, Significance 421f.

980 Vgl. ebd. 134f. Cook, Translated Tobit 156, bietet sowohl für ἑώρακεν in Tob 4,4 als auch πορεύθητι in Tob 13,13 Erklärungen, die keine hebräische Vorlage verlangen. Bei ἑώρακεν nimmt er eine freiere Wiedergabe der Wz. סבל an, bei πορεύθητι geht er von einer an dieser Stelle abweichenden Vorlage aus.

981 Vgl. Cook, Translated Tobit 155; Moore, Tobit 33. Die Auflistung bei Beyer, ATTM.E 134, zeigt, dass auch aramäische Wörter in den hebräischen Tobit-Fragmenten von 4Q200 vorkommen.

982 Fassberg betont, dass hebräische Einflüsse auf aramäische Texte grundsätzlich schwer auszumachen sind bzw. Vorsicht geboten ist, da unsere Kenntnis des ara-

einer Abfassung des Buches Tobit in Aramäisch auszugehen, obwohl auch er keine positiven Gründe für seine Annahme einer aramäischen Vorlage in Abgrenzung zu einer hebräischen Vorlage anführt.[983]

Fitzmyer geht davon aus, dass es sich beim hebräischen Tobit-Text 4Q200 um eine Übersetzung aus dem Aramäischen darstellt. 4Q200 zeige ein spätes, postexilisches Hebräisch sowie einige Wortbildungen, die „peculiarly Aramaic"[984] in einem hebräischen Text anmuten, z.B. in 4Q200 6,4 תשבוחת „Lobpreis"[985] oder die Verwendung von אשר, die eine wörtliche Übersetzung des aramäischen די darstelle. Fitzmyer räumt aber ein, dass es in der Tat keinen zwingenden Beweis für die Annahme einer aramäischen Vorlage der hebräischen Tobiterzählung gibt.[986] Seiner Meinung nach handelt es sich bei Tobit um eine ursprünglich in Aramäisch, näherhin in Mittel-Aramäisch verfasste Komposition vom Beginn des zweiten Jh. v.Chr.[987]

---

mäischen Vokabulars von den ältesten Inschriften bis zum Mittelaramäisch fragmentarisch ist; vgl. ders., Hebraisms 49.

983 Vgl. Cook, Translated Tobit 160ff. Für ein aramäisches Original des Buches Tobit traten ein: J.H. Moulton, The Iranian Background of Tobit. In: ET 11 (1899/1900) 257–260, hier: 257; D.C. Simpson, The Book of Tobit. APOT 1. Oxford 1913, 180ff.; C.C. Torrey, The Apocryphal Literature. A Brief Introduction. New Haven 1945, 86f.; L.H. Brockington, A Critical Introduction to the Apocrypha. London 1961, 35; A. Wikgren, Art. Book of Tobit. In: IDB 4 (1962) 658–662, hier: 660; J.C. Greenfield, Studies in Aramaic Lexicography I. In: JAOS 82 (1962) 290–299, hier: 293; R.H. Pfeiffer, History of New Testament Times. With an Introduction to the Apocrypha. New York 1949, 272; Vattioni, Studi 273ff.; J.D. Thomas, The Greek Text of Tobit. JBL 91 (1972) 463–471, hier: 471. Nach Zimmermann geht der Text des Codex Sinaiticus zwar auf einen hebräischen Text zurück, dieser ist aber Übersetzung eines aramäischen Textes; vgl. ders., Tobit 37.139–149.

984 Fitzmyer, Fragments 670.

985 Das Substantiv תשבוחה ist in QH in 1QM IV,8; 4Q88 VIII,8; 4Q286 1ii,5; 4Q334 1,2; 3,1; 4,5; 4Q400 1i,21; 2,1; 4Q403 1i,3; 4Q405 20ii–22,13; 4Q414 26,2; 4Q433a 1,5; 4Q510 1,1; 4Q511 2i,8; 6Q18 2,8; 11Q17 IV,8; X,5. Es zeigt sich, dass תשבוחה häufiger bezeugt ist als das nach Fitzmyer, Fragments 670, als „more normal Hebrew form" bezeichnete תשבחה. In QH ist תשבחה in 4Q403 1i,32 (dreimal); 1ii,25.36; 11Q5 XXII,11 belegt, in QA in 1Q20 XI,13; 4Q201 1ii,10; 4Q204 1i,29.

986 Vgl. Fitzmyer, Fragments 670: „... it seems most likely to me, even though there is no real proof for it." Ebd. 672, formuliert Fitzmyer dagegen weniger vorsichtig: „... the original form of the story of Tobit must be sought in Aramaic, and in an Aramaic from which neither Jerome's Vg nor the medieval Aramaic version has been derived."

987 Vgl. Fitzmyer, Significance 423; ders., Art. Book of Tobit. In: L.H. Schiffman/J.C. VanderKam (Hg.), Encyclopedia of the Dead Sea Scrolls. Oxford 2000, 948–950, hier: 949.

Morgenstern dagegen betont, dass das Buch Tobit als Ganzes offenbar irgendwann zur Zeit des Zweiten Tempels von der einen Sprache in die andere übersetzt wurde. Während die Übersetzungsrichtung vom Hebräischen zum Aramäischen beim Ijob-Targum aus der Höhle XI in Qumran aber eindeutig sei, ließen sich Beispiele für die umgekehrte Richtung nur schwer ausfindig machen.[988] Er schließt sich Fitzmyers Argumentation für ein aramäisches Original an, da sich 4Q200 in der Grammatik sehr durch das Aramäische beeinflusst zeige.[989] Obwohl auch die aramäischen Tobit-Texte hebräische Wörter beinhalteten, sei grundsätzlich davon auszugehen, dass Aramäisch zur Zeit des Zweiten Tempels stark durch Hebräisch beeinflusst worden sei.[990] Morgenstern fasst daher zusammen: „It would seem to me that the uncomfortable style of the Hebrew would suggest that it is secondary to the more fluent and stylistic Aramaic."[991]

Moore vertritt schließlich eine gewissermaßen „vermittelnde" Position: Der Autor des Buches Tobit habe das Buch vermutlich in Aramäisch verfasst, er oder ein Mitarbeiter habe es aber wenig später, wenn nicht sogar gleichzeitig, ins Hebräische übersetzt. Der Grund dafür liege darin, dass das aramäische Buch Tobit allen des Lesens und Schreibens kundigen Juden (und Heiden) im ganzen „Nahen Osten" zugänglich gemacht, das hebräische Buch Tobit dagegen diese Diasporaerzählung dem „religiösen Establishment" als autoritativ und bedeutend erwiesen werden sollte.[992]

Es ist deutlich, dass aus den Texten bzw. Textfragmenten selbst die Abfassung des Buches Tobit in Aramäisch in Abgrenzung zu Hebräisch bzw. in Hebräisch in Abgrenzung zu Aramäisch nicht beweisbar ist. Der Versuch scheitert zum einen wegen des wenigen und wenig aussagekräftigen Vergleichsmaterials, zum anderen wegen der Schwierigkeit, bestimmte Phänomene der einen Sprache eindeutig auf den Einfluss der anderen zurückzuführen, da Aramäisch und Hebräisch nahe verwandte Sprachen sind, die gleichzeitig innerhalb einer zweisprachigen Gesellschaft in Gebrauch waren und sich daher wechselseitig beeinflussten.[993]

---

988 Vgl. Morgenstern, Language 139.
989 Vgl. Morgenstern, Language 139; Ego, Tobit (Suppl.) 127.
990 Vgl. Morgenstern 140; Fassberg, Hebraisms 48–69.
991 Morgenstern, Language 140.
992 Vgl. Moore, Tobit 34. Er beruft sich dabei auf Freedman, der auf das Buch Daniel verweist, das teils in Aramäisch, teils in Hebräisch in MT vorliegt.
993 Vgl. Fassberg, Hebraisms 48.

Als ein Argument für die aramäische Abfassung des Buches Tobit kann auch angeführt werden, dass Origenes und Hieronymus beide offenbar nur ein aramäisches „Original" kannten und zu ihrer Übersetzung verwendeten.[994] Auch die Tatsache, dass das Buch Tobit nicht Bestandteil der hebräischen Bibel ist, deutet möglicherweise in diese Richtung.

3.6 Die aramäischen und hebräischen Tobit-Texte und die griechischen und lateinischen Textformen

Wie bereits dargestellt, gestaltet sich das Verhältnis der aramäischen und hebräischen Textfragmente des Buches Tobit zu den griechischen und lateinischen Textformen komplex, da auf der Ebene der Ausgangssprache nur Textfragmente – in zwei Sprachen – vorliegen, zu deren Deutung bzw. Einordnung in die Tobiterzählung bereits sehr auf den Text der Zielsprache – in zwei bzw. drei Textformen überliefert – zurückgegriffen werden muss.[995] Ein Vergleich längerer und zusammenhängender Textabschnitte ist in der Regel nicht möglich, so dass Divergenzen in der Wiedergabe der griechischen Textformen GI, GII und GIII sowie der lateinischen Textformen La1, La2 und La3 zwar konstatiert und beschrieben werden können, ihre Wertung bzw. Einordnung aber nur selten wirklich eindeutig ist, da eine durchgängige Erhebung bzw. Beschreibung der Übersetzungsweise der griechischen und lateinischen Textformen nicht möglich ist.[996]

Da sowohl die aramäischen als auch die hebräischen Tobit-Fragmente aus Qumran abgesehen von kleineren Divergenzen offenbar

---

994 Vgl. Moore, Tobit 33; Fitzmyer, Fragments 658.
995 In seiner Monographie ‚The Text-Critical Use of the Septuagint in Biblical Research. JBS 8. Jerusalem ²1997' hat E. Tov die vielschichtigen Beziehungen zwischen MT und LXX, die weit über das „einfache" Verhältnis eines Textes zu seiner Übersetzung hinausgehen, einer genauen Analyse unterzogen. Die von ihm aufgezeigten Grundsätze bei der Wertung von Divergenzen können beim Buch Tobit nur sehr eingeschränkt angewendet werden, da von Tobit kein vollständiger und in der Regel sehr sorgfältig überlieferter Text wie MT vorliegt.
996 Wie Tov darlegt, lassen sich sonst in der Regel – unter Berücksichtigung der Übersetzungsweise innerhalb einer Übersetzungseinheit, d.h. einem Buch der LXX – relativ verlässlich statistische Erhebungen bezüglich der Verwendung bestimmter Äquivalente usw. anstellen und Rückschlüsse auf die „Wörtlichkeit" bzw. „Freiheit" einer Übersetzung der LXX ziehen; vgl. ders., Text-Critical Use 20–24.

einen weitgehend übereinstimmenden Text überliefern, können die Divergenzen der griechischen Textformen G^I und G^II nicht unmittelbar auf unterschiedliche, aber nahe verwandte semitische Texte zurückgeführt werden. Zumindest geben die aramäischen und hebräischen Textfragmente keinen Hinweis auf die Existenz divergierender Textfassungen des Buches Tobit, obwohl immerhin fünf Exemplare in der Bibliothek am Toten Meer vorhanden waren.[997] In der Regel stehen die Tobit-Fragmente von 4Q196–200 der Textform G^II nahe, die weitgehend vollständig durch den Codex Sinaiticus sowie Vetus Latina überliefert ist. Allerdings zeigt die altlateinische Überlieferung, dass der Codex Sinaiticus – nicht nur aufgrund zweier Lacunae – nicht als „verlässlicher" Zeuge der Textform G^II gewertet werden kann, da bisweilen nur die altlateinische Überlieferung mit den aramäischen bzw. hebräischen Textfragmenten übereinstimmt.

Obwohl auf der Ebene des semitischen Textes nur Fragmente zum Vergleich zur Verfügung stehen, zeigen sich zwischen den Tobit-Fragmenten vom Toten Meer und den Textformen GI und GII deutliche Divergenzen, z.B. in der Änderung der Textsequenz, der Auslassung bzw. gelegentlich auch Hinzufügung einzelner Textelemente, im Wechsel von Numerus, Tempus oder Aktionsform sowie inhaltlichen Unterschieden, die schwerlich als „theologische Exegese" oder Uminterpretationen durch den/die Übersetzer erklärbar sind. Aufgrund der Zufälligkeit des aramäischen und hebräischen Vergleichsmaterials steht die Wertung von Divergenzen bei Tobit aber auf unsicherem Grund.

Zwei Beispiele seien angeführt:

1. In Tob 6,11 preist Asarja die Vorzüge Saras, der zukünftigen Frau des Tobija. Im aramäischen Text von 4Q197 wird Saras Schönheit zweimal hervorgehoben: einmal in 4Q197 4i,17 mit ואיתי לה ברא שפירא ‚und er hat eine schöne Tochter' sowie in 4Q197 4ii,1 mit ושפירא לחדא ‚und einzigartig schön'. Zwischen den beiden Adjektiven שפירא ‚schön' war wohl mindestens ein weiteres Attribut Saras genannt, wie *alef* am Wortende sowie der Anschluss mit *waw* in 4Q197 4ii,1 vermuten lassen. In GI und GII wird Sara dagegen nur einmal als schön bezeichnet (in Tob 6,12). In Tob 6,11 nennen GI und GII zuerst den Eigennamen von Raguels Tochter, Sara, dann werden in Tob 6,12 ihre Vorzüge ge-

---

997 Natürlich muss einschränkend gesagt werden, dass nur wenige Textpartien tatsächlich in mehreren Schriftrollen parallel überliefert sind und einen Vergleich ermöglichen (vgl. Abschnitt 3.4 dieser Arbeit).

schildert, in GI mit τὸ κοράσιο(ν) καλὸν καὶ φρόνιμόν ἐστιν ‚die junge Frau ist schön und verständig', in GII mit τὸ κοράσιον φρόνιμο(ν) καὶ ἀνδρεῖον καὶ καλὸν λείαν ‚die junge Frau ist verständig, „mannhaft" und sehr schön', in GIII mit αὐτὴ καλὴ τῷ εἴδει ‚sie ist von schönem Aussehen'[998] sowie αὐτὴ ἀνδρεία καὶ φρόνιμη καὶ καλή ‚sie ist „mannhaft" und verständig und schön', wobei Saras Name in GIII nicht genannt wird. In La1 wird Sara in Tob 6,11 als *filia speciosa* ‚wohlgestaltete Tochter' sowie in Tob 6,12 als *sapiens, fortis et bona valde et constabilita* ‚weise, tüchtig und sehr gut und gefestigt' geschildert, in La2 in Tob 6,11 als *filia uultu et in omnia utilis* ‚eine Tochter, von Angesicht und in allem vorteilhaft' sowie in Tob 6,12 als *sapiens valde, etiam adulta annis et bona in omnibus et constabilita in uniuersis*. In La3 erscheint Raguels Tochter dagegen nur als *unica* ‚einzige' sowie als *speciosa forma* ‚von schöner Gestalt'. In La1 und La2 fällt also die Betonung der „moralischen" Qualitäten Saras auf. Eine Festlegung, wie viele und welche Attribute Sara an dieser Stelle im aramäischen Text kennzeichneten, ist aber nicht möglich.

2. Als Tobit fühlt, dass er sein Ende naht, möchte er Abschied nehmen und ein Vermächtnis an seine Nachkommen weitergeben (Tob 14,3). 4Q196 18,16 lässt darauf schließen, dass Tobit dazu seinen Sohn Tobija sowie dessen Söhne, בנוהי zu sich ruft. Im Folgenden wird aus ובקדה aber deutlich, dass Tobit anscheinend nur zu einer Person spricht, wohl zu seinem Sohn Tobija. Die Textformen zeigen einen unterschiedlichen Befund. In GII ruft Tobit allein seinen Sohn Tobija zu sich ἐκάλησε(ν) Τωβείαν τὸν υἱὸν αὐτοῦ καὶ ἐνετείλατο αὐτῷ ‚er rief Tobija, seinen Sohn, und ordnete ihm an'. In GI und La2 ruft Tobit dagegen seinen Sohn und dessen Söhne zu sich, wendet sich im Folgenden aber wie im aramäischen Text nur an eine Person, wobei aber sowohl GI mit εἶπεν αὐτῷ als auch La2 mit *dixit ei* ‚er sagte zu ihm' eine recht schwache Wiedergabe für ובקדה bieten. In La1 ruft Tobit dagegen Tobija und dessen Söhne zu sich und gibt ihnen Anordnungen *et praecepit illis*. Offenbar hat La1 die Schwierigkeit des aramäischen Textes mit einem Objekt im pl. und Anordnungen an nur eine Person gelöst bzw. „korrigiert". Das folgende ‏[ואמר] ist in GII und La1 jeweils mit dem pt. ohne Äquivalent für das *waw* wiedergegeben. Schøyen Ms. 5234 Zeile 1 schließt sich an 4Q196 18,16 an und bietet wieder אמר לה. An dieser

---

[998] Weeks/Gathercole/Stuckenbruck, Tobit 186.188, bieten in ihrer Textform G3 (entspricht Ms. 106) zweimal καὶ αὐτὴ καλὴ τῷ εἴδει, am Ende von Tob 6,11 sowie am Anfang von Tob 6,12. Wagner, Tobit-Synopse 68, bietet in seiner Textform GIII (Hs106) diesen Satz dagegen nur einmal.

Stelle weichen anscheinend alle Textformen vom aramäischen Text von 4Q196 ab, da keine ein Äquivalent sowohl für ‚befehlen' als auch für zweimal ‚sprechen' hat.

3.6.1 Die Grundzüge der griechischen und lateinischen Textformen

Weder GI noch GII zeigen sich als „sklavische" Übersetzungen ihrer semitischen Vorlage, obwohl gerade GII in der Regel für eine eher „wörtliche" Übersetzung gehalten wird. Einige Beispiele: In 4Q196 1,2 (Tob 1,19) ist בני נינוה als Bezeichnung für ‚Einwohner Ninives' in GI, GII und La3 mit εἰς τῶν ἐ(ν) Νινευή bzw. εἰς τις τῶν ἐκ τῆς Νινευή und *quidam ex Ninue* wiedergegeben, jeweils ohne Äquivalent für ‚Söhne'.[999] Auch in Tob 14,1 verzichten GI und GII bei der Altersangabe Tobits in 4Q196 18,12 und 4Q200 7ii,4 auf ein Äquivalent für בר bzw. בן ‚ein Sohn von'. In 4Q196 6,9 (Tob 3,14) ist die Wendung דכיה בגרמי ‚rein in meinen Knochen' in keiner Textform „wörtlich" wiedergegeben, sondern GI, GII, La1, La2 und La3 verwenden übereinstimmend das Adjektiv καθαρά bzw. *munda* ‚rein' ohne Äquivalent für בגרמי. Diese Beispiele können wohl als Hinweis darauf gewertet werden, dass die griechischen Textformen, sowohl GI als auch GII, keine wörtliche Übersetzung „um jeden Preis" anstrebten. Auch in der Wiedergabe von נפשי in 4Q196 6,12 (Tob 3,15) und 4Q196 17ii,6 (Tob 13,7) variieren die Textformen: In Tob 3,15 hat GI das Reflexivpronomen ἐμαυτήν bzw. in La1 und La2 das Personalpronomen *me* ‚mich' für נפשי, in Tob 13,7 dagegen ἡ ψυχή μου bzw. in La1 und La2 *anima mea* ‚meine Seele'.[1000]

3.6.2 Die Übersetzung der Textform GI

Die Textform GI vermeidet zum einen die Häufung von καί, die bei einer stereotypen Wiedergabe von *waw* aufgrund der semitischen Parataxe zwangsläufig entstehen würde. Dies geschieht durch den Gebrauch des pt., die Verwendung der nachgestellten Partikel δέ sowie

---

[999] In den Textformen La1 und La2 wird an dieser Stelle jeweils das Passiv ohne Angabe des Agens verwendet.
[1000] Die Textform GII bietet in Tob 3,15 abweichend αὐτήν ‚sie' bzw. hat in Tob 13,7 eine lacuna.

die Asyndese.[1001] Darüber hinaus erscheint die Tobiterzählung in GI „gestrafft", indem z.B. zwei Sätze zu einem verbunden werden. Insgesamt zeigt sich die Textform GI auch „großzügiger" in Bezug auf die Auslassung einzelner Textelemente sowie ganzer Sätze des aramäischen bzw. hebräischen Textes. In diesem Zusammenhang fällt eine Reihe inhaltlicher Divergenzen zu den aramäischen bzw. hebräischen Tobit-Fragmenten auf:

- Tob 1,21: GI überliefert gegen den aramäischen Text von 4Q196 2,3 sowie die Textform GII die Zeitangabe ‚fünfzig Tage'.[1002]
- Tob 7,1: In der Begrüßungsszene in Ekbatana scheint eine weitreichende Umformulierung der Textform GI vorzuliegen. Abweichend vom aramäischen Text von 4Q196 14ii,6 geht Raguels Tochter Sara ‚ihm' entgegen und begrüßt ‚ihn', obwohl Tobija zusammen mit Asarja unterwegs ist. Er begrüßt sie (pl.!), dann führt Sara sie (pl.!) ins Haus. In Tob 7,3 unterhält sich Raguel mit seinen Gästen und befragt diese nach ihrer Herkunft, während sowohl im aramäischen Text von 4Q196 14ii,8–10 als auch von 4Q197 4iii,5–8 Raguels Ehefrau Edna das Gespräch mit den Fremden führt.
- In Tob 14,4 hat GI gegenüber 4Q198 1,4–10 bzw. Schøyen Ms. 5234 eine anscheinend „theologisch" motivierte, kürzende Umgestaltung in Form einer Deutung von Jona 3,4. Die aramäischen Textfragmente sind an dieser Stelle aber zu lückenhaft, um sichere Schlussfolgerungen zu erlauben.

3.6.3 Die Übersetzung der Textform GII

Die Textform GII gibt in der Regel die Elemente der aramäischen bzw. hebräischen Texte nah am Text wieder, teilweise sogar bis in die Wortstellung hinein, auch wenn dies gegen den im Griechischen üblichen Satzbau bzw. die Syntax „verstößt". Auch die formale Struktur wird in der Regel offenbar exakt abgebildet, indem z.B. in Tob 7,9 דכר די ען (4Q197 4iii,11) in GII κριὸς ἐκ προβάτων entspricht, während GI mit κριὸς προβάτων sowie La1 und La2 mit *aries* eine semantisch gleichwertige, die Form des aramäischen Textes aber weniger genau

---

[1001] Vgl. Anmerkung 223.
[1002] Allerdings weichen auch die lateinischen Textformen La1, La2 und La3 an dieser Stelle mit ‚fünfundvierzig Tagen' ab.

„abbildende" Wiedergabe aufweisen. Auch in Bezug auf Vokative, Wiederholungen z.B. bei der Wiedergabe des Pronominalsuffixes in Reihungen o.Ä. zeigt sich die Textform GII als sehr wörtliche Übersetzung. Da GII aber zwei Lacunae aufweist und die Überlieferung der Textform G[II] insgesamt dürftig ist, sind manche Textelemente auch nur in der altlateinischen Überlieferung bezeugt. So hat beispielsweise in Tob 13,18 das kausale דביכי (4Q196 18,11) nur in La1 und La2 mit *quoniam in te* eine Wiedergabe, nicht aber in GII oder GI. Abweichend vom aramäischen Text von 4Q196 18,13, dem hebräischen Text von 4Q200 7ii,5 sowie GI, La1 und La2 ist Tobit in GII bei seiner Erblindung 62 und nicht 58 Jahre alt (Tob 14,2).

Ausschließlich in GII bzw. La sind u.a. bezeugt:

- In Tob 1,22 der Wirkungsort Achikars קדם אסרחריב מלך אתור ‚vor Asarharib, dem König Assurs' (4Q196 2,8) sowie die Bezeichnung Achikars als ומן משפחתי ‚aus meiner Sippe' (4Q196 2,9) in GII.
- In Tob 2,1 die Zeitangabe וביומי אסרחדון]מל[כא ‚und in den Tagen Asarhaddons des Königs' (4Q196 2,9) in GII.
- In Tob 3,10 die Wiedergabe von בחיי (4Q196 6,5) mit ἐν τῇ ζωῇ μου in GII bzw. mit *in uita mea* ‚in meinem Leben' in La1.
- In Tob 13,3 überliefern GII und La1 die 2. pl. ὑμᾶς bzw. *uos* ‚euch' in Übereinstimmung mit 4Q200 6,8, während GI, GIII und La2 die 1. pl. ἡμᾶς bzw. *nos* bieten.

3.6.4 Die Übersetzung der Textform GIII

Wie bereits dargestellt, existiert die Textform GIII als Mittelglied zwischen Textform und Rezension nur für einen Teilbereich der Tobiterzählung. In Tob 7,1 überliefert GIII die 3. pl. ἦλθον in Übereinstimmung mit עלו in 4Q197 4iii,1 sowie La1 und La2, während GI und GII abweichend die 3. sg. bieten. Die von GI und GII abweichenden Wiedergaben wie z.B. in Tob 6,13 σήμερον ‚heute' hat in 4Q197 4ii,3 ebenso wenig einen Anhaltspunkt wie ὅτι σὺ ἄρχεις αὐτῆς παρὰ πάντα τὰ ἔθνη ‚denn du beherrschst sie vor allen Heiden' in 4Q197 4ii,5.

3.6.5 Die Übersetzungen der Vetus Latina

Die lateinischen Textformen als Übersetzungen von Übersetzungen entfernen sich naturgemäß weiter vom aramäischen bzw. hebräischen Text, indem beispielsweise Pronomina anstelle von Substantiven verwendet oder Eigennamen weggelassen oder auch hinzugefügt werden. Zudem wird häufiger, lateinischem Sprachgebrauch entsprechend, die Hypotaxe anstelle der semitischen Parataxe verwendet. Die Textform La2 zeigt insgesamt die Tendenz zu einer weitschweifigen Paraphrase bzw. einer sehr „freien", deutenden Wiedergabe, z.B. in der formalen Gestaltung des Tun-Ergehen-Zusammenhangs in Tob 13,12.

Bisweilen kann aber auch nur Vetus Latina als exakte Übersetzung des aramäischen bzw. hebräischen Textes gelten:

- Tob 2,2: Die beiden Imperative אזל דבר (4Q196 2,12) sind nur in La3 mit asyndetischem *uade adduc* ‚geh, geleite' exakt wiedergegeben.
- Tob 3,10: Die Weiterführung ולוא ישמע ‚und nicht wird er hören' (4Q200 1ii,4) hat nur in La3 mit *et non audiat* ‚und nicht soll er hören' eine Wiedergabe.
- Tob 7,13: Der sg. וחתם ‚und er siegelte' (4Q196 15,1) entspricht nur in La1 und La2 ebenfalls einem sg., während GI und GIII den pl. überliefern und GII an dieser Stelle überhaupt keine Wiedergabe hat.
- Tob 13,1: בכן ‚hierauf' (4Q200 6,4) entspricht in La1 *tunc*, in La2 *et tunc*. Die griechischen Textformen GI, GII, GIII schließen dagegen mit einfachem καί an. Im Folgenden bewahrt nur La1 die Textsequenz des hebräischen Textes.

4 Zusammenfassung

Nach A. Miller zeugen die vielen Übersetzungen des Buches Tobit davon, „wie beliebt und verbreitet unser Buch im Altertum war, aber auch welch weitverzweigte Entwicklung und innere Wandlung es durchgemacht hat. Gerade seine Beliebtheit ist in gewisser Beziehung seiner Überlieferung zum Verhängnis geworden."[1003] Die vorliegende Arbeit hat gezeigt, dass über den Vergleich der ältesten Textzeugen dieses deuterokanonischen Buches, den Textfragmenten vom Toten Meer, mit der griechischen Überlieferung der LXX sowie der lateinischen der Vetus Latina das im Abschnitt 1 dieser Arbeit aufgezeigte Textproblem keine allgemein gültige „Lösung" findet. Weder kann mit Hilfe der aramäischen und hebräischen Textfragmente ein „Ur-Tobit" rekonstruiert werden noch die Frage nach der Ausgangssprache der Tobiterzählung – Hebräisch oder Aramäisch – mit Sicherheit beantwortet werden. Die in Qumran gefundenen Fragmente von vier aramäischen und einem hebräischen Tobit-Text weisen zwar Charakteristika der „Qumran scribal practice" auf, dies sollte aber eher als Hinweis auf eine in Palästina zur damaligen Zeit verbreitete Schreibpraxis als auf eine Entstehung oder Abschrift der Tobiterzählung in Qumran gewertet werden. Da die griechische Textform G^{II} der ältesten greifbaren Überlieferung des Buches Tobit offenbar sehr nahe steht, teilweise sogar deren formale Struktur „abbildet", wird ihr inzwischen zum Teil der Vorzug vor der „geglätteten" Textform G^{I} gegeben. Dies wird dem Text des Buches Tobit aber nicht gerecht, da die Textform G^{II} „dürftig" überliefert ist und die indirekte Überlieferung der Vetus Latina zwar auf Problemstellen innerhalb der Textform G^{II} hinweist, eine „Korrektur" des Codex Sinaiticus aber aufgrund der Diversität der Überlieferung der Vetus Latina selbst sowie der damit notwendig werdenden Rückübersetzungen aus dem Lateinischen methodisch nicht zu verantworten ist. Die Verwendung einiger Manuskripte der Vetus Latina als „Interim-Lösung" hat die Vielgestaltigkeit dieses Überlieferungszweiges sehr deutlich werden lassen.

1003 Ders., Das Buch Tobias. HSAT IV. Bonn 1940, 16.

Ein Paradigmenwechsel von der Textform G^I zur Textform G^{II}, wie er inzwischen teilweise scheinbar stattgefunden hat, ist folglich bedenklich, da die Textform G^{II} zwar einen den ältesten erreichbaren Tobit-Texten näher stehenden, aber letztlich schlechter überlieferten Text darstellt. Darüber hinaus existiert auch noch eine dritte griechische Textform G^{III} für einen Teilbereich des Buches Tobit, die – als Konglomerat von G^I und G^{II} geltend – in der Regel nicht berücksichtigt wird. Dem Text des Buches Tobit kann aber nur das Ernstnehmen zumindest der gesamten griechischen Überlieferung gerecht werden.

Die hebräischen, aramäischen, griechischen und lateinischen Tobit-Texte lassen ein lebendiges Textstadium schon in den semitischen Sprachen in vorchristlicher Zeit erkennen, nicht erst in den griechischen Übersetzungen und Revisionen des 2./3. Jahrhunderts und deren Wiedergabe in lateinischer Sprache oder im syrischen Bibeltext. Kein anderes biblisches Buch ist schon vorchristlich so polyglott bezeugt.

5 Abkürzungsverzeichnis

5.1 Allgemeine Abkürzungen

abs.	absolutus
AcI	Accusativus cum infinitivo
af.	Afel
Art.	Artikel
BA	Bibelaramäisch
cs.	(status) constructus
det.	(status) determinatus
f.	femininum
haf.	Hafel
hif.	Hifil
hitp.	Hitpeel
hof.	Hofal
Hs	Handschrift
imp.	Imperativ
inf.	Infinitiv
ipf.	Imperfekt, imperfektum
itp.	Itpeel
La	Vetus Latina
LXX	Septuaginta
m.	maskulinum
Ms.	Handschrift
MT	Masoretischer Text

n.   neutrum
ND   Nachdruck
nif.   Nifal

pa.   Pael
PAM   Palestine Archaeological Museum
pe.   Peal
pf.   Perfekt, perfectum
pi.   Piel
pl.   Plural
pt.   Partizip

QA   Qumran-Aramäisch
qal   Qal
QH   Qumran-Hebräisch

RA   Reichsaramäisch
Rez.   Rezension

sg.   Singular

Vg   Vulgata
Wz.   Wurzel

1.   1. Person, z.B. 1. sg.
2.   2. Person, z.B. 2. m. sg.
3.   3. Person, z.B. 3. m. sg.

I   erster Wurzelkonsonant
II   zweiter Wurzelkonsonant
III   dritter Wurzelkonsonant

G^I, G^{II}, G^{III}: Bezeichnung für die Textformen bzw. Überlieferungs*gruppen* des Buches Tobit

GI, GII, GIII: Bezeichnung für *eine* bestimmte Handschrift als „Repräsentant" einer Textform

5.2 Abkürzungen: Zeitschriften, Monographien, Lexika

Abr-n.S	Abr-nahrain. Supplement
AHw	Akkadisches Handwörterbuch (von Soden)
AMI	Archäologische Mitteilungen aus Iran und Turan
AncB	Anchor Bible
APAT	Apokryphen und Pseudepigraphen des Alten Testaments
APOT	The Apocrypha and Pseudepigrapha of the Old Testament in English
ATTM	Die aramäischen Texte vom Toten Meer … (Beyer)
ATTM.E	Die aramäischen Texte vom Toten Meer … Ergänzungsband (Beyer)
Aug.	Augustinianum
BaghM	Baghdader Mitteilungen
BEThL	Bibliotheca Ephemeridum Theologicarum Lovaniensium
Bib.	Biblica
BiHe	Bibel heute
BiKi	Bibel und Kirche
BiTr	The Bible Translator
BN	Biblische Notizen
BZAW	Beihefte zur Zeitschrift für die alttestamentliche Wissenschaft
CB	Coniectanea biblica
CBQ	Catholic Biblical Quarterly
CEJL	Commentaries on Early Jewish Literature
DJD	Discoveries in the Judaean Desert
ET	Expository Times
EThL	Ephemerides Theologicae Lovanienses
EÜ	Einheitsübersetzung
FBL	Forum for Bibelsk Eksegese
FoSub	Fontes et Subsidia ad Bibliam pertinentes
FzB	Forschung zur Bibel
GOF.I	Göttinger Orientforschungen. Iranica

HSAT	Die Heilige Schrift des Alten Testaments
HSS	Harvard Semitic Studies
HThK.AT	Herders Theologischer Kommentar zum Alten Testament
HThR	Harvard Theological Review
HUCA	Hebrew Union College Annual
IDB	The Interpreter's Dictionary of the Bible
IEJ	Israel Exploration Journal
JAL	Jewish Apocryphal Literature
JAOS	Journal of the American Oriental Society
JBL	Journal of Biblical Literature
JBS	Jerusalem Biblical Studies
JJS	Journal of Jewish Studies
JRAS	Journal of the Royal Asiatic Society of Great Britain and Ireland
JSHRZ	Jüdische Schriften aus hellenistisch-römischer Zeit
JSJSup	Journal for the Study of Judaism. Supplements
JSOT.S	Journal for the Study of the Old Testament. Supplement Series
JSPE	Journal for the Study of the Pseudepigrapha
JThS	Journal of Theological Studies
JudChr	Judaica et Christiana
KBL³	L. Köhler/W. Baumgartner, Lexicon in Veteris Testamenti Libros.
KEH	Kurzgefasstes exegetisches Handbuch
KK	Kurzgefasster Kommentar zu den heiligen Schriften Alten und Neuen Testamentes
MGWJ	Monatsschrift für Geschichte und Wissenschaft des Judentums
MSU	Mitteilungen des Septuaginta-Unternehmens
OBO	Orbis biblicus et orientalis
PG	Patrologia Series Graeca
RB	Revue Biblique
RBen	Revue Bénédictine
RdQ	Revue de Qumrân

REJ	Revue des études juives
RLA	Reallexikon der Assyriologie und Vorderasiatischen Archäologie
SBL.DS	Society of Biblical Literature. Dissertation Series
SBL.MS	Society of Biblical Literature. Monograph Series
ScrHie	Scripta Hierosolymitana
SCSt	Septuagint and Cognate Studies
Sef.	Sefarad
StANT	Studien zum Alten und Neuen Testament
StTDJ	Studies on the Texts of the Desert of Judah
SubBi	Subsidia biblica
TAD	Textbook of Aramaic Documents from Ancient Egypt (Porten/Yardeni)
TECC	Textos y estudios ‚Cardenal Cisneros'
THAT	Theologisches Handwörterbuch zum Alten Testament
ThQ	Theologische Quartalschrift
ThR	Theologische Rundschau
ThWNT	Theologisches Wörterbuch zum Neuen Testament
TSAJ	Texte und Studien zum antiken Judentum
VT	Vetus Testamentum
VT.S	Vetus Testamentum. Supplements
WUNT	Wissenschaftliche Untersuchungen zum Neuen Testament
ZAW	Zeitschrift für die alttestamentliche Wissenschaft
ZKTh	Zeitschrift für katholische Theologie

6 Literaturverzeichnis

6.1 Textausgaben und Übersetzungen

Abegg, M./Flint, P./Ulrich, E. (Hg.), The Dead Sea Scrolls Bible. Edinburgh 1999, 636–646.
Beyer, K., Die aramäischen Texte vom Toten Meer samt den Inschriften aus Palästina, dem Testament Levis aus der Kairoer Genisa, der Fastenrolle und den alten talmudischen Zitaten. Aramaistische Einleitung, Text, Übersetzung, Deutung, Grammatik/Wörterbuch, Deutsch-aramäische Wortliste, Register. Göttingen 1984, 298–300. (= ATTM)
Beyer, K., Die aramäischen Texte vom Toten Meer samt den Inschriften aus Palästina, dem Testament Levis aus der Kairoer Genisa, der Fastenrolle und den alten talmudischen Zitaten. Aramaistische Einleitung, Text, Übersetzung, Deutung, Grammatik/Wörterbuch, Deutsch-aramäische Wortliste, Register. Ergänzungsband. Göttingen 1994, 134–147. (= ATTM.E)
Ego, B., Buch Tobit. JSHRZ II/6. Gütersloh 1999, 873–1007. (= Tobit)
Ego, B., Buch Tobit. JSHRZ VI/1.2. Gütersloh 2005, 115–150. (= Tobit (Suppl.))
Eisenman, R./Wise, M., Jesus und die Urchristen. Die Qumran-Rollen entschlüsselt. Weyarn 1997. (= Qumran-Rollen)
Fitzmyer, J.A., Tobit. In: Broshi, M./Eshel, E./Ders. u.a., Qumran Cave 4, XIV, Parabiblical Texts, Part 2. DJD 19. Oxford 1995, 1–76. (= Tobit (DJD))
García Martínez, F./Tigchelaar, E.J.C. (Hg.), The Dead Sea Scrolls Study Edition. Bd. 1: 1Q1–4Q273. Leiden–New York–Köln 1997.
García Martínez, F./Tigchelaar, E.J.C. (Hg.), The Dead Sea Scrolls Study Edition. Bd. 2: 4Q274–11Q31. Leiden–Boston–Köln 1998.
Grenfell, B.P./Hunt, A.S., The Oxyrhynchus Papyri. Bd. 8. London 1911, 6–9.
Grenfell, B.P./Hunt, A.S., The Oxyrhynchus Papyri. Bd. 13. London 1919, 1–6.

Hanhart, R. (Hg.), Tobit. Septuaginta, Vetus Testamentum Graecum auctoritate Academiae Scientiarum Gottingensis editum. Bd. VIII,5. Göttingen 1983. (= Tobit)

Manfredi, M., Un frammento del libro di Tobit. LXX, Tobias 12,6–7.8–11. In: Paideia Christiana. Studi in Onore di Mario Naldini. Scritti in Onore 2. Rom 1994, 175–181.

Neubauer, A., The Book of Tobit. A Chaldee Text from a Unique Manuscript in the Bodleian Library with Other Rabbinical Texts, English Translations and the Itala. Oxford 1878. (= Chaldee Text)

Porten, B./Yardeni, A. (Hg.), Textbook of Aramaic Documents from Ancient Egypt. Bd. 1: Letters. Winona Lake 1986. (= TADA)

Porten, B./Yardeni, A. (Hg.), Textbook of Aramaic Documents from Ancient Egypt. Bd. 2: Contracts. Winona Lake 1989. (= TADB)

Porten, B./Yardeni, A. (Hg.), Textbook of Aramaic Documents from Ancient Egypt. Bd. 3: Literature/Accounts/Lists. Winona Lake 1993. (= TADC)

Porten, B./Yardeni, A. (Hg.), Textbook of Aramaic Documents from Ancient Egypt. Bd. 4: Ostraca and Assorted Inscriptions. Winona Lake 1999. (= TADD)

Simpson, D.C., The Book of Tobit. In: Charles, R.H. (Hg.), The Apocrypha and Pseudepigrapha of the Old Testament in English. With Introductions and Critical and Explanatory Notes to the Several Books. Bd. 1. Oxford 1913 (ND 1963), 174–241.

Tov, E. (Hg.), The Dead Sea Scrolls on Microfiche. A Comprehensive Facsimile Edition of the Texts from the Judean Desert. Leiden–New York–Köln 1993.

Wagner, C.J., Polyglotte Tobit-Synopse. Griechisch-Lateinisch-Syrisch-Hebräisch-Aramäisch. Mit einem Index zu den Tobit-Fragmenten vom Toten Meer. MSU 28. Göttingen 2003. (= Tobit-Synopse)

Weeks, S./Gathercole, S./Stuckenbruck, L., The Book of Tobit. Texts from the Principal Ancient and Medieval Traditions. FoSub 3. Berlin–New York 2004. (= Tobit)

6.2 Wörterbücher, Konkordanzen, Hilfsmittel

Abegg, M.G./Bowley, J.E./Cook, E.M., The Dead Sea Scrolls Concordance. Leiden–Boston 2003. (= Dead Sea Scrolls Concordance)

Bauer, H./Leander, P., Kurzgefasste biblisch-aramäische Grammatik. Mit Texten und Glossar. Hildesheim 1965.

Blass, F./Debrunner, A./Rehkopf, F., Grammatik des neutestamentlichen Griechisch. Göttingen ¹⁸2001.
Bornemann, E./Risch, E., Griechische Grammatik. Frankfurt ²1978.
Clines, D.J.A. (Hg.), The Dictionary of Classical Hebrew. 5 Bände (a–n). Sheffield 1993–2001.
Dalman, G., Grammatik des jüdisch-palästinischen Aramäisch nach den Idiomen des Palästinischen Talmud, des Onkelos-Targum und Prophetentargum und der Jerusalemischen Targume. Leipzig ²1905.
Even-Shoshan, A., A New Concordance of the Bible. Thesaurus of the Language of the Bible. Hebrew and Aramaic Roots, Words, Proper Names, Phrases and Syntax. Jerusalem 1982.
Georges, K.E., Ausführliches Lateinisch-Deutsches Handwörterbuch. 2 Bände. Hannover ¹⁰1959.
Gesenius, W./Kautzsch, E., Hebräische Grammatik. Leipzig ²⁸1909.
Jastrow, M., A Dictionary of the Targumim, the Talmud Babli and Yerushalmi, and the Midrashic Literature. London 1903 (ND New York 1992).
Joüon, P./Muraoka, T., A Grammar of Biblical Hebrew. SubBi 14/II. Rom 2000. (= Grammar)
Koehler, L./Baumgartner, W., Hebräisches und aramäisches Lexikon zum Alten Testament I–IV. Neu bearbeitet von Baumgartner, W./Stamm, JJ. Leiden ³1967–1990. (= KBL³)
König, E., Hebräisches und aramäisches Wörterbuch zum Alten Testament mit Einschaltung und Analyse aller schwer erkennbaren Formen, Deutung der Eigennamen sowie der massoretischen Randbemerkungen und einem deutsch-hebräischen Wortregister. Leipzig 1922.
Levy, J., Chaldäisches Wörterbuch über die Targumin und einen großen Theil des Rabbinischen Schriftthums. 2 Bände. Darmstadt ³1966. (= Chaldäisches Wörterbuch)
Liddell, H.G./Scott, R., A Greek-English Lexicon. Oxford ⁹1977.
Meyer, R., Hebräische Grammatik. 3 Bände. Berlin–New York ³1966–1972.
Porten, B./Lund, J.A., Aramaic Documents from Egypt: A Key-Word-in-Context Concordance. Winona Lake 2002. (= Concordance)
Preisigke, F., Fachwörter des öffentlichen Verwaltungsdienstes Ägyptens in den griechischen Papyrusurkunden der ptolemäisch-römischen Zeit. Göttingen 1915 (ND 1975).
Preisigke, F., Girowesen im griechischen Ägypten. Enthaltend Korngiro, Geldgiro, Girobanknotariat mit Einschluss des Archiv-

wesens. Hildesheim–New York 1971 (ND der Ausgabe Straßburg 1910).

Preisigke, F., Wörterbuch der griechischen Papyrusurkunden. Mit Einschluß der griechischen Inschriften, Aufschriften, Ostraka, Mumienschilder usw. aus Ägypten. 3 Bände. Berlin 1925–1929.

Qimron, E., The Hebrew of the Dead Sea Scrolls. HSS 29. Atlanta (Georgia) 1986. (= Hebrew)

Rosenthal, F., A Grammar of Biblical Aramaic. Wiesbaden ²1963. (= Grammar)

Segert, S., Altaramäische Grammatik. Mit Bibliographie, Chrestomathie und Glossar. Leipzig 1975.

von Soden, W., Akkadisches Handwörterbuch. 3 Bände. Wiesbaden 1965–1974. (= AHw)

Thackeray, H.St.J., A Grammar of the Old Testament in Greek According to the Septuagint. Cambridge 1909 (ND Hildesheim 1978).

6.3 Kommentare, Monographien, Aufsätze, Artikel

Abegg, M.G., The Hebrew of the Dead Sea Scrolls. In: Flint, P.W./Vanderkam, J.C. (Hg.), The Dead Sea Scrolls after Fifty Years. A Comprehensive Assessment. Bd. 1. Leiden–Boston–Köln 1998, 325–357.

Aejmelaeus, A., Translation Technique and the Intention of the Translator. In: Dies., On the Trail of the Septuagint Translators. Collected Essays. Kampen 1993, 65–75. (= Translation Technique)

Aejmelaeus, A., Übersetzung als Schlüssel zum Original. In: Dies., On the Trail of the Septuagint Translators. Collected Essays. Kampen 1993, 150–165. (= Übersetzung)

Aejmelaeus, A., What Can We Know about the Hebrew *Vorlage* of the Septuagint. In: Dies., On the Trail of the Septuagint Translators. Collected Essays. Kampen 1993, 77–115. (= Hebrew Vorlage)

Alexander, P.S., The Demonology of the Dead Sea Scrolls. In: Flint, P.W./Vanderkam, J.C. (Hg.), The Dead Sea Scrolls after Fifty Years. A Comprehensive Assessment. Bd. 2. Leiden–Boston–Köln 1999, 331–353.

Andrews, D.K., The Translation of Aramaic DÎ in the Greek Bibles. In: JBL 66 (1947) 15–51. (= Translation)

Auwers, J.-M., La tradition vieille latine du livre de Tobie. Un état de la question. In: Xeravits, G.G./Zsengellér, J. (Hg.), The Book of Tobit. Text, Tradition, Theology. Papers of the First International Conference on the Deuterocanonical Books, Pápa, Hungary (20–21 May, 2004). JSJSup 98. Leiden–Boston 2005, 1–21.

Barr, J., The Typology of Literalism in Ancient Biblical Translations. NAWG 11. Göttingen 1979. (= Typology)

Beyerle, S., „Release Me to Go to My Everlasting Home..." (Tob 3:6): A Belief in an Afterlife in Late Wisdom Literature? In: Xeravits, G.G./Zsengellér, J. (Hg.), The Book of Tobit. Text, Tradition, Theology. Papers of the First International Conference on the Deuterocanonical Books, Pápa, Hungary (20–21 May, 2004). JSJSup 98. Leiden–Boston 2005, 71–88.

Bickell, G., Rez. zu Gutberlet, E., Das Buch Tobias. In: ZKTh 2 (1878) 378–385.

Blondheim, D.S., Les parlers judéo-romans et la Vetus Latina. Étude sur les rapports entre les traductions bibliques en langue romane des juifs au moyen age et les anciennes versions. Paris 1925.

Boehmer, R.M., Vom Hassek Höyük bis zum Buch Tobias. Von Sägefischen und Haien im Altertum. In: BaghM 33 (2002) 7–38. (= Sägefische)

Brock, S., To Revise or Not to Revise: Attitudes to Jewish Biblical Translation. In: Brooke, G.J./Lindars, B. (Hg.), Septuagint, Scrolls and Cognate Writings. Papers Presented to the International Symposium on the Septuagint and Its Relation to the Dead Sea Scrolls and Other Writings (Manchester 1990). SCSt 33. Atlanta (Georgia) 1992, 301–338. (= Attitudes)

Brockington, L.H., A Critical Introduction to the Apocrypha. London 1961.

De Bruyne, D., Rez. zu Schumpp, M., Das Buch Tobias. In: RBen 45 (1933) 260–262.

Buber, S., Midraš Tehillim genannt ‚šoher Tob'. Wilna 1891 (ND Jerusalem 1966).

Busto Saiz, J.R., Algunas aportaciones de la Vetus Latina para una nueva edición crítica del libro de Tobit. In: Sef. 38 (1978) 53–69.

Carmi, I., Radiocarbon Dating of the Dead Sea Scrolls. In: Schiffman, L.H./Tov, E./Vanderkam, J.C. (Hg.), The Dead Sea Scrolls. Fifty Years after their Discovery. Proceedings of the Jerusalem Congress (July 20–25, 1997). Jerusalem 2000, 881–888.

Cook, E.M., The Aramaic of the Dead Sea Scrolls. In: Flint, P.W./Vanderkam, J.C. (Hg.), The Dead Sea Scrolls after Fifty Years.

A Comprehensive Assessment. Bd. 1. Leiden–Boston–Köln 1998, 359–378. (= Aramaic)

Cook, E.M., Our Translated Tobit. In: Cathcart, K.J./Maher, K.J. (Hg.), Targumic and Cognate Studies. Essays in Honour of Martin McNamara. JSOT.S 230. Sheffield 1996, 153–162. (= Translated Tobit)

Cook, E.M., Qumran Aramaic and Aramaic Dialectology. In: Muraoka, T. (Hg.), Studies in Qumran Aramaic. Abr-n.S 3 (1992) 1–21. (= Aramaic Dialectology)

Cross, F.M., The Ancient Library of Qumran. Minneapolis ³1995. (= Library)

Cross, F.M., The Development of the Jewish Scripts. In: Wright, G.E. (Hg.), The Bible and the Ancient Near East. Essays in Honor of William Foxwell Albright. Garden City–New York 1961, 170–264. (= Scripts)

Cross, F.M., Palaeography and the Dead Sea Scrolls. In: Flint, P.W./Vanderkam, J.C. (Hg.), The Dead Sea Scrolls after Fifty Years. Bd. 1. Leiden–Boston–Köln 1998, 379–402. (= Palaeography)

Deines, R., Josephus, Salomo und die von Gott verliehene te,cnh gegen die Dämonen. In: Lange, A./Lichtenberger, H./Römheld, K.F.D. (Hg.), Die Dämonen. Die Dämonologie der israelitisch-jüdischen und frühchristlichen Literatur im Kontext ihrer Umwelt. Tübingen 2003, 365–394. (= Josephus)

Deselaers, P., Das Buch Tobit. Studien zu seiner Entstehung, Komposition und Theologie. OBO 43. Freiburg (Schweiz)–Göttingen 1982. (= Studien)

Di Lella, A.A., The Book of Tobit and the Book of Judges: An Intertextual Analysis. Henoch 22 (2000) 197–206.

Di Lella, A.A., The Deuteronomic Background of the Farewell Discourse in Tob 14,3–11. In: CBQ 41 (1979) 380–389. (= Background)

Dimant, D., The Library of Qumran: Its Content and Character. In: Schiffman, L.H./Tov, E./Vanderkam, J.C. (Hg.), The Dead Sea Scrolls. Fifty Years after their Discovery. Proceedings of the Jerusalem Congress (July 20–25, 1997). Jerusalem 2000, 170–176. (= Library)

Dorival, G., L'achèvement de la Septante dans le judaïsme. De la faveur au rejet. In: Harl, M./Ders./Munnich, O. (Hg.), La Bible grecque des Septante. Du judaïsme hellénistique au christianisme ancien. Paris 1988, 83–125.

Ego, B., „Denn er liebt sie" (Tob 6,15 Ms. 319). Zur Rolle des Dämons Asmodäus in der Tobit-Erzählung. In: Lange, A./Lichtenberger,

H./Römheld, K.F.D. (Hg.), Die Dämonen. Die Dämonologie der israelitisch-jüdischen und frühchristlichen Literatur im Kontext ihrer Umwelt. Tübingen 2003, 309–317. (= Asmodäus)

Elgvin, T./Hallermayer, M., Schøyen Ms. 5234: Ein neues Tobit-Fragment vom Toten Meer. In RdQ 22 (2006) 451-460.

Emmel, S., The Christian Book in Egypt. In: Sharpe, J.L./Van Kampen, K. (Hg.), The Bible as Book. The Manuscript Tradition. London 1998, 35–43.

Engel, H., Auf zuverlässigen Wegen und in Gerechtigkeit. Religiöses Ethos in der Diaspora nach dem Buch Tobit. In: Braulik, G./Groß, W./McEvenue, S. (Hg.), Biblische Theologie und gesellschaftlicher Wandel. FS N. Lohfink. Freiburg u.a. 1993, 83–100. (= Ethos)

Engel, H., Das Buch Judit. In: Zenger, E. u.a. (Hg.), Einleitung in das Alte Testament. Stuttgart–Berlin–Köln ³1998, 256–266. (= Judit)

Engel, H., Das Buch Tobit. In: Zenger, E. u.a. (Hg.), Einleitung in das Alte Testament. Stuttgart–Berlin–Köln ³1998, 246–256. (= Tobit)

Epp, E.J., The Multivalence of the Term ‚Original Text' in New Testament Textual Criticism. In: HThR 92 (1999) 245–281. (= Multivalence)

Fassberg, S.E., Hebraisms in the Aramaic Documents from Qumran. In: Muraoka, T. (Hg.), Studies in Qumran Aramaic. Abr-n.S 3 (1992) 48–69. (= Hebraisms)

Fitzmyer, J.A., The Aramaic and Hebrew Fragments of Tobit from Qumran Cave 4. In: CBQ 57 (1995) 655–675. (= Fragments)

Fitzmyer, J.A., The Phases of the Aramaic Language. In: Ders., A Wandering Aramean. Collected Aramaic Essays. SBL.MS 25. Missoula 1979, 57–84. (= Phases)

Fitzmyer, J.A., The Significance of the Hebrew and Aramaic Texts of Tobit from Qumran for the Study of Tobit. In: Schiffman, L.H./Tov, E./Vanderkam, J.C. (Hg.), The Dead Sea Scrolls. Fifty Years after their Discovery. Proceedings of the Jerusalem Congress (July 20–25, 1997). Jerusalem 2000, 418–425. (= Significance)

Fitzmyer, J.A., Tobit. CEJL. Berlin–New York 2003. (= Tobit (CEJL))

Flint, P.W., „Apocrypha", Other Previously-Known Writings, and „Pseudepigrapha" in the Dead Sea Scrolls. In: Ders./Vanderkam, J.C. (Hg.), The Dead Sea Scrolls after Fifty Years. A Comprehensive Assessment. Bd. 2. Leiden–Boston–Köln 1999, 24–66. (= Apocrypha)

Flint, P.W., Scriptures in the Dead Sea Scrolls: The Evidence from Qumran. In: Paul, S.M. u.a. (Hg.), Emanuel. Studies in Hebrew Bible, Septuagint, and Dead Sea Scrolls in Honor of Emanuel Tov. VT.S 94. Leiden–Boston 2003, 269–304. (= Scriptures)

Fritzsche, O.F., Die Bücher Tobi und Judith. KEH zu den Apokryphen des Alten Testamentes 2. Leipzig 1853.
Fröhlich, I., Tobit against the Background of the Dead Sea Scrolls. In: Xeravits, G.G./Zsengellér, J. (Hg.), The Book of Tobit. Text, Tradition, Theology. Papers of the First International Conference on the Deuterocanonical Books, Pápa, Hungary (20–21 May, 2004). JSJSup 98. Leiden–Boston 2005, 55–70.
Gamberoni, J., Die Auslegung des Buches Tobias in der griechisch-lateinischen Kirche der Antike und der Christenheit des Westens bis um 1600. StANT 21. München 1969. (= Auslegung)
Gleßmer, U., Einleitung in die Targume zum Pentateuch. TSAJ 48. Tübingen 1995. (= Einleitung)
Goodspeed, E.J., The Story of the Apocrypha. Chicago–London ⁷1967.
Goshen-Gottstein, M.H., Text and Language in Bible and Qumran. Jerusalem–Tel Aviv 1960.
Graetz, H., Das Buch Tobias oder Tobit, seine Ursprache, seine Abfassungszeit und Tendenz. In: MGWJ 28 (1879) 145–163.385–408.433–455.509–520.
Gray, L.H., The Meaning of the Name Asmodaeus. In: JRAS 1934, 790–792. (= Asmodaeus)
Green, D., Divine Names: Rabbinic and Qumran Scribal Techniques. In: Schiffman, L.H./Tov, E./Vanderkam, J.C. (Hg.), The Dead Sea Scrolls. Fifty Years after their Discovery. Proceedings of the Jerusalem Congress (July 20–25, 1997). Jerusalem 2000, 497–511.
Greenfield, J.C., Standard Literary Aramaic. In: Caquot, A./Cohen, D. (Hg.), Actes du premier congrès international de linguistique sémitique et chamito-sémitique (Paris 16–19 juillet 1969). Paris 1974, 280–289.
Greenfield, J.C., The ‚Periphrastic Imperative' in Aramaic and Hebrew. In: IEJ 19 (1969) 199–210.
Greenfield, J.C., Studies in Aramaic Lexicography I. In: JAOS 82 (1962) 290–299.
Grelot, P., Les noms de parenté dans le livre de Tobie. In: RdQ 17 (1996) 327–337. (= Noms de parenté)
Grundmann, W., Art. καλὸς καὶ ἀγαθός. In: ThWNT 3 (1938) 540–542.
Hanhart, R., Text und Textgeschichte des Buches Tobit. MSU 17. Göttingen 1984. (= Text)
Hanhart, R., The Translation of the Septuagint in Light of Earlier Tradition and Subsequent Influences. In: Brooke, G.J./Lindars, B. (Hg.), Septuagint, Scrolls and Cognate Writings. Papers Presented to the International Symposium on the Septuagint and Its Relations

to the Dead Sea Scrolls and Other Writings (Manchester 1990). SCSt 33. Atlanta (Georgia) 1992, 339–379. (= Translation)

Haran, M., Book-Scrolls in Israel in Pre-Exilic Times. In: JJS 33 (1982) 161–173.

Haupt, P., Asmodeus. In: JBL 40 (1921) 174–178. (= Asmodeus)

Hieke, T., Endogamy in the Book of Tobit, Genesis, and Ezra-Nehemiah. In: Xeravits, G.G./Zsengellér, J. (Hg.), The Book of Tobit. Text, Tradition, Theology. Papers of the First International Conference on the Deuterocanonical Books, Pápa, Hungary (20–21 May, 2004). JSJSup 98. Leiden–Boston 2005, 103–120.

Hinz, W., Altiranisches Sprachgut der Nebenüberlieferungen. GOF.I 3. Wiesbaden 1975.

Hitzig, F., Zur Kritik der apokryphischen Bücher des Alten Testaments. In: ZWTh 3 (1860) 240–273.

Jacobs, N.S., „You Did Not Hesitate to Get up and Leave the Dinner": Food and Eating in the Narrative of Tobit with Some Attention to Tobit's Shavuot Meal. In: Xeravits, G.G./Zsengellér, J. (Hg.), The Book of Tobit. Text, Tradition, Theology. Papers of the First International Conference on the Deuterocanonical Books, Pápa, Hungary (20–21 May, 2004). JSJSup 98. Leiden–Boston 2005, 121–138.

Johannessohn, M., Der Gebrauch der Kasus und der Präpositionen in der Septuaginta. Berlin 1910.

Johannessohn, M., Der Gebrauch der Präpositionen in der Septuaginta. MSU III/3. Berlin 1925. (= Präpositionen)

Joüon, P., Quelques hébraïsmes du Codex Sinaiticus de Tobie. In: Bib. 4 (1923) 168–174. (=Hébraïsmes)

Kollmann, B., Göttliche Offenbarung magisch-pharmakologischer Heilkunst im Buch Tobit. In: ZAW 106 (1994) 289–299. (= Offenbarung)

Kutscher, E.Y., The Language of the ‚Genesis Apocryphon'. A Preliminary Study. In: Rabin, C./Yadin, Y. (Hg.), Aspects of the Dead Sea Scrolls. ScrHie IV. Jerusalem 1958, 1–35.

Lebram, J., Die Peschitta zu Tobit 7,11–14,15. In: ZAW 69 (1957) 185–211. (= Peschitta)

Lévi, I., La langue originale de Tobit. In: REJ 44 (1902) 288–291. (= Langue originale)

Löhr, M., Das Buch Tobit. In: Kautzsch, E. (Hg.), Apokryphen und Pseudepigraphen des Alten Testaments. Bd. 1. Darmstadt ²1962, 135–147.

Maiworm-Hagen, J., Die drei Tobias-Nächte. In: BiKi 14 (1959) 20–23.

Margain, J., L'araméen d'empire. In: Laperrousaz, E.-M./Lemaire, A. (Hg.), La Palestine à l'époque perse. Paris 1994, 225–243. (= Araméen)

Milik, J.T., Dix ans de découvertes dans le Désert de Juda. Paris 1957.

Milik, J.T., Editing the Manuscript Fragments from Qumran. In: BA 19 (1956) 75–96.

Milik, J.T., La patrie de Tobie. In: RB 73 (1966) 522–530. (= Patrie)

Miller, A., Das Buch Tobias. HSAT IV. Bonn 1940.

Miller, J.E., The Redaction of Tobit and the Genesis Apocryphon. In: JSPE 8 (1991) 53–61.

Moore, C.A., Tobit. A New Translation with Introduction and Commentary. AncB 40A. New York 1996. (= Tobit)

Morgenstern, M., Language and Literature in the Second Temple Period. In: JJS 48 (1997) 130–145. (= Language)

Moulton, J.H., The Iranian Background of Tobit. In: ET 11(1899/1900) 257–260.

Mulzer, M., Das griechische Juditbuch – eine Spätschrift des Alten Testaments. In: BiKi 56 (2001) 92–95.

Munnich, O., Le texte de la Septante. In: Harl, M./Dorival, G./Ders. (Hg.), La Bible grecque des Septante. Du judaïsme hellénistique au christianisme ancien. Paris 1988, 129–200. (= Texte)

Muraoka, T., The Aramaic of the Genesis Apocryphon. In: RdQ 8 (1972–1975) 7–51. (= Genesis Apocryphon)

Nickelsburg, G.W.E., The Search for Tobit's Mixed Ancestry. In: RdQ 17 (1996) 339–349.

Nicklas, T./Wagner, C.J., Thesen zur textlichen Vielfalt im Tobitbuch. In: JSJ 34.2 (2003) 141–159. (= Thesen)

Nida, E.A., Toward a Science of Translating. With Special Reference to Principles and Procedures Involved in Bible Translating. Leiden 1964. (= Science)

Nida, E.A./Taber, C.R., The Theory and Practice of Translation. Leiden 1969. (= Theory)

Nöldeke, T., Die Texte des Buches Tobit. In: Monatsbericht der königlich preussischen Akademie der Wissenschaften zu Berlin aus dem Jahr 1879. Berlin 1880, 45–69.

Olofsson, S., The LXX Version. A Guide to the Translation Technique of the Septuagint. CB 30. Stockholm 1990. (= LXX Version)

Orlinsky, H.M., The Canonization of the Hebrew Bible and the Exclusion of the Apocrypha. In: Ders., Essays in Biblical Culture and Bible Translation. New York 1974. (= Canonization)

Oesterley, W.O.E., An Introduction to the Books of the Apocrypha. London ⁴1958.

Otzen, B., Aramæiske Tobitfragmenter fra Qumran. In: Fatum, L./Müller, M. (Hg.), Tro og historie. Festskrift til Niels Hyldahl. I anledning af 65 års fødselsdagen den 30. december 1995. FBL 7. Kopenhagen 1996, 193–205.

Pattie, T.S., The Creation of the Great Codices. In: Sharpe, J.L./Van Kampen, K. (Hg.), The Bible as Book. The Manuscript Tradition. London 1998, 61–72.

Van Peursen, W.T., Periphrastic Tenses in Ben Sira. In: Muraoka, T./Elwolde, J.F. (Hg.), The Hebrew of the Dead Sea Scrolls and Ben Sira. Proceedings of a Symposium Held at Leiden University 11–14 December 1995. StTDJ 26. Leiden–New York–Köln 1997, 158–173.

Pfann, S.J., History of the Judean Desert Discoveries. In: Tov, E., The Dead Sea Scrolls on Microfiche. A Comprehensive Facsimile Edition of the Texts from the Judean Desert. Companion Volume. Leiden–New York–Köln 1993, 97–112.

Pfeiffer, R.H., History of New Testament Times. With an Introduction to the Apocrypha. New York 1949.

Rabenau, M., Studien zum Buch Tobit. BZAW 220. Berlin–New York 1994. (= Studien)

Reade, J.E., Art. Ninive (Nineveh). In: RLA 9 (1998–2001) 388–433.

Rosenmann, M., Studien zum Buche Tobit. Berlin 1894.

Ruppert, L., Das Buch Tobias – Ein Modellfall nachgestaltender Erzählung. In: Schreiner, J. (Hg.), Wort, Lied und Gottesspruch. Beiträge zur Septuaginta. FS J. Ziegler. FzB 1. Würzburg 1972, 109–119. (= Modellfall)

Sarraf, M. R., Neue architektonische und städtebauliche Funde von Ekbatana-Tepe (Hamadan). In: AMI 29 (1997) 321–339.

Saydon, P.P., Some Mistranslations in the Codex Sinaiticus of the Book of Tobit. In: Bib. 33 (1952) 363–365. (= Mistranslations)

Schattner-Rieser, U., Some Observations on Qumran Aramaic: the 3rd fem. sing. Pronominal Suffix. In: Schiffman, L.H./Tov, E./Vanderkam, J.C. (Hg.), The Dead Sea Scrolls. Fifty Years after their Discovery. Proceedings of the Jerusalem Congress (July 20–25, 1997). Jerusalem 2000, 739–745. (= Observations)

Schattner-Rieser, U., L'hébreu postexilique. In: Laperrousaz, E.-M./Lemaire, A. (Hg.), La Palestine à l'époque perse. Paris 1994, 189–224. (= Hébreu postexilique)

Schmitt, A., Die Achikar-Notiz bei Tobit 1,21b–22 in aramäischer (pap4QTob^{a}ar – 4Q196) und griechischer Fassung. In: Ders., Der Gegenwart verpflichtet. Studien zur biblischen Literatur des Frühjudentums. BZAW 292. Berlin–New York 2000, 103–123.

Schmitt, A., Die hebräischen Textfunde zum Buch Tobit aus Qumran. 4QTob^e (4Q200). ZAW 113 (2001) 566–582. (= Textfunde)

Schmitt, A., Rez. zu Schüngel-Straumann, H., Tobit. HThK.AT 19. Freiburg–Basel–Wien 2000. In: BN 112 (2002) 28–32.

Schmitt, A., Wende des Lebens. BZAW 237. Berlin–New York 1996.

Schüngel-Straumann, H., Tobit. HThK.AT 19. Freiburg–Basel–Wien 2000.

Skemp, V.T.M., The Vulgate of Tobit Compared with Other Ancient Witnesses. SBL.DS 180. Atlanta 2000.

Skemp, V.T.M., ΆΔΕΛΦΟΣ and the Theme of Kinship in Tobit. In: EThL 75 (1999) 92–103.

Smalley, W.A., Discourse Analysis and Bible Translation. In: The Bible Translator 31 (1980) 119–125.

Soll, W., Misfortune and Exile in Tobit: The Juncture of a Fairy Tale Source and Deuteronomic Theology. In: CBQ 51 (1989) 209–231. (= Misfortune)

Stählin, G., Art. περίψημα. In: ThWNT 6 (1959) 83–92.

Stegemann, H., Religionsgeschichtliche Erwägungen zu den Gottesbezeichnungen in den Qumrantexten. In: Delcor, M. (Hg.), Qumrân. Sa piété, sa théologie et son milieu. BEThL 46. Leuven 1978, 195–217. (= Gottesbezeichnungen)

Stolper, M.W., Tobits in Reverse: More Babylonians in Ecbatana. In: AMI 23 (1990) 161–176.

Stuckenbruck, L.T., The „Fagius" Hebrew Version of Tobit: An English Translation Based on the Constantinople Text of 1519. In: Xeravits, G.G./ Zsengellér, J. (Hg.), The Book of Tobit. Text, Tradition, Theology. Papers of the First International Conference on the Deuterocanonical Books, Pápa, Hungary (20–21 May, 2004). JSJSup 98. Leiden–Boston 2005, 189–219.

Talmon, S., Heiliges Schrifttum und Kanonische Bücher aus jüdischer Sicht – Überlegungen zur Ausbildung der Grösse „Die Schrift" im Judentum. In: Klopfenstein, M. u.a. (Hg.), Mitte der Schrift? Ein jüdisch-christliches Gespräch. Texte des Berner Symposiums vom 6.–12. Januar 1985. JudChr 11. Bern u.a. 1987, 45–79. (= Schrifttum)

Thackeray, H.St.J., Renderings of the Infinitive Absolute in the LXX. In: JThS 9 (1908) 597–601.

Thomas, J.D., The Greek Text of Tobit. In: JBL 91 (1972) 463–471. (= Greek Text)

Thumb, A., Die sprachgeschichtliche Stellung des biblischen Griechisch. In: ThR 5 (1902) 85–99.

Toloni, G., L'originale del libro di Tobia. Studio filologico-lingusitico. TECC 71. Madrid 2004. (= Originale)

Van der Toorn, K., The Theology of Demons in Mesopotamia and Israel. In: Lange, A./Lichtenberger, H./Römheld, K.F.D. (Hg.), Die Dämonen. Die Dämonologie der israelitisch-jüdischen und frühchristlichen Literatur im Kontext ihrer Umwelt. Tübingen 2003, 61–83. (= Theology of Demons)

Torrey, C.C., The Apocryphal Literature. A Brief Introduction. New Haven 1945.

Tov, E., Scribal Practices and Approaches Reflected in the Texts Found in the Judean Desert. StTDJ 54. Leiden–Boston 2004. (= Scribal Practices)

Tov, E., The Text-Critical Use of the Septuagint in Biblical Research. JBS 8. Jerusalem ²1997. (= Text-Critical Use)

Tov, E., Textual Criticism of the Hebrew Bible. Minneapolis – Assen/Maastricht 1992. (= Textual Criticism)

Tov, E., Further Evidence for the Existence of a Qumran Scribal School. In: Schiffman, L.H./Ders./Vanderkam, J.C. (Hg.), The Dead Sea Scrolls. Fifty Years after their Discovery. Proceedings of the Jerusalem Congress (July 20–25, 1997). Jerusalem 2000, 199–216. (= Further Evidence)

Tov, E., The Impact of the LXX Translation of the Pentateuch on the Translation of the Other Books. In: Casetti, P./Keel, O./A. Schenker (Hg.), Mélanges Dominique Barthélemy. Études bibliques offertes à l'occasion de son 60ᵉ anniversaire. OBO 38. Fribourg–Göttingen 1981, 577–592. (= Impact)

Tov, E., A Modern Textual Outlook Based on the Qumran Scrolls. In: HUCA 53 (1982) 11–27. (= Outlook)

Tov, E., The Orthography and Language of the Hebrew Scrolls Found at Qumran and the Origin of these Scrolls. In: Textus 13 (1986) 31–49. (= Orthography)

Tov, E., Scribal Practices and Physical Aspects of the Dead Sea Scrolls. In: Sharpe, J.L./van Kampen, K. (Hg.), The Bible as Book. The Manuscript Tradition. London 1998, 9–33. (= Physical Aspects)

Tov, E., Scribal Practices Reflected in the Texts from the Judaean Desert. In: Flint, P.W./Vanderkam, J.C. (Hg.), The Dead Sea Scrolls after Fifty Years. A Comprehensive Assessment. Bd. 1. Leiden–Boston–Köln 1998, 403–429. (= Texts)

Tov, E., Die Septuaginta in ihrem theologischen und traditionsgeschichtlichen Verhältnis zur hebräischen Bibel. In: Klopfenstein, M. u.a. (Hg.), Mitte der Schrift? Ein jüdisch-christliches Gespräch. Texte des Berner Symposiums vom 6.–12. Januar 1985. JudChr 11. Bern u.a. 1987, 237–268. (= Septuaginta)

Ulrich, E., Art. Canon. In: Schiffman, L.H./Vanderkam, J.C. (Hg.), Encyclopedia of the Dead Sea Scrolls. Bd. 1. Oxford 2000, 117–120. (= Canon)

Ulrich, E., The Qumran Scrolls and the Biblical Text. In: Schiffman, L.H./Tov, E./Vanderkam, J.C. (Hg.), The Dead Sea Scrolls. Fifty Years after their Discovery. Proceedings of the Jerusalem Congress (July 20–25, 1997). Jerusalem 2000, 51–59.

Vattioni, F., Studi e note sul libro di Tobia. In: Aug. 10 (1970) 241–284. (= Studi)

Vetter, P., Das Buch Tobias und die Achikar-Sage. In: ThQ 86 (1904) 321–364.512–539; ThQ 87 (1905) 321–370.497–546.

Wagner, C.J., Auf der Suche nach dem ,Urtext'. In: BiHe 35 (2001) 4–6.

Walter, N., Die griechischen Bücher – kanonisch oder nicht? Der unterschiedliche Umgang der Konfessionen mit der Septuaginta. In: BiKi 56 (2001) 81–84. (= Umgang)

Weitzman, S., Allusion, Artifice, and Exile in the Hymn of Tobit. In: JBL 115 (1996) 49–61. (= Allusion)

Wikgren, A., Art. Book of Tobit. In: IDB 4 (1962) 658–662.

Wise, M.O., A Note on 4Q196 (papTob ar[a]) and Tob I 22. In: VT 43 (1993) 566–570. (= Note)

Zenger, E., Heilige Schrift der Juden und der Christen. In: Ders. u.a. (Hg.), Einleitung in das Alte Testament. Stuttgart–Berlin–Köln ³1998, 12–35. (= Heilige Schrift)

Zimmermann, F., The Book of Tobit. An English Translation with Introduction and Commentary. JAL. New York 1958.

Zöckler, O., Die Apokryphen des Alten Testaments nebst einem Anhang über die Pseudepigraphenliteratur. KK 9. München 1891, 162–184.

7 Register

7.1 Sachregister

Achikar 2, 42–45, 48, 184
Ararat 41
Aramäisch 168–170
Asmodäus s.u. Dämon
Dämon 1, 5, 65, 66, 90, 103–104, 114
Edna 69, 120, 126, 183
Hebräisch 170–171
Hieronymus 4, 6, 12–13, 27, 52, 179
Josefserzählung 2
Ninive 1, 34, 45
Origenes 4, 179
Qumranfragmente 13–19
Tetrapunkton s.u. Qumran Scribal School
Qumran scribal school 166
- Korrektursystem 16, 17, 19, 166–167
- Orthographie 167
- Tetrapunkton 16, 59, 85, 166, 176
Suizid 139
Tobit
- Ausgangssprache 175–179
- Kanonizität 3–6
- Parallelüberlieferungen, ar. 172–174
- Parallelüberlieferungen, ar.–hebr. 174–175
- Überlieferung, griechisch 8–11, 182–184
- Überlieferung, lateinisch 11–15, 185
- Vetus Latina 6, 9, 11–12, 180, 185
- Vulgata 12–13
„Urtext" 20
- Definition 20–21
- Problematik bei Tobit 21–23

7.2 Stellenregister

Gen 24	2	1,19	39–40
		1,20	40–41
Tobit		1,21	41–43
1,17	34	1,22	43–44
1,19–2,2	34–47	2,1	45

2,2	39, 46	6,5	100–101
2,3	47	6,6	61, 101–102
2,10–11	48	6,6–8	60–63
3,5	48	6,7	61, 102
3,6	49, 89, 137–138	6,8	62–63, 103–104
3,6–8	89–90	6,9	104
3,7	90	6,10	104
3,8	5, 90	6,11	104–105
3,9	52	6,12	105–106, 110
3,9–15	49–55	6,12–18	106–115
3,10	52, 140	6,13	65, 111–112
3,10–11	139–141	6,13–18	63–66
3,11	53, 141	6,14	65, 113
3,12	53	6,15	65, 113–114
3,14	53	6,16	66, 114
3,15	54	6,17	66
3,17	5, 55–56	6,18	68, 114–115, 118–119
4,2	56		
4,3–9	141–147	6,18–7,6	66–69
4,4	143–144	6,18–7,10	115–124
4,5	57–58, 144–145	7,1	68–69, 119–120
4,6	145	7,2	69, 120–121
4,7	58, 145–146	7,3	69, 121
4,8	146	7,4	122
4,9	146–147	7,5	69, 122–123
4,21	90	7,6	123
4,21–5,1	59, 90–91	7,7	123
5,1	91	7,9	123–124
5,2	147	7,10	124
5,9	59–60	7,11	135
5,12	91–92	7,13	70
5,12–14	91–92	8,17	126
5,13	92	8,17–9,4	124–128
5,14	92	8,18	126
5,19	97, 98	8,19	126
5,19–6,12	93–106	8,21	126
5,20	98	9,1	127
5,21	98	9,2	127
6,1	99	9,4	128
6,2	99	10,7	149–150
6,3	99–100	10,7–9	148–152
6,4	100	10,8	151

11,10	153	13,11	78
11,10–14	152–154	13,12	78, 82
11,11	153	13,12–14,3	79–85
11,12	154	13,13	82, 162
11,13	154	13,13–14	161–162
11,14	154	13,14	82–83, 162
12,1	70–71	13,15	83
12,18	72	13,16	83
12,18–13,6	71–73	13,17	84
12,19	72	13,18	84, 163
12,20	72, 157	13,18–14,2	163–164
12,20–13,4	155–161	14,1	84, 164
12,21	157	14,2	84–85, 130–131, 164
12,22	72–73, 157–158	14,2–6	129–133
13,1	158–159	14,3	85, 86, 131
13,2	159–160	14,3–5	86–87
13,3	160	14,4	87, 131–132
13,4	73, 161	14,5	132–133
13,5	73	14,6	133
13,6	73, 76, 77	14,7	88
13,6–12	73–79	14,10	133–134, 135–136
13,7	77		
13,8	78		
13,9	78		
13,10	78		